Lingüística aplicada

Adquisición del español como segunda lengua

Dale A. Koike

University of Texas at Austin

Carol A. Klee

University of Minnesota

John Wiley & Sons, Inc.

ACQUISITIONS EDITOR	Jessica Garcia
ASSOCIATE EDITOR	Samantha Alducin
MARKETING MANAGER	Gitti Lindner
PRODUCTION EDITOR	Caroline Sieg
SENIOR DESIGNER	Harry Nolan
COVER DESIGNER	Michael Jung
INTERIOR DESIGNER	Michael Jung

This book was set in 10.5/12 Berkeley Book by Progressive and printed and bound by Hamilton Printing. The cover was printed by Phoenix Color Corp.

This book is printed on acid free paper. ∞

Printed in the United States of America

10 9 8 7 6 5 4 3 2 1

Preface

Spanish is the most studied foreign language at all educational levels in the English-speaking Western world, especially the United States. Spanish language and bilingual education teachers are highly sought in school districts across the country, and universities are pressed to train competent, linguistically proficient teachers to fill those positions. The need for qualified Spanish teachers will continue to grow this new millennium. To train these teaching candidates adequately, universities must instruct future teachers in the Spanish language and culture and in the techniques of teaching how to impart this knowledge in the most efficient way to their learners.

Lingüística aplicada is dedicated to this goal: to clarify to future teachers important aspects of the Spanish language, related cultural aspects, and second language acquisition, including issues of technology and assessment, to prepare them for the task they face in the schools. This is not a text on methodology of Spanish language teaching, nor is it a comprehensive review of the Spanish grammar. Instead, *Lingüística aplicada* provides a background of issues and concepts of second language acquisition, and delves into topics of the Spanish language that are usually problematic for English-speaking learners of Spanish. The information on these topics is informed by research in second language acquisition. In presenting a mixture of information in these areas, we hope that this textbook can help bridge the gap between second language research in Spanish, the typical Spanish language university curriculum, and educational methodology courses.

Lingüística aplicada is aimed at the college undergraduate and intended for future Spanish language teachers who want to teach at any level of instruction. It can also be used by non-teaching candidates to learn about certain aspects of the Spanish language so that they can improve their linguistic abilities, develop a greater awareness of the process of learning another language, and also expand their knowledge of the many facets of the Spanish language itself. Considering the various goals of different audiences, the text might be utilized in several ways. For example, most of the content of all the chapters is related to issues of Spanish language learning. For those readers who are not interested in teaching, Chapter 2 on second language acquisition, Chapter 9 on technology, and Chapter 10 on assessment might be omitted.

The approach taken in *Lingüística aplicada* reflects a belief in the value of discourse analysis, pragmatics, and sociolinguistics in the fields of second language acquisition and applied linguistics. This text does discuss grammatical issues that are problematic to language learners; however, where possible, points are presented in the context of a larger body of discourse instead of isolated utterances. Students are encouraged to practice working with information in these contexts, and to begin an elementary level of discourse analysis themselves in analyzing actual native speaker and learner production. We believe this practice leads to a greater awareness of how the language works in its totality, and also provides a context for the learning of the metalanguage, or ways to talk about the language, which is needed to discover linguistic elements.

Instead of assuming a base of linguistic knowledge of Spanish, we aim to expand and reinforce students' existing knowledge of the language and cultural issues. Since our goal is to train teachers to conceptualize and teach the Spanish language as a communicative system, rather than as a set of grammatical rules, we include information of Spanish pragmatics and sociolinguistics as much as possible. The topics are treated at both the conceptual and language-specific level, a feature that is unique to this textbook. We hope that this presentation leads to a further discussion and elaboration of the points contained herein.

CONTENTS

Lingüística aplicada, written entirely in Spanish, addresses areas of Spanish applied linguistics that we believe are most important for future educators of the Spanish language. These include an introduction to the field of applied linguistics, research in the area of second language acquisition, a study of the Spanish language itself and the problems that English-speaking learners often encounter, the relationship between language and society/culture, and the use of technology and proficiency assessment. We have integrated teachers' notes and some illustrations of the course material in a web site on the Internet, so that readers can learn about technology and applied linguistics at the same time that they are using it to learn. An accompanying CD-ROM includes video clips that allow students to see native speakers and hear aspects of Spanish as they learn about them, such as the use of *vos* by an Argentine speaker. A general overview of the book includes the following:

- ▶ Applied linguistics
- ▶ Second language acquisition (SLA)
- ▶ Pronominal system
- ▶ Verbal system
- ▶ Modal system
- ▶ Morphology, semantics, and the lexicon
- ▶ Pragmatics
- ▶ Sociolinguistics and bilingualism (including Spanish in the U.S.)
- ▶ Technology and language teaching
- ▶ Language proficiency assessment

Phonetics and phonology are not included in this text because these areas are usually covered in a separate course with its own materials emphasizing the pronunciation of each sound in isolation and in various contexts, as well as other phonological information.

Chapter 1 serves as an introduction to the book and to the field of applied linguistics. We situate this field within the broader field of linguistics, and discuss the various areas of linguistic study such as phonology, morphology, grammar, semantics, discourse analysis, and pragmatics. The field of SLA is introduced in **Chapter 2,** including general theoretical information relevant to the teaching and learning of a second language. The inclusion of SLA material is unique to this text on Spanish applied linguistics, and it is crucial for providing future teachers a background knowledge of the processes of acquiring a second language from the learner's perspective.

Chapter 3 addresses the area of Spanish pronouns, concentrating on areas that usually present problems for native English learners of Spanish, such as clitic pronouns. This chapter also discusses dialectal pronominal differences.

Chapter 4 addresses the morphology and organization of the verbal system. It illustrates the ideas of roots and verbal affixation, and the differences between tense and aspect. This chapter explores the aspectual system of Spanish, with particular attention to the use of the perfective and imperfective aspects, and presents research on Spanish SLA and aspect.

Chapter 5 addresses mood in Spanish. The chapter defines the concepts and organization of the mood in Spanish, focusing on the subjunctive mood, which is particularly problematic for learners. It illustrates the morphology and organization of the subjunctive and reveals how the complexities of this mood present difficulties to learners, as shown by SLA research in this area. Since most Spanish subjunctive use is related to clausal subordination, some discussion is devoted to this topic as well as to the coordination of tenses across clause boundaries. The element of conjunctions is included to stress the development of syntactic complexity.

Chapter 6 addresses some areas of the lexicon and semantics. The area of morphology is revisited, illustrating the ideas of root and processes of affixation in nouns, keeping in mind that the main objective is to help learners develop strategies by which they can decode words they may not understand in listening comprehension or reading, or to make an "intelligent guess" when faced with the problem of producing a word they do not know. The chapter reviews the concept of word families and inflectional and derivational affixes. It includes the concepts of denotation and connotation. It also presents areas of difficulty such as the distinction between *ser* and *estar,* which have also been studied recently in relation to SLA. It leads into a treatment of the acquisition of vocabulary by second language learners, including an examination of communication strategies, such as the ability to paraphrase and circumlocute when a lexical item is not known.

From many years of experience in teaching a Spanish Applied Linguistics course and working in Spanish teacher preparation programs, it is clear to us that most prospective nonnative Spanish teachers, having just recently passed through a language program themselves, have not adequately worked with the language to have mastered these concepts, much less to teach them to others. They need to review them and also look at them from the perspective of a teacher. In the case of Hispanic heritage and native speaking prospective Spanish teachers, many do not know the grammatical rules and metalanguage that they need to teach these linguistic elements. Thus, this extra grammar review and organization of material serves them well. The presentation of these points is contextualized at the discourse level as much as possible, instead of being restricted to the sentence level.

Chapter 7 encompasses the areas of pragmatics, which is discussed with the goal of making students aware of cross-cultural pragmatic differences, such as the ways that native Spanish speakers make suggestions, as opposed to those of English speakers. We also examine pragmatic differences within the various Hispanic cultures, such as the ways requests are formed in various Hispanic countries. The need to provide learners with opportunities to practice language skills in functional contexts is addressed, as in role plays and situations that elicit the use of different speech acts, in various registers, and in public and private voices.

This discussion on pragmatics leads to **Chapter 8** on sociolinguistics and bilingualism in the Hispanic world. The teaching of the Spanish language should always be related to its context of use; namely, the culture and society of the people who use the language. For this reason, we believe that it is important to include a section on sociolinguistics, another unique feature of this text. Besides the fact that most Spanish students are strongly interested in the relationship between the language and society/culture of the Hispanic peoples, the discussion of Hispanic sociolinguistics provides a necessary understanding of how language reflects social realities and societal changes and influences. Students can become aware of how the language reflects differences in the society, such as those of social status, socio-economic differences, age, gender, and education, and how various intrinsic and extrinsic factors lead to language change. This section then leads to an examination of bilingualism in the Hispanic world, and coexistence (not always without tension) of languages in many regions. For those who will go on to teach standard Spanish, for example, to Spanish heritage speakers in the United States, this information is essential to understand the background of this student population. The textbook attempts to motivate reflection on dialectal and social differences as seen in the language of various Hispanic regions, on acceptance of nonstandard norms, and on how to confront the situation of having to teach standard Spanish to speakers of a nonstandard Spanish variety.

Chapter 9 presents another important aspect of language teaching, which is the use of technology in teaching a second language. The discussion on technology reviews the development of the application of technology to SLA, and explores in particular the use of the chat room. Computer-assisted language instruction is a popular means of teaching and working with the language, and an aid to traditional teaching techniques. Yet, to be effective, these aids as utilized by teachers and learners need to be based on informed choices. The format used, the kind of feedback given to the learner, the tasks required, and the features offered are all issues that need to be considered.

Chapter 10 is devoted to the unique genre of language proficiency evaluation. With the advent of communicative language teaching methodology, teachers were faced with the problem of finding nontraditional forms of evaluation of language learning. The discrete-point, written examinations used in the past no longer reflected all the linguistic aspects of the communicative classroom. In this chapter we discuss the notions and characteristics of achievement, proficiency, and "prochievement" tests, the need for and problems of holistic grading criteria, issues of test validity and reliability, and the concept of particular linguistic functions (such as narrating, stating and supporting an opinion) as associated with given levels of linguistic proficiency. Also presented are the National Standards, the ACTFL Proficiency Guidelines, alternative assessment measures, and rubrics.

CHAPTER STRUCTURE

Each chapter is preceded by a topical outline of the contents to be addressed. After an introduction into the area, in which concepts are operationalized and illustrated, points are presented in a step-wise progression. Sections are followed by exercises to further illustrate and reinforce descriptions. In Chapters 1, 2, 8, 9, and 10, the exercises are more in the format of questions to stimulate critical thinking, while in Chapters 3, 4, 5, 6, and 7, they appear more as exercises to practice and illustrate points. Each chapter contains a presentation of SLA research related to a particular area covered therein. A summary of material concludes each chapter, followed by final exercises, a list of important terms (also included in a glossary at the end of the book), and references that more advanced students might use to do term projects on particular areas.

Appendices at the end of the book include a review of verb conjugations for three verbs, a list of basic rules for accentuation, the ACTFL Guidelines for oral proficiency in Spanish, and some terms for Spanish punctuation. A glossary of important words used in each chapter and a subject index are also found here.

CRITICAL APPROACH; CHAPTER EXERCISES

The mere presentation of linguistic knowledge does not adequately prepare prospective teachers for the task they face in the classroom of teaching this material themselves. They must learn to make choices during the teaching process based on critical thinking. Therefore, another objective of this text is to challenge them to develop critical thinking skills to enable them to make meaningful choices as they meet unforeseen problems in the classroom. To this end, throughout the text students are challenged to ask themselves <u>why</u> and <u>how</u>. We include questions and exercises both throughout and at the end of the chapters that review material covered therein. We also include those that ask the student to consider, for example, <u>why</u> a set of Spanish linguistic elements may be more difficult to acquire than others, how knowledge of a particular grammatical point in relation to second language acquisition can aid the teacher, how the learner can be made aware of important information about this point in the context of meaningful language practice, when in the learning process it may seem most appropriate to introduce it, and what a given technological technique actually elicits. Exercises based on actual learners' discourse help the readers understand why errors occur. By asking students to take a more active role in their training, instead of merely taking in information, the text aims to prepare teachers to make critical choices in selecting materials, preparing texts, and teaching the language.

We have stated earlier that one special feature of this text is the incorporation of discourse analysis as a way to contextualize the points covered in the chapters. This approach appears frequently in the chapter exercises, in which students work with actual text produced by native speakers or Spanish learners of various levels of proficiency. Native speaker discourse is used to illustrate how various points covered in the text are used—a source of "baseline" data. The learner discourse is incorporated for two purposes. First, it is used to illustrate how learners' language is frequently realized, since many students of applied linguistics have forgotten how their Spanish language may have been produced at earlier stages of their interlanguage development, and probably do not have much contact with learners of earlier proficiency levels. It is also used to illustrate nonnative learner discourse to heritage Spanish speakers. Second, the learner discourse samples allow students of applied linguistics the opportunity to begin to work with learner production, looking at errors and discovering the application of such processes as transfer and simplification in relation to given grammatical, pragmatic, and lexical elements. We believe the process of working with data serves as a strong reinforcement for the chapter content, and illustrates the language in its social context.

VIDEO CD-ROM

The CD-ROM, included with every textbook, features videotaped segments of (1) samples of several language teaching methodologies, (2) native Spanish speaker discourse illustrating various grammatical points in the context of conversation, (3) examples of narratives, (4) examples of speech acts that can be used by students for listening comprehension, production, and analysis, and (5) some opinions by native speakers on the question of the use of *tú* and *usted*. Exercises that accompany some of the video segments are posted on the book's web site at www.wiley.com/college/koike.

ACKNOWLEDGMENTS

We would like to extend special thanks to our former editor Bob Hemmer, Associate Editor Samantha Alducin, and Production Editor Caroline Sieg, and our tremendously helpful reviewers Bobbie Lafford, Christina Biron, Phillip Klein, Antônio Simões, and John Grinstead, and especially Judy Liskin-Gasparro. We are indebted to Judy for her critical reading, detailed suggestions, and wealth of informative sources. We also thank Arja Ramey and Mary Diehl, our readers of the manuscript in early stages, and Andrew Lynch, who provided helpful feedback on Chapter 8. We are most grateful to Elvira Swender of ACTFL for helping us with the commissioning of the language samples of speakers of different proficiency levels, and the outline in Spanish detailing the criteria for the various levels. We thank Rebecca Bearden, Peggy Patterson, Cathy Buscemi, Lynn Pearson, Caryn Witten, Ted Jobe, and Steven Byrd for providing data from their learners along the way, and Guido Mascielino, Cristina Fernández, María Ramírez-Mayberry, Rosamaría and Teresa Graziani, Alfonso Abad-Mancheno, and José Enrique Garcilazo for allowing us to videotape them as they spoke. We are grateful to Rebecca Bearden, Mary Diehl, and Ted Jobe for their teaching demonstrations. We also thank Orlando Kelm for his generous help in filming and preparing some of the digital files. Finally, we are most grateful to our husbands, Eric Daub and Luis Ramos-García, and our daughters Tatiana and Camille, for their loving support and understanding during the writing of this book.

Dale A. Koike   *Carol A. Klee*
University of Texas at Austin   *University of Minnesota*

Contenido

Capítulo 1

Introducción: La lingüística aplicada

CONTENIDO DEL CAPÍTULO 1:

- Introducción: La lingüística aplicada y el campo de estudios de la adquisición de segundas lenguas
- ¿Qué es la lingüística?
- ¿Qué es la lingüística aplicada?
- Una breve historia de la enseñanza de segundas lenguas
  Gramática-Traducción: Enfoque en las reglas y la traducción—*Para pensar y discutir 1*
  Método Directo: Aprender la L2 como la L1—*Para pensar y discutir 2*
  Método Audiolingüe (ALM): Modelo conductivista de estímulo y reacción; estructura de la lengua—*Para pensar y discutir 3*
  Código Cognitivo: Los procesos cognitivos al aprender la L2—*Para pensar y discutir 4*
  Monitor Model: La distinción entre la adquisición y el aprendizaje—*Para pensar y discutir 5*
  Metodología Comunicativa—*Para pensar y discutir 6*
- Repaso
  Ejercicios finales
  Para pensar y discutir
  Términos importantes
  Obras consultadas

INTRODUCCIÓN: LA LINGÜÍSTICA APLICADA Y EL CAMPO DE ESTUDIOS DE LA ADQUISICIÓN DE SEGUNDAS LENGUAS

La lengua española es la lengua extranjera más estudiada en todos los niveles escolares en el mundo anglohablante, sobre todo en los Estados Unidos. Esto se debe en gran parte a que hoy en día el español es la segunda lengua más hablada en los Estados Unidos. Según los últimos datos demográficos, para el año 2020 aproximadamente el 27 por ciento de la población de los Estados Unidos será de origen hispano. Además, los contactos culturales y comerciales

1

entre anglohablantes e hispanohablantes de otras partes del mundo están en aumento. La demanda creciente de clases de español ha obligado a los directores de escuelas primarias y secundarias a buscar continuamente maestros entrenados para enseñar el español y capaces de ofrecer una educación bilingüe. Los futuros maestros de español, además de ser competentes en la lengua española y tener algún conocimiento sobre la cultura de los países de habla hispana, deben aprender las técnicas y metodologías de la enseñanza del español como segunda lengua a los anglohablantes y del español como primera lengua a los alumnos que se criaron hablando español en casa. Este libro de texto tiene como fin aclarar algunos aspectos importantes de la enseñanza de la lengua y la cultura, y de la adquisición de un segundo idioma por parte de los estudiantes, para así preparar a futuros maestros de español para la labor que han de enfrentar en las escuelas.

Concebida para estudiantes a nivel universitario, *Lingüística aplicada* ha sido diseñada para satisfacer las necesidades de todos los futuros maestros de español independientemente del nivel escolar al que deseen enseñar. En su conjunto puede ser usada para enseñar ciertos aspectos de la lengua española no necesariamente a quienes deseen ser maestros sino a quienes simplemente les interese saber más sobre la lengua, mejorar sus habilidades lingüísticas, desarrollar un mayor conocimiento del proceso de **aprendizaje** de otro idioma, o enterarse de las muchas facetas de la lengua española.

aprendizaje
learning

Este capítulo ofrece por tanto una discusión breve de lo que es la lingüística y la lingüística aplicada, la historia de la enseñanza de segundas lenguas, algunas de las teorías sobre la adquisición de lenguas más importantes en el campo de estudio de la adquisición de segundas lenguas y el impacto que dicho campo ha tenido en la pedagogía.

¿QUÉ ES LA LINGÜÍSTICA?

Para comenzar a entender de lo que trata el campo de la lingüística aplicada, conviene hacer la pregunta, "¿Qué es la lingüística?" La lingüística es el estudio de la lengua y todos los elementos que la componen. Estos elementos incluyen:

(a) los sonidos (la fonética, la fonología);

(b) las palabras, las diferentes partes que las componen, y los procesos por los cuales se crean otras palabras (la morfología);

enunciado
utterance

(c) la relación entre las palabras en el contexto de un **enunciado** (la sintaxis); y

(d) las reglas que dictan la formación de enunciados correctos y aceptables según la mayoría de los hablantes nativos de la lengua (la gramática).

El campo de la lingüística también abarca el estudio de:

significado
meaning

(e) el **significado** de las palabras y los enunciados (la semántica);

(f) el significado de un enunciado según su contexto de uso (la pragmática), lo cual guarda mucha relación con la semántica; y

(g) la estructura de los enunciados en su contexto global (el discurso), lo cual incluye por ejemplo las reglas de conversación y los elementos de la narrativa o del diálogo.

Figura 1.1. Los componentes del lenguaje

Componente	Función
Fonética/Fonología	Los sonidos y los procesos por los cuales se forman los sonidos
Morfología	Las unidades y la formación de palabras
Sintaxis	La formación y organización de frases
Semántica	El significado de las palabras
Pragmática	La relación entre el enunciado y su contexto
Discurso	La estructura de los enunciados en su contexto mayor
Gramática	Las reglas que dictan la realización apropiada de la lengua

Cabe mencionar otras áreas de estudio lingüístico, por ejemplo, el estudio de

(a) la relación entre lengua y sociedad (la sociolingüística);

(b) la representación de la lengua en el cerebro/la mente y cómo se utiliza la información lingüística al procesar y producir la lengua (la psicolingüística);

(c) la relación entre el cerebro y la lengua, especialmente en los casos de daños cerebrales y anomalías lingüísticas (la neurolingüística).

Los siguientes capítulos presentan y discuten dichos componentes en torno al sistema lingüístico español.

¿QUÉ ES LA LINGÜÍSTICA APLICADA?

Una vez identificadas las diferentes áreas de la lingüística, se puede hablar de la lingüística aplicada, que es la aplicación de cierto material a un uso práctico. Exactamente a qué se aplica este conocimiento es algo que varía mucho según el individuo y sus propósitos. En la mayoría de los casos, el término "lingüística aplicada" se refiere a la aplicación del conocimiento discreto de la lengua y de los resultados de estudios de la adquisición de segundas lenguas (ASL) a la **didáctica,** específicamente al campo pedagógico de la enseñanza de segundas lenguas. Pero igualmente pudiera referirse a la **planificación de lenguas** (por ejemplo, el uso de un idioma u otro en las escuelas públicas), a la inteligencia artificial (la programación de computadoras) o a otros campos (por ejemplo, la traducción).

didáctica
teaching

planificación de lenguas
language planning

UNA BREVE HISTORIA DE LA ENSEÑANZA DE SEGUNDAS LENGUAS

Antes de presentar brevemente la historia de la enseñanza de segundas lenguas, es importante definir a lo que nos referimos cuando usamos los términos segunda lengua y primera lengua. La primera lengua (L1) es la lengua materna de cada individuo; la lengua que se aprende desde la infancia. La segunda lengua (L2) es la lengua que uno aprende después de la primera, ya bien sea en la niñez después de los tres años, en la adolescencia o como adulto. Se aprende la L2 cuando ya se ha aprendido la L1 y, por tanto, ya se cuenta con un sistema lingüístico en el cerebro. Normalmente la L2 es una lengua que el individuo ni domina, ni para la cual tiene intuiciones totalmente confiables. Por ejemplo, un hablante nativo del inglés sabe intuitivamente que la frase (1) es aceptable, y la (2) no lo es (marcada con un asterisco):

(1) *John hit the ball over the fence.*

(2) **John over hit ball the fence the.*

Un estudiante de inglés, sobre todo uno que lleva poco tiempo estudiando la lengua, tendría menos confianza para hacer juicios gramaticales con respecto a estas dos frases. A veces los lingüistas distinguen entre una L2 y la lengua extranjera según el contexto en el que se aprende la lengua. Se entiende la L2 como la lengua que se aprende en el país donde se habla dicho idioma; por ejemplo, un extranjero que aprende inglés en los Estados Unidos. Por otro lado, se entiende la lengua extranjera como una lengua que se aprende en un salón de clase en un país donde dicha lengua no es predominante; por ejemplo, un estadounidense que estudia alemán en los Estados Unidos. El español se podría considerar una lengua extranjera en las partes del país donde la población hispana es reducida. Sin embargo, en lugares como Miami, una ciudad bilingüe, el español se consideraría una L2. En este libro vamos a emplear el término L2 para referirnos al aprendizaje de una segunda lengua tanto en el país donde se habla ese idioma como en el salón de clase.

Presentamos a continuación un resumen de algunos de los métodos de enseñanza más comunes en los Estados Unidos, en el pasado y hoy en día. Algunas de las diferencias más importantes entre ellos se basan en la explicación que cada una da del modo en que los alumnos internalizan la gramática de una lengua. Por ejemplo, los niños que aprenden el español como L1 saben la diferencia entre <u>escribo</u> y <u>escribes</u> sin que nadie les explique una regla. ¿Cómo aprenden esa regla los estudiantes del español como L2? ¿Aprenden en base a una regla gramatical o internalizan la lengua como los niños, es decir, sin explicación explícita? ¿Qué tipo de práctica les ayuda a internalizar esa regla—la traducción de las formas gramaticales del español al inglés, la repetición constante de un ejercicio mecánico o solamente la comprensión de oraciones que contengan esas formas? Los diferentes métodos de enseñanza ofrecen respuestas diferentes a esas preguntas, y las técnicas que usan varían según la teoría de adquisición de L2 que siguen. Debiéramos añadir que el campo de la adquisición de una L2 es relativamente nuevo por lo que todavía no hay respuestas definitivas a muchas de estas preguntas. Por eso, abundan diversos métodos de enseñanza. Los primeros dos métodos que vamos a presentar no se basan en la lingüística, pero los presentamos con el propósito de mostrar la trayectoria del desarrollo de la enseñanza de segundas lenguas.

Gramática-Traducción: Enfoque en las reglas y la traducción

La enseñanza de lenguas abarca muchas áreas; por ejemplo, la presentación de la gramática, el vocabulario, el sistema fonológico y las estrategias que permiten entender más fácilmente la palabra escrita u oral. Desde la época medieval hasta el presente (en algunos contextos), la enseñanza de idiomas se ha enfocado en la gramática. Se enseñan las lenguas según <u>la norma culta</u>, o la **norma** "correcta" según un estándar dictado por la tradición del estudio de las lenguas clásicas del latín y griego antiguo. De acuerdo con esta tradición, conocida como la Gramática-Traducción, se explica en detalle una regla gramatical y se muestra una serie de oraciones que ilustran el uso de esta regla, usando sólo la lengua nativa de los estudiantes. Se leen y se traducen textos clásicos en la L2 (por ejemplo, *la Odisea, Don Quixote*) desde el comienzo del curso, pero, por lo menos al principio, no se presta mucha atención al contenido de los textos.

Observemos un ejemplo del español proveniente de Iglesias and Meiden (1986:44–45), *Spanish for Oral and Written Review*, 3a ed., en donde se utiliza en parte el Método Gramática-Traducción. En este ejemplo se presentan las reglas para el uso del demostrativo, <u>ese</u>:

<u>ese</u>. The forms of <u>ese</u> are equivalent to the English *that* and *those*. They refer to persons, animals, objects, or events near the person spoken to or closely associated with that person in place and/or time. Sentences with <u>ese</u> may be either in the present or in a past tense.

The forms of <u>ese</u> are also used to bring into the conversation or narration persons, animals, things, or events which are not actually present but that are closely related to the theme of the conversation.

> **Ex: 1.** Cuando entramos vimos a Luisa. ¿Puedes creer que <u>esa</u> chica no tuvo la cortesía de saludarnos? (*When we came in, we saw Louise. Can you believe that* that *girl didn't have the politeness to greet us?*)
>
> **2.** La revolución pasaba por uno de <u>esos</u> períodos de confusión e inseguridad. (*The revolution was going through one of* those *periods of confusion and uncertainty.*)

From Iglesias, Mario, and Walter Meiden. 1986. *Spanish for Oral and Written Review, 3rd ed.* New York: Holt, Rinehart, and Winston. Reprinted with permission of Heinle & Heinle, a division of Thomson Learning.

Después de estudiar las reglas, el estudiante hace un ejercicio, como por ejemplo, traducir frases de la L2 a la L1 o vice versa:

> (3) *That fellow that is coming around the corner will help us, too.*
>
> (4) *Would you like to hand me those boxes?*

Con el Método Gramática-Traducción, la enseñanza se basa totalmente en la manera de enseñar el latín y el griego antiguo. No se presta atención a la forma en que la mayoría de la gente aprende los elementos de una lengua, ni a las diferentes maneras en que los hablantes nativos usan los elementos lingüísticos. Toda la producción escrita e inclusive oral por parte del estudiante se mide tomando como base la norma culta de la lengua; es decir, el lenguaje literario. Aunque los alumnos que aprendían una L2 bajo este método aprendían bien las reglas gramaticales, logrando traducir y eventualmente leer en la L2, normalmente no lograban hablar la lengua ya que no se hacía hincapié en la práctica oral de la L2.

▶ *Para pensar y discutir 1:*

1. ¿En qué contexto sería más apropiado y útil la Metodología Gramática-Traducción (considerando factores como las metas del maestro, el tipo de estudiante, el nivel del curso, el material, etc.)?

2. ¿Por qué no es de esperar que el estudiante hable y entienda el lenguaje oral de la L2 después de aprender esa lengua por medio de la Gramática-Traducción? ¿Cuáles son las ventajas de no tener que practicar esas destrezas al aprender la L2?

Método Directo: Aprender la L2 como la L1

Otro método de una larga tradición que data del Renacimiento Europeo se llama el Método Directo, que estuvo en voga a comienzos del siglo XX. Aunque ocurrieron muchas manifestaciones de este 'método,' el principio básico del Método Directo es que se debe aprender la L2 tal como se aprende la L1. Es decir, se incluye la interacción oral y el uso espontáneo de la lengua, sin traducción entre las dos lenguas y con poco o ningún análisis de las reglas gramaticales. Richards y Rodgers (1986:9–10) resumen así los principios de este método:

(a) se enseña sólo con la L2;

(b) se enseña sólo el vocabulario y las frases que se usan en el habla coloquial;

destrezas
skills

(c) en clases pequeñas e intensivas, se desarrollan las **destrezas** orales en una progresión de más fácil a más difícil, basándose en una interacción de preguntas y respuestas entre el maestro y los alumnos;

(d) se enseña la gramática inductivamente; es decir, el maestro no enseña las reglas explícitamente. En vez de ello, el maestro les da **retroalimentación** a los alumnos basándose en las respuestas que dan, o muestra ejemplos para que los estudiantes lleguen por sí mismos a conclusiones sobre la regla gramatical;

retroalimentación
feedback

(e) se presentan oralmente los puntos nuevos;

(f) el vocabulario concreto se enseña por medio de demostraciones, objetos y dibujos; el vocabulario abstracto se enseña por medio de asociaciones de ideas;

(g) se desarrollan las destrezas de comprensión auditiva y producción oral;

(h) se enfatizan la pronunciación y la gramática correctas.

El ejemplo más conocido del Método Directo es el curso Berlitz.

Las limitaciones principales de este método de instrucción son varias. Primero asume que los alumnos pueden deducir las reglas gramaticales de la lengua sin explicación. Segundo se enfoca mayormente en el uso inmediato de la lengua hablada, dando poco énfasis al lenguaje escrito, incluso a niveles más avanzados.

▶ *Para pensar y discutir 2:*

1. ¿Cree Ud. que los adultos aprenden la L2 de la misma manera que el niño aprende su L1? ¿Qué evidencia existe de esto?

2. ¿En qué contexto de enseñanza sería más apropiado aprender español a través del Método Directo?

Método Audiolingüe (ALM): Modelo conductivista de estímulo y reacción; estructura de la lengua

A raíz de la Segunda Guerra Mundial surgió la necesidad urgente de enseñar lenguas extranjeras poco difundidas en los Estados Unidos, como el tagalo, el chino, el japonés y el burmés, a los soldados que iban a las regiones del mundo donde se hablaban esas lenguas. El gobierno solicitó la ayuda de lingüistas, quienes desarrollaron el llamado *Army Method*. Los lingüistas habían estudiado los componentes de las lenguas como sistemas lingüísticos, definiendo los procesos que ocurren al producir las lenguas y las variaciones lingüísticas que ocurren en diferentes contextos. Este nuevo enfoque en el estudio de lenguas, junto con un nuevo conocimiento sobre las mismas, sirvió de estímulo para el surgimiento de nuevas metodologías de enseñanza de las L2.

Después de la Segunda Guerra Mundial, se tomaron algunos de los elementos del *Army Method* para desarrollar una metodología que llegó a ser la más popular de las décadas de los 50 y los 60, llamada el Método Audiolingüe (en inglés, *Audiolingual Method,* o ALM). Tuvo su origen en un movimiento de estudio lingüístico conocido como el estructuralismo y en un movimiento en la psicología conocido como el conductivismo, o *behaviorism* en inglés. El estructuralismo estadounidense se dedicaba a describir los componentes recurrentes de la lengua en cada área lingüística en base a unas generalizaciones derivadas del habla natural de los hablantes nativos, originalmente, de lenguas indígenas. Se enfocaba más en la fonología y la morfología de palabras. Por ejemplo, al nivel de la palabra se encuentran **morfemas,** o las unidades mínimas de significado de la palabra. Si tomamos las palabras hombres y casas, vemos mediante comparaciones con otras palabras en sus formas singular y plural que hay dos morfemas, uno que es el radical (la raíz) de la palabra y otro que es un marcador de pluralidad:

morfemas
morphemes

> (5) hombre   -s   casa   -s
>   *raíz*   *plural*   *raíz*   *plural*

Otros ejemplos son mujeres y planes, que también tienen el mismo número de morfemas y cuyos morfemas de pluralidad llevan los mismos significados:

> (6) mujer   -es   plan   -es
>   *raíz*   *plural*   *raíz*   *plural*

Entonces, sabemos que hay dos morfemas indicadores de pluralidad en español, que ocurren en contextos diferentes:

Marcador	Contexto
-s	Si el radical termina en vocal átona (no acentuada)
-es	Si el radical termina en consonante
-s o -es	Variación libre con radicales que terminan en vocal tónica acentuada (por ejemplo, rubís o rubíes) o palabras prestadas de otras lenguas (por ejemplo, clubs o clubes)

El conductivismo, un movimiento que se originó en la psicología, tuvo su apogeo en la misma época. Entre otras, presentó la idea de que el ser humano

tabula rasa
blank slate

nace con una **tabula rasa** en el cerebro y aprende por medio de respuestas a estímulos diferentes. Por ejemplo, al igual que los perros de Pavlov a quienes se les mostraba repetidamente una señal seguida de un estímulo en particular (en este caso, la comida), los humanos aprenden al asociar un estímulo con alguna reacción. Los pedagogos pensaban que si se presenta de modo repetido cierto estímulo, por ejemplo, la frase <u>Quiero que tú...</u>, el estudiante logrará aprender a usar siempre el modo subjuntivo para responder y completar la **oración.**

oración
sentence

En su libro <u>*Teaching Spanish: A Linguistic Orientation*</u>, fiel a esta línea de pensamiento, Politzer y Staubach (1961:3) resumen de este modo la contribución que la lingüística proporciona al campo de la enseñanza de lenguas:

(a) una comparación de la lengua nativa del estudiante —en este caso el inglés— con la L2 —en este caso, el español. Mediante esta comparación, conocida como el <u>Análisis Contrastivo</u>, es posible anticipar las principales dificultades que va a enfrentar el estudiante al aprender la L2;

(b) un análisis lingüístico, con el cual se puede construir una descripción más sencilla o precisa de la que se encuentra en las gramáticas tradicionales, lo cual facilita la tarea del estudiante;

(c) la formulación de una metodología que puede ayudar en gran medida al estudiante a aprender un idioma. En la época de los 60, esta metodología fue la de ALM, la cual intentaba construir un conocimiento de la estructura de la L2, y a la vez, eliminar los errores causados por los patrones estructurales de la lengua nativa del estudiante.

Estas ideas forman la base para la metodología de enseñanza ALM. La misma seguía los siguientes conceptos lingüísticos de moda en aquella época:

colocación
placement

pronombres enclíticos
pronouns that are linked to a verb form; not subject pronouns

(a) Los estudiantes del segundo idioma van a encontrar más dificultades al aprender los elementos que son diferentes a los de su L1 (por ejemplo, **colocación** de **pronombres enclíticos** antes del verbo, como <u>La veo</u>. vs. *I see her.*) o cuando no existe un elemento igual o similar entre las dos lenguas (por ejemplo, las formas verbales del pretérito e imperfecto en español para expresar el tiempo pasado, a diferencia del inglés donde el pasado se expresa de una sola forma). Politzer y Staubach concluyeron que casi todos los errores en la L2 son el resultado de un error básico: el estudiante cree erróneamente que los componentes de la L2 equivalen a los de su L1.

(b) El lenguaje es una forma del comportamiento humano, y se puede enseñar el comportamiento lingüístico sólo al estimular al estudiante a "portarse" o reaccionar con el lenguaje. Se consigue esto mediante ejercicios estructurados muy rígidamente, los cuales llevan al estudiante a formar hábitos en la L2. Las reglas gramaticales son importantes pero no pueden reemplazar el proceso de aprendizaje de una L2.

(c) El análisis lingüístico estructuralista nos da a conocer los elementos de las oraciones, lo cual provee un inventario de componentes que se puede usar a la hora de construir nuevas oraciones.

Vemos pues la diferencia entre la Metodología de Gramática-Traducción usada para aprender latín y griego antiguo y la metodología del ALM. La primera se basa en la noción de que el aprendizaje ocurre a través de explicaciones extensas y prácticas de traducciones de textos clásicos. La segunda intenta incorporar los resultados de un análisis lingüístico y los principios del conductivismo a una conceptualización de cómo se debe enseñar y aprender una L2.

La metodología ALM presenta la lengua con un formato fijo: un diálogo para contextualizar el vocabulario y la gramática, que el estudiante tiene que repetir y memorizar. Prevalecen los ejercicios altamente estructurados que ilustran y permiten practicar con un solo punto gramatical a la vez, tratando de minimizar el número de errores que el estudiante puede cometer en cada oración. Por ejemplo:

(7) Objetivo: Practicar la formación de los plurales
Maestra: Hay un profesor. Tres.
Alumnos: Hay tres profesores.
Maestra: chico
Alumnos: Hay tres chicos.
Maestra: payaso (etc.)

En este ejercicio, los estudiantes repiten la primera parte de la frase y sólo varían el último elemento, haciendo las modificaciones apropiadas para la forma plural. Vemos así cómo un movimiento en el campo de la lingüística influyó en la pedagogía de las lenguas, dando lugar a una metodología de enseñanza.

Algunos de los problemas de esta metodología, la cual todavía se usa en algunos contextos, son:

verbo copulativo
linking verbs, such as
<u>ser</u>, <u>estar</u>, <u>quedar</u>

(a) No es cierto que todos los errores en la L2 se derivan de un contraste entre la L1 y la L2. Por ejemplo, cuando el estudiante principiante dice: "Juan muy gordo," no se puede decir que la falta del **verbo copulativo** <u>ser</u> obedece a una diferencia con el inglés, *John is very fat.*

(b) La estructura mecánica del ALM no lleva al estudiante a ser creativo con la lengua. La forma básica de reaccionar a un estímulo repetido puede resultarle muy aburrida al estudiante, impidiéndole aprender a usar la lengua como un medio de comunicación. El aprendizaje de una lengua no se trata simplemente de formación de hábitos.

conocimiento
knowledge

(c) El tener **conocimiento** mecánico sólo de los componentes estructurales de la lengua no es suficiente para que el estudiante cree una oración con mucho significado. Tanto el tema del que habla el estudiante, como el contexto en que produce las oraciones, deben ser **significativos** para el alumno. Esta crítica se relaciona mucho a la anterior (b).

significativos
meaningful

▶ *Para pensar y discutir 3:*

1. ¿En qué contexto (otra vez, considerando el tipo de estudiante, el nivel del curso, el objetivo del maestro, la naturaleza del material, etc.) sería más apropiado hoy en día aprender español con el ALM?
2. ¿Cuáles opina Ud. son algunos elementos gramaticales que mejor se enseñen con el ALM?

Código Cognitivo: Los procesos cognitivos al aprender la L2

cognoscitivismo
Cognitivism

nativismo
Nativism

dispositivo para la adquisición de lenguas
Language Acquisition Device

Las críticas de la metodología ALM, junto con la popularidad de nuevos movimientos en los campos de la psicología y la lingüística, dieron lugar a otro modelo de enseñanza de L2, llamado el Código Cognitivo. El **cognoscitivismo** es otro movimiento dentro de la psicología. De moda en los años 60, el cognoscitivismo creía básicamente que el cerebro controla todo aprendizaje. En el caso del aprendizaje de la L1, se postulaba la existencia de una habilidad genética humana para aprender un idioma yacente en el cerebro de todo ser humano normal antes de nacer. Conocido como el **nativismo,** esta teoría se interesaba en cómo las propiedades lingüísticas innatas en el cerebro controlan la manera en que se aprende una lengua. Más o menos en la misma época un lingüista americano, Noam Chomsky, propuso la idea de que el niño aprende las reglas y las estructuras de su lengua nativa paso a paso—primero las estructuras básicas y después las más complejas. Mediante un **dispositivo para la adquisición de lenguas** en el cerebro, o un especie de 'cajita negra', el niño llega a desarrollar intuiciones sobre lo que es gramaticalmente correcto y lo que no lo es en la L1. Se trata de un concepto mentalista de adquisición de lenguas. El *input* es necesario, pero sólo para echar a andar el aparato de aprendizaje. Véase el ejemplo que sigue (la frase agramatical está marcada con un asterisco):

(8) El hombre vio al gato.

(9) El gato vio al hombre.

(10) *El saltaron la gato mesa en.

actuación
performance

Las intuiciones que llega a tener el niño le ayudan a reconocer inmediatamente que las oraciones (8) y (9) son gramaticales, mientras que la (10) no lo es. Chomsky propuso la idea de que el niño tiene una predisposición inherente en el cerebro para aprender inconscientemente las reglas de su L1. Le cabe al lingüista descubrir las reglas que funcionan en cada lengua y que el niño tiene que aprender hasta que domine la lengua. La descripción de las reglas se basa en unas hipótesis sobre el conocimiento subconsciente de la lengua, o la competencia gramatical del hablante nativo. Hay un número finito de reglas con las cuales el hablante nativo puede generar un número infinito de oraciones, lo cual representa su **actuación** lingüística. Estas ideas forman la base del generativismo, el movimiento lingüístico que fundó Chomsky. Hay muchas ideas en este movimiento que no se han podido aplicar al campo de la pedagogía de L2. Sin embargo, queda claro que esta perspectiva difiere de la idea que el entorno es lo que dirige la adquisición de una lengua. La idea de que todas las lenguas humanas se rigen por una serie de principios lingüísticos muy abstractos (la Gramática Universal) que funcionan de maneras diferentes en cada lengua es una de las mayores contribuciones de Chomsky al campo de la lingüística.

Tal como sucedió en los años 50 con el surgimiento del ALM, que se basó en un movimiento en la lingüística y otro en la psicología, las ideas del generativismo y del cognoscitivismo dieron lugar a otra metodología de enseñanza de lenguas, el Código Cognitivo. A diferencia del ALM, esta metodología no comparte el concepto de que el aprendizaje de una segunda lengua no es simplemente una forma de comportamiento humano regida por reacciones a estímulos diferentes. Más bien, el estudiante de lenguas necesita adquirir un conocimiento explícito de cómo funcionan las reglas de la L2. Por esa razón, los libros de texto que emplean esta metodología le dedican una gran cantidad de páginas a reglas gramaticales muy detalladas, seguidas de algunos ejercicios mecánicos al estilo del ALM, pero también de otros ejercicios orientados a estimular la creatividad del alumno con la lengua.

Esta metodología no fue exenta de críticas: el estudiante no puede absorber ni adquirir tantos detalles sobre la lengua; el maestro pasa tanto tiempo explicando las reglas en la clase que no alcanza el tiempo para usar la lengua con fines comunicativos. Fue por ello que el auge de esta metodología duró poco tiempo.

▶ *Para pensar y discutir 4:*
1. ¿Qué opina Ud. de la idea de tener todas las reglas explícitas de un elemento lingüístico antes de comenzar a practicar el uso de dicho elemento (por ejemplo, todas las reglas sobre el subjuntivo)? Justifique su respuesta con razones.
2. Por otro lado, ¿qué opina Ud. de no tener ninguna regla explícita sobre ningún elemento gramatical, y de tener que aprender cada elemento por medio de observación y deducción?
3. ¿Qué le exige el Código Cognitivo al maestro?

Monitor Model: *La distinción entre la adquisición y el aprendizaje*

Otra teoría sobre la adquisición de una L2, que se basaba, en parte, en las ideas de Chomsky, fue desarrollada por el psicolingüista Stephen Krashen a fines de los 70. Krashen propuso las siguientes ideas con respecto al aprendizaje de una L2:

(a) Hay una distinción entre la adquisición y el aprendizaje de una L2. La adquisición representa una manera sub- o inconsciente de introducir en el cerebro la información lingüística sobre la L2. Esta información, que se retiene más tiempo en la memoria, lleva al estudiante a desarrollar **fluidez** en la lengua. El aprendizaje, en cambio, representa la información que uno obtiene haciendo un esfuerzo consciente para aprender bien la L2, a veces por medio de la memorización de reglas y otros elementos. Esta información no se retiene a largo plazo. El alumno la usa mayormente para corregirse (*monitor*) a sí mismo cuando dispone de tiempo para fijarse en un error y recurrir a las reglas conscientes. Un ejemplo de ello ocurre al redactar una composición. Es sumamente difícil usar el *monitor* al momento de hablar por falta de tiempo.

(b) Lo anterior nos lleva a reconocer que hay una distinción entre el conocimiento consciente y el subconsciente. La meta debería ser la adquisición de un conocimiento subconsciente sobre la lengua, lo cual ocurre con la acumulación de bastante experiencia 'significativa' en la L2.

(c) La hipótesis sobre un orden natural de la adquisición de la L2 (ASL) propone que hay un orden específico en el que el estudiante aprende los elementos lingüísticos de la L2 (por ejemplo, primero se aprende ser, luego estar).

(d) La hipótesis sobre el *input* sostiene que el *input* lingüístico de cualquier fuente (el maestro, los libros, etc.) tiene que ser comprensible, significativo (*meaningful*) y presentado a un nivel más alto que el nivel en que

fluidez
fluency

opera el estudiante en ese momento ('i + 1'). Con bastante *input,* el estudiante llega a producir la L2.

hipótesis del filtro afectivo

emotional barrier, usually tied to anxiety

(e) Según la **hipótesis del filtro afectivo**, el tener que aprender una L2 en un contexto formal como el que prevalece en un salón de clase normalmente le ocasiona al estudiante de L2 una ansiedad terrible. Este filtro afectivo le impide adquirir la L2. El maestro tiene que procurar 'bajar el filtro afectivo' para que el alumno aproveche más de la situación en la clase. Un ejemplo de una técnica que se usa para bajar el filtro afectivo es dejar que el estudiante mismo escoja el momento de comenzar a producir sonidos y palabras en la L2 (el período de silencio —o sea, permitir que el estudiante guarde silencio hasta que esté listo para hablar). Durante ese período de silencio, el estudiante responde físicamente a los mandatos o simplemente responde sí o no a las preguntas del maestro. Sólo cuando el estudiante desee hablar se le ha de pedir que hable.

Esta teoría dio origen a un método de enseñanza que se llamó *Natural Approach.* El enfoque cambió de lo que hace el maestro en la clase a lo que hace el alumno cuando intenta aprender un idioma nuevo. Al maestro se le ve como un individuo que le facilita al alumno el proceso de aprendizaje. No se espera que el estudiante vaya del input sobre la L2 a la producción correcta, sino que pase por una serie de etapas en las que va perfeccionando su conocimiento y habilidades con la lengua. Este concepto comenzó con Selinker (1972), pero Krashen lo hizo más popular. El concepto de una gramática intermedia o interlenguaje representa diferentes etapas de la formación de la gramática de la L2. Estas etapas son en base a hipótesis y ajustes que van desde no saber nada hasta saber bien la L2. Estas nociones fueron bastante revolucionarias en el campo pedagógico.

Como era de esperar, pronto surgieron muchas interrogantes sobre las ideas de Krashen y su *Monitor Model.* Por ejemplo, ¿cuánto es i + 1, versus i + 3 o i + 4 o i + 10? ¿Cómo se definen los diferentes niveles de *input?* ¿Cómo se puede definir y distinguir entre los procesos mentales que llevan a la adquisición versus al aprendizaje?

▶ *Para pensar y discutir 5:*
1. ¿Cómo se puede incorporar el concepto de la distinción entre la adquisición y el aprendizaje del material en la enseñanza de español como L2?
2. Dé un ejemplo de *input* significativo.
3. ¿Considera Ud. que el *input* es lo que más importa al aprender una L2? Justifique su respuesta con razones y ejemplos. ¿Es posible aprender una lengua sin *input?*
4. ¿Cree Ud. que el período de silencio es una buena idea didáctica? Justifique su respuesta.

⬤ Figura I.2. El interlenguaje

No saber nada → de la L2	Etapa → 1	Etapa → 2	Etapa → 3 (etc.)	Saber la L2 casi como nativo

(cf. Selinker, 1972)

Metodología Comunicativa

A pesar de estas críticas, muchas de las ideas que planteó Krashen coincidieron con lo que se llama la Metodología Comunicativa. Este término se basó en gran parte en la idea de 'competencia comunicativa,' introducida en los años 60 por el antropólogo Dell Hymes, en reacción a las ideas de Chomsky sobre la competencia gramatical. Hymes observó que a cualquier hablante capaz de producir todas las oraciones gramaticales posibles de una lengua lo meterían en un manicomio, si tratara de articularlas. La competencia comunicativa conlleva saber no solamente el código lingüístico, sino también cómo usarlo de una manera apropiada a la situación dada. Los conocimientos sociales y culturales que los hablantes de una lengua tienen y que les permiten usar e interpretar las formas lingüísticas deben ser transmitidos al alumno. La competencia comunicativa abarca todo lo que un hablante tiene que saber para poder comunicarse de una manera apropiada dentro de una comunidad de habla: "Quién debe o quién no debe hablar en ciertos lugares, cuándo hablar y cuándo permanecer callado, a quiénes puede uno dirigirse, cómo hablar con personas de estatus diferente, qué comportamientos no-verbales son apropiados en ciertos contextos, cuáles son las rutinas a seguir para 'cambiar de turno' durante una conversación, cómo pedir y dar información, cómo ofrecer o rehusar ayuda o cooperación, cómo dar un mandato..." (traducido de Saville-Troike 1989:23).

El concepto de competencia comunicativa se empezó a aplicar a la enseñanza de segundas lenguas a comienzos de los años 70. La meta principal de los métodos comunicativos es lograr la competencia comunicativa, pero hay varios modos de lograrla. La Metodología Comunicativa hace hincapié en el lenguaje oral y la habilidad de expresar libremente las ideas, actitudes, deseos, etc. Pero lo importante es crear un ambiente que le proporcione al estudiante oportunidades de comprobar sus propias hipótesis sobre la L2, libre de ansiedad sobre el aprendizaje. Entre las diversas formas de realizar este acercamiento al aprendizaje, se encuentran el *Natural Approach,* el *Total Physical Response,* el *Suggestopedia* y el *Silent Way.* Hay muchas definiciones sobre lo que es la Metodología Comunicativa, pero todas coinciden en varios puntos. Brown (1987:213) los resume así:

(a) El objetivo de la clase incluye todos los componentes de la competen_ \`a comunicativa y no sólo la competencia gramatical o lingüística.

(b) La <u>forma</u> del lenguaje no es prioritaria en la organización y secuencia de las lecciones. Más bien, se debe enfatizar la <u>función</u> del lenguaje, mediante la cual se enseñan las formas.

(c) Lograr la forma correcta no es lo más esencial. La fluidez puede importar más para comunicar un mensaje que la forma correcta. Se mide el éxito de la comunicación por medio de la comprensión del mensaje por parte del oyente.

(d) La clase comunicativa tiene como fin el uso de la L2 en la producción y la comprensión en contextos más o menos espontáneos.

Con respecto al punto (a), cabe añadir el concepto propuesto por Canale y Swain (1980) que la competencia comunicativa, aplicada a la enseñanza de una L2, consta de cuatro componentes: (a) gramatical; (b) sociolingüístico; (c) discursivo; y (d) estratégico.

(a) La competencia gramatical se refiere al nivel de dominio que el estudiante tiene sobre la gramática de la L2. Incluye el conocimiento del vocabulario, la pronunciación, la ortografía, la formación de palabras y la estructura de frases.

(b) La competencia sociolingüística se refiere a la capacidad del estudiante de usar la gramática y el vocabulario de acuerdo con el contexto, para comunicar ciertas funciones lingüísticas, tales como el disculparse, quejarse, describir y dar mandatos. Las convenciones sobre lo que es un comportamiento lingüístico apropiado son de suma importancia para determinar si el tema, el estilo del lenguaje, el registro (por ejemplo, formalidad) y demás factores sociales guardan concordancia con el contexto de la comunicación. Por ejemplo, no sería apropiado dirigirse al decano de la facultad con el mismo lenguaje que se usa para hablar entre amigos en un bar.

(c) La competencia discursiva se refiere a la habilidad de vincular las ideas de una forma cohesiva y coherente. Se refiere al buen uso de, por ejemplo, los pronombres, las frases de transición (sin embargo, por lo tanto), los adverbios (poco, después) y demás expresiones que sirven para conectar ideas (aquí se presentan tres razones).

(d) La competencia estratégica se refiere al uso de estrategias comunicativas verbales (por ejemplo, la perífrasis—Uh, es algo que se usa para la ropa, cuando está arrugada) y no verbales (por ejemplo, los gestos) a los que el estudiante puede recurrir si se encuentra de repente con dificultades para expresarse. Mientras más competente sea el estudiante con la L2, menos habrá de depender de este componente de la competencia comunicativa.

Como se puede ver, esta definición elaborada de la competencia comunicativa aporta una visión más amplia de lo que necesita saber el estudiante de la L2 para poder comunicarse con éxito.

La Metodología Comunicativa ha sufrido varios cambios desde la época en que Brown escribió dicha descripción. Un cambio importante tiene que ver con la actitud hacia la enseñanza de la gramática. Varios lingüistas que trabajan en el campo de la adquisícion de segundas lenguas (ASL) proponen que, para adquirir la forma, el estudiante precisa prestar atención a la forma (VanPatten 1989, Schmidt 1990, Gass y Varonis 1994). Para ellos, el papel de la **consciencia** es esencial; es decir, se aprende a través de la atención prestada. El estudiante aprende cuando hace un esfuerzo por fijar la atención en un punto en cuestión. El estudiante tiene que fijarse, por ejemplo, en que hay una distinción entre los verbos copulativos ser y estar, y que se usan en contextos diferentes. No es necesario hacer uso de reglas explícitas, pero sí es necesario que el estudiante preste atención a estas distinciones. Este concepto ha provocado mucho debate.

Un acercamiento[1] relativamente nuevo que ofrece posibilidades para la enseñanza es el ***Input* Estructurado** y la instrucción enfocada en la forma. Este

consciencia
consciousness

***Input*
Estructurado**
Structured Input

---

[1] No hay una distinción muy fija entre metodología y acercamiento. Podemos ver esto en Hadley (1993:77–78) que cita a Richard y Rodgers (1986) y a Anthony (1963) al plantear que un acercamiento se define "*by a set of theoretical principles,*" un método es "*a procedural plan for presenting and teaching the language,*" y una técnica involucra "*strategies for implementing the methodological plan.*" Hadley dice también que es difícil hacer una comparación de metodologías porque cada maestro varia en la manera de realizarlas e interpretarlas (p. 88). Consideramos aquí tres "acercamientos" dentro de la metodología comunicativa que muestran diferentes interpretaciones y realizaciones para conseguir las metas comunicativas. No son metodologías en sí porque son nuevas y realmente presentan ideas que no han mostrado todavía resultados definidos.

acercamiento propone ayudar a los estudiantes a enfocar su atención en formas específicas. Según Lee y VanPatten (1995), tanto el maestro como el libro de texto pueden lograr que el estudiante haga ese esfuerzo conscientemente, por ejemplo, por medio de un *input* que lleve al estudiante a fijarse en el punto que debe aprender. Veamos un ejemplo cuyo enfoque es la tercera persona singular del pretérito (representamos aquí algunos detalles porque sin ellos es difícil conceptualizar):

(11) ¿Cómo fue la noche del profesor (o de la profesora)?

[Primero, para que el estudiante siga trabajando con el pretérito, debe leer ciertas frases que contengan vocabulario tanto conocido como nuevo concerniente a las actividades del maestro. El estudiante tiene que pensar en lo que sabe del maestro y cómo usar dicho conocimiento.]

Paso 1. *In groups of three, guess what your instructor did last night. Here are some possibilities. Your instructor may add to the list!*

• Corrigió unas composiciones.
• Preparó un examen.
• Salió con unos amigos (unas amigas).
• Charló con los vecinos.
• Preparó la cena.
• Leyó un libro interesante.
• Leyó un periódico o una revista de noticias internacionales.
• Practicó un deporte.
• Habló con un(a) colega por teléfono.
• Pagó unas cuentas.

Paso 2. *A person from one group stands up and presents that group's list of possibilities to the class. Does everyone agree with that list?*

Paso 3. *Once you have identified the correct activities, put them in the order in which your instructor most likely did them.*

[Más adelante en el capítulo, se le pide al estudiante que sea creativo con el pretérito y el vocabulario, usando las formas con las cuales ha trabajado hasta el momento. Este paso no representa el *Input* Estructurado, sino la etapa de producción.]

Actividad G. ¿Qué hizo el fin de semana?

You have investigated what people did last night, but what about last weekend? In groups of four, create a list of twelve activities that a typical student from your university did last Saturday and Sunday. Divide your list as follows, putting two activities in each box.

	Por la mañana	*Por la tarde*
El sábado		
El domingo	Modelo: Salió con unos amigos.	

VanPatten, et al, 2000: 84 y 86.

lineamientos
guidelines

Según VanPatten, los **lineamientos** a seguir en el desarrollo de actividades del *input* estructurado son los siguientes:

(a) Se presenta un solo punto morfológico o gramatical a la vez (por ejemplo, la forma de la primera persona singular del pretérito pero no todas las formas—primera, segunda, tercera, singular y plural—simultáneamente).

(b) Se mantiene el foco de atención siempre en el significado de la forma.

(c) Se empieza con oraciones y se procede al discurso conectado.

(d) Se usa tanto el *input* oral como el escrito.

(e) El estudiante debe "hacer algo" con el *input*.

(f) Se toman en cuenta las estrategias que usa el estudiante para procesar información.

Aunque hay evidencia preliminar de que el método de procesamiento del *input* ayuda al estudiante a internalizar ciertas formas gramaticales, quedan por hacerse más estudios para determinar si este método es más eficaz que otros. La meta de este método comunicativo, como la de otros, es ayudar al alumno a internalizar la gramática de la L2 y aprender a usar la L2 para comunicarse.

Output Forzado
Pushed Output

Otro acercamiento dentro de la metodología comunicativa que mencionamos de paso es la del **Output Forzado,** que propone Swain (1985). Se trata de una de las teorías basadas en la importancia de la producción, las cuales discutimos en el Capítulo 2. Según esta teoría, para desarrollar una competencia comunicativa cercana al nivel de un hablante nativo, el estudiante necesita la oportunidad de producir. Sólo haciendo un esfuerzo por producir el estudiante va a poder fijar su atención en las formas de la L2 y practicar su uso. Como se puede ver, el acercamiento del *Input* Estructurado dice casi lo opuesto: el maestro/libro tiene que guiar la atención del alumno a diferentes aspectos del *input* antes de usar la lengua.

Todos estos representan acercamientos diferentes de lo que se conoce como la Metodología Comunicativa. Pero el nuevo enfoque en lo que hace el estudiante al aprender en vez de lo que hace el maestro al enseñar dio origen a un gran interés en el estudio de lo que le sucede al estudiante al aprender una L2. Por ejemplo, ¿qué estructuras y elementos lingüísticos aprende primero? ¿Cómo se pueden caracterizar las diferentes etapas del interlenguaje? ¿Cuáles son los procesos mentales por medio de los cuales el estudiante llega a adquirir la L2? ¿Cuáles son las actitudes que más promueven la adquisición de la lengua? ¿Qué estrategias ayudan a los alumnos a aprender una L2? ¿Hay manera de enseñar las estrategias de aprendizaje? Estas preguntas inspiraron a varios lingüistas a emprender una serie de investigaciones que formaron la base de un campo nuevo de investigación, conocido hoy en día como la adquisición de segundas lenguas (ASL). Este campo de investigación se discute en el Capítulo 2.

proficiencia

Proficiency. This word has become more accepted in the Spanish language, which uses *competencia* to denote the same meaning.

Antes de terminar, queremos mencionar otro acercamiento más en la metodología comunicativa, el cual se llama el Movimiento para la **proficiencia.** Este movimiento se basa en los lineamientos de proficiencia del *American Council on the Teaching of Foreign Languages (ACTFL),* que definen y describen niveles de competencia funcional del estudiante de segundas lenguas para el contexto académico. Los lineamientos definen y miden la habilidad del estudiante de hablar, escuchar, leer, y escribir. En el capítulo sobre la evaluación, desarrollamos estos criterios más a fondo. Por ahora, basta decir que de estas descripciones han surgido materiales y currículos para la enseñanza de segundas lenguas que se basan los diferentes criterios de cada nivel. Por ejemplo, Foerster, Lambright y Alfonso-Pinto (1999) proponen enseñar en los cursos de tercer y cuarto semestre de español (normalmente, nivel intermedio) las funciones del nivel avanzado para que el estudiante vaya acostumbrándose a ellas. Esas funciones incluyen, entre otras, hipotetizar, opinar y narrar en el pasado. Así vemos cómo este acercamiento lleva a una estructura curricular diferente.

▶ *Para pensar y discutir 6:*
1. Se dice que el concepto de la competencia comunicativa sirve para aclarar el vínculo entre la lengua y el contexto de su uso. ¿Cuáles son los aspectos positivos y negativos de esta perspectiva hacia el aprendizaje de una L2?
2. Haga una comparación entre la metodología ALM y la metodología comunicativa con respecto a lo que hace el maestro. ¿Cuál le exige más al maestro? ¿Y al estudiante? Justifique su respuesta.

REPASO

A través de este capítulo hemos querido señalar que las investigaciones lingüísticas a partir de los años 40 y 50 han tenido un impacto contundente en la pedagogía de L2. Con la Metodología Gramática-Traducción, el maestro de la L2 se enfoca en la regla gramatical, que lleva al alumno a desarrollar la capacidad de leer y traducir los textos en la L2, pero no necesariamente de hablar o escribir la L2. El Método Directo, por otro lado, intenta enseñar de una manera similar a lo que se observa cuando un niño aprende su L1. El foco de atención consiste sólo en el lenguaje oral y coloquial, sin explicaciones gramaticales.

Durante y después de la Segunda Guerra Mundial, cuando aumentó la demanda de personas capaces de hablar, escuchar, leer, y escribir en muchas lenguas extranjeras, proliferó el estudio de esas lenguas. Se privilegiaron las descripciones detalladas y estructuradas de cada sistema lingüístico según el estructuralismo, pero procurando enseñarlas de la manera más eficaz y rápida posible. Al realizar dichas descripciones, los lingüistas llegaron a proponer una jerarquía de dificultad en el aprendizaje de la L2 en base a una comparación entre la L2 y la L1. Arraigada en el estructuralismo y la orientación teórica del campo de la psicología llamado conductivismo, la metodología ALM enseña la L2 por medio de diálogos memorizados y ejercicios mecánicos. El objetivo era promover la práctica oral con frases que minimizan el número de errores posibles. Luego, ante la crítica de que el estudiante no aprende sólo por medio de respuestas a estímulos, surgió el Código Cognitivo, orientación pedagógica que intenta incorporar una perspectiva mentalista a la enseñanza pero igualmente dotada de muchísimas reglas y de práctica mecánica y creativa.

El *Monitor Model* representa una nueva perspectiva fundamentada en el modo en que el estudiante aprende la L2. Se hace una distinción entre la adquisición y el aprendizaje, y entre el conocimiento consciente y subconsciente. El estudiante recibe muchísimo *input* de diversas fuentes, lo cual supuestamente lo lleva a una fluidez natural en la L2. Este enfoque en el lenguaje oral le abrió el paso a la metodología comunicativa, que hace hincapié en la competencia comunicativa espontánea sin prestar mucha atención a la forma correcta. Recientemente se le ha vuelto a dar más atención a la forma, dando lugar a varias propuestas para realizar esta meta, como por ejemplo los materiales de *Input* Estructurado, del *Output* Forzado y del Movimiento para la proficiencia.

Aunque cada una de las metodologías de la enseñanza de L2 surge como reacción a la anterior con el fin de presentar algo novedoso, lo cierto es que cada una toma las mejores características y técnicas de las anteriores con lo que construye algo diferente y a veces mejor. Ningún método es completamente inútil; cada método tiene aspectos positivos y negativos.

La profesión de la enseñanza de L2 valoriza mucho el rol de la metodología y, por consiguiente, el rol del maestro en la enseñanza de lenguas en las escuelas. Cabe señalar también que la mayoría de los maestros de segundos idiomas utilizan varios métodos. Es sumamente importante que el maestro aprenda a observar y a analizar su propia manera de enseñar y el impacto que dicha manera tiene en el aprendizaje de los estudiantes.

Ejercicios finales

1. **Identificación de la metodología.** Seleccione las opciones que mejor caracterizan las metodologías y acercamientos a la enseñanza que a continuación se presentan. Puede haber más de una característica por cada metodología o acercamiento (**Gramática-Traducción, Método Directo, ALM, Código Cognitivo,** *Monitor Model*, **Metodología Comunicativa,** *Input* **Estructurado, Movimiento para la proficiencia**):

a. ejercicios muy estructurados enfocados en un solo punto gramatical a la vez; diálogos a ser memorizados

b. enfoque en la habilidad de leer y traducir los textos clásicos, que sirven para contextualizar el estudio de la lengua

c. enfoque en la práctica y el uso consciente de las formas gramaticales por medio de un *input* muy estructurado en el que el estudiante tiene que prestar atención al punto gramatical en cuestión, siempre considerando el significado de la forma

d. se distingue entre el conocimiento subconsciente y consciente de la L2 y se privilegia cualquier tipo de input que pueda recibir el estudiante

e. se habla sólo en la L2; se enseña la gramática inductivamente, y el vocabulario concreto, por medio de objetos, dibujos y demostraciones

f. el contenido del curso y las actividades que se realizan en clase reflejan lo que se espera de un estudiante según los diferentes niveles de competencia según ACTFL

g. de moda en los años 60, este método está fundamentado en la teoría que el cerebro controla todo aprendizaje, por lo que hace falta tener un conocimiento explícito de cómo funcionan las reglas de la L2

h. representa la primera vez que se toma en cuenta el factor de la ansiedad y su efecto obstructivo en la adquisición de una L2

i. un acercamiento a la adquisición orientado hacia el lenguaje oral, en un ambiente en el que el estudiante puede comprobar sus propias hipótesis sobre la L2. Algunos métodos relacionados son *Total Physical Response* y *Natural Approach*

2. **Identificación de la metodología: ejemplos.** Identifique la metodología o acercamiento a la enseñanza que corresponde a los siguientes ejemplos (Gramática-Traducción, Método Directo, ALM, Código Cognitivo, *Monitor Model, Input* Estructurado). Después, comente sobre los aspectos positivos y negativos de cada actividad.

____ a. Maestra: Allí hay tres flores bonitas. Repitan.

Alumnos: Allí hay tres flores bonitas.

Maestra: Árboles.

Alumnos: Allí hay tres árboles bonitos.

Maestra: Casas. (etc.)

____ b. Actividad: *Listen to the following statements in which a person is described. First, indicate which person is described. Then indicate whether you agree or disagree with each statement.*

1. a. Cristina Aguilera	Ricky Martin
b. *agree*	*disagree*
2. a. Cristina Aguilera	Ricky Martin
b. *agree*	*disagree*
3. a. Cristina Aguilera	Ricky Martin
b. *agree*	*disagree*

[*Sentences heard by learner.*]

1. Es guapa.

2. Es tímido.

3. Es espontánea.

4. etc.

____ c. *In Spanish, whenever the subject of the sentence does anything to or for him/her/itself, one uses a reflexive pronoun. The reflexive pronouns in Spanish are:*

Person	singular		plural	
1ˢᵗ	me	*myself*	nos	*ourselves*
2ⁿᵈ	te	*yourself*	os	*yourselves*
3ʳᵈ	se	*him/her/ yourself*	se	*themselves/ yourselves*

Example: Me lavo.   *I wash myself.*
      Me baño.   *I bathe myself.*

Translate: 1. Me visto por la mañana.

      2. Me afeito antes de salir.

____ d. Maestra: Miren y escuchen. Aquí tengo una manzana (*Shows apple.*).

Me gustan mucho las manzanas. Es una fruta muy rica. Mmm, ¡qué rica! ¿no? Te gustan las manzanas? (*Student nods.*) Yo como una manzana todos los días. (*Shows photo of tree.*) La manzana se da en un árbol que se llama un manzano. Miren, aquí hay un manzano...

____ e. Maestra: ¿Qué es esto? Es una manzana. Es una fruta muy rica. Me gustan mucho las manzanas, de todos tipos. Manzana.

Alumno: Manzana. Gusto las manzanas.

Maestra: ¿Sí? Te gustan las manzanas? A mí me gustan las manzanas.

Alumno: Sí, me gustan.

¿Hay algunas metodologías que utilicen técnicas de otras metodologías? Explique.

3. **Preparación de un ejercicio.** Haga un ejercicio según la metodología ALM, como por ejemplo para practicar la conjugación de los verbos en el tiempo pasado con el imperfecto del indicativo. Preséntelo a la clase.

4. **Preparación de un esquema.** Haga un esquema de las diferentes perspectivas sobre cómo el estudiante internaliza la gramática de la L2 según cinco de los métodos examinados en este capítulo.

5. **Vista a una clase.** Visite una clase de español para ver cómo el maestro enseña un punto gramatical. Trate de identificar la metodología que parece utilizar el maestro.

Para pensar y discutir

1. ¿Por qué puede ser importante usar principios lingüísticos para guiar las prácticas de enseñanza de L2?

2. ¿Cuáles son las limitaciones del Método Directo?

3. ¿Por qué puede ser relativamente más fácil enseñar con el ALM?

4. En su opinión, ¿cuál es el aspecto más creativo del *Monitor Model* en vista de los métodos anteriores?

5. ¿Cómo cambió nuestra perspectiva hacia la enseñanza de L2 el concepto de la Competencia Comunicativa?

6. ¿Qué impacto podría tener el nuevo enfoque en la forma dentro del contexto de la metodología comunicativa (el *Input* Estructurado) en las expectativas del maestro sobre lo que los alumnos son capaces de hacer?

7. ¿Qué elementos parecen tener en común todas las metodologías?

8. ¿Ante qué aspectos de la metodología anterior reaccionó cada nueva metodología?

9. A partir del ALM, ¿cómo contribuyó la lingüística a metodologías?

10. ¿Cuál ha sido el papel de la psicología en la formulación de las metodologías?

Términos importantes

la actuación	la competencia comunicativa	el interlenguaje	el orden natural de adquisición de la L2
la adquisición/ el aprendizaje	el conductivismo	la lingüística	el *Output* Forzado L2
el análisis contrastivo	el estructuralismo	el Movimiento para la proficiencia	
el cognoscitivismo	el filtro afectivo	el nativismo	
la competencia	el *Input* Estructurado		

Obras consultadas

ANTHONY, E.M. 1963. "Approach, method, and technique." *English Language Teaching* 17:63–67.

BROWN, H. DOUGLAS. 1987. *Principles of Language Learning and Teaching, 2nd ed.* Englewood Cliffs, NJ: Prentice-Hall.

CANALE, MICHAEL, AND MERRILL SWAIN. 1980. "Theoretical bases of communicative approaches to second language teaching and testing." *Applied Linguistics* 1:1–47.

ELLIS, ROD. 1997. *Second Language Research and Language Teaching.* Oxford: Oxford University Press.

FOERSTER, SHARON, ANNE LAMBRIGHT, AND FÁTIMA ALFONSO-PINTO. 1999. *Punto y aparte: An intermediate Spanish course.* New York: McGraw-Hill.

GASS, SUSAN, AND EVANGELINE VARONIS. 1994. "Input, interaction, and second language production." *Studies in Second Language Acquisition* 16:283–302.

HADLEY, ALICE OMAGGIO. 2000. *Teaching Language in Context, 3rd ed.* Boston: Heinle & Heinle.

IGLESIAS, MARIO, AND WALTER MEIDEN. 1986. *Spanish for Oral and Written Review, 3rd ed.* New York: Holt, Rinehart, and Winston.

LEE, JAMES, AND BILL VANPATTEN. 1995. *Making Communicative Language Teaching Happen.* New York: McGraw-Hill.

POLITZER, ROBERT, AND CHARLES STAUBACH. 1961. *Teaching Spanish: A Linguistic Orientation.* Boston: Ginn.

RICHARDS, JACK AND THEODORE RODGERS. 1986. *Approaches and Methods in Language Teaching.* Cambridge: Cambridge University Press.

SAVILLE-TROIKE, MURIEL. 1989. *The Ethnography of Communication, 2nd ed.* Oxford: Blackwell.

SCHMIDT, RICHARD. 1990. "The role of consciousness in second language learning." *Applied Linguistics* 11:129–158.

SELINKER, LARRY. 1972. "Interlanguage." *International Review of Applied Linguistics* 10: 201–231.

SWAIN, MERRILL. 1985. "Communicative competence: Some roles of comprehensible input and comprehensible output in its development." In Susan Gass and Carolyn Madden (eds.), *Input in Second Language Acquisition.* 235–253. Rowley, MA: Newbury House.

VANPATTEN, BILL. 1987. "Classroom learners' acquisition of *ser* and *estar*: Accounting for developmental patterns." In Bill VanPatten, Trisha Dvorak, and James Lee (eds.), *Foreign Language Learning: A Research Perspective.* 61–75. Cambridge: Newbury House.

VANPATTEN, BILL. 1989. "Can learners attend to form and content while processing input?" *Hispania* 72:409–417.

VANPATTEN, BILL, JAMES LEE, TERRY BALLMAN, AND TRISHA DVORAK. 2000. *¿Sabías que...? Beginning Spanish, 3rd ed.* New York: McGraw-Hill.

Capítulo 2

El campo de investigación de la ASL

INTRODUCCIÓN: EL CAMPO DE INVESTIGACIÓN DE LA ASL

El campo de investigación de la adquisición de segundas lenguas (ASL) es el área lingüística que actualmente tiene mayor vínculo con el campo

21

pedagógico de la enseñanza de lenguas. En este capítulo abordamos tres subáreas importantes de la ASL: (a) algunas hipótesis importantes que intentan explicar la adquisición de elementos lingüísticos en el interlenguaje; (b) algunos procesos de la ASL; y (c) el impacto del campo de la ASL en la pedagogía. Para un resumen excelente del campo de la lingüística aplicada y la ASL en relación al español, véase Lafford (2000).

ALGUNAS HIPÓTESIS IMPORTANTES DENTRO DEL CAMPO DE LA ASL

El análisis contrastivo

El Capítulo 1 hizo alusión a la hipótesis del análisis contrastivo y su aplicación a la formulación de la metodología ALM. A pesar del paulatino desuso de la ALM a lo largo de las décadas, esta hipótesis todavía tiene mucho valor a la hora de explicar por qué los estudiantes enfrentan tantas dificultades con ciertas partes de la lengua y no con otras (Stockwell, Bowen y Martin 1965). La hipótesis predice que el estudiante va a tener más dificultad con aquellos elementos de la L2 que son muy diferentes a la L1, que funcionan de maneras diferentes en las dos lenguas o que no existen en una de las dos lenguas. Por ejemplo, para el anglohablante algunos de los elementos difíciles del español son el pretérito y el imperfecto, los pronombres enclíticos, el subjuntivo, los verbos copulativos <u>ser</u> y <u>estar</u> y la flexibilidad del orden de palabras en español. Todos estos elementos son muy diferentes o inexistentes en inglés. El anglohablante enfrentará menos dificultades para aprender o entender los cognados verdaderos (e.g., <u>hospital</u>—<u>hospital</u>), o elementos sintácticos como el futuro perifrástico (<u>voy a comer</u>/<i>I am going to eat</i>), el pluscuamperfecto (<u>había comido</u>/<i>he had eaten</i>) y adverbiales como las comparaciones de igualdad (<u>es tan alto como ella</u>/<i>he is as tall as she</i>) porque son muy semejantes en las dos lenguas. Ello sugiere la existencia de una <u>jerarquía de dificultad</u> en la L2 que se basa en los principios del aprendizaje humano. Según la hipótesis del análisis contrastivo, lo más fácil de aprender si se sigue la jerarquía es aquello que cuenta con un **par** en la otra lengua, mientras por otro lado lo más difícil es aquello que cae dentro de categorías diferentes entre las cuales el estudiante tiene que distinguir; por ejemplo, el pretérito y el imperfecto en español.

par
match

Existe bastante evidencia de que el estudiante, en este caso el anglohablante que estudia el español, depende mucho de su conocimiento sobre la L1, al cual recurre al enfrentar la L2. Si la L1 es muy diferente de la L2, habrá menos transferencia. Esta <u>transferencia</u> suele facilitarle al estudiante la tarea de entender la L2. Pero como vemos en la próxima sección, también existe mucha evidencia de que el estudiante no siempre transfiere todo su conocimiento de la L1 ni lo aplica a todos los contextos. Muchos de los errores que hacen los estudiantes no se deben a la transferencia sino a otros procesos como la simplificación y la sobregeneralización, las cuales veremos con más detalle en otra sección de este capítulo.

▶ *Ejercicio 1: Un análisis contrastivo*
Según el análisis contrastivo, ¿cuáles de los siguientes elementos lingüísticos son más difíciles de aprender para los anglohablantes que estudian el español? ¿Y los más fáciles?

   1. por/para

   2. el subjuntivo (por ejemplo, quiero que <u>vengas</u>.)

3. los pronombres <u>él</u>, <u>ella</u>, <u>nosotros</u>

4. los pronombres <u>tú</u>, <u>Ud.</u>

5. el significado del verbo <u>poder</u>

6. los sonidos [ĉ], [a], [k], [s], [y]

7. los sonidos [rr], [p], [ð] [β]

 Figura 2.1. La jerarquía de dificultad entre estudiantes anglohablantes del español según el análisis contrastivo (cf. Brown 1987)

Más fácil

Nivel	*Categoría*	*Ejemplo (ing → esp)*
0	**La transferencia** No hay diferencia o contraste entre L1 y L2	*hospital, animal* *he had lived*/<u>*había vivido*</u>
1	**La coalescencia** Dos elementos en la L1 se representan por uno solo en la L2	*his/her/their* → <u>*su*</u>
2	**La subdiferenciación** Cierto elemento de la L1 no existe en la L2	*auxiliary do* → ø
3	**La reinterpretación** Cierto elemento de la L1 tiene otra forma o distribución en la L2	*indefinite article required* → uso variable según el significado (<u>Juan es (un) doctor.</u>)
4	**La sobrediferenciación** Cierto elemento de L1 guarda poca o ninguna semejanza con el de la L2	*definite article not required* → uso requerido en ciertos contextos (*Man is mortal.*/<u>El hombre es mortal.</u>)
5	**La división** Cierto elemento de L1 se expresa con dos elementos o más en la L2	*to be* → <u>ser</u>, <u>estar</u>

Más difícil

El análisis de errores y los estudios sobre el orden de adquisición de morfemas

Como señala Lafford (2000), los investigadores comenzaron a analizar los errores cometidos por estudiantes de español como L2 en los años 70. Con este tipo de análisis, conocido como <u>el análisis de errores</u>, se constató que los errores no se derivan siempre del contraste entre las dos lenguas. Si el estudiante dice:

(1) *María bonita.

no podemos atribuir la falta del verbo copulativo a la transferencia del inglés:

(2) *Mary is pretty.*   **Mary pretty.*

Además, casi al mismo tiempo, Selinker (1972) propuso estudiar no sólo los errores, sino también lo que el estudiante logra adquirir en su interlenguaje. Entre los estudios al respecto, encontramos el de VanPatten (1984) sobre el orden de adquisición de los pronombres enclíticos. En vista de éste y otros estudios, los lingüistas tuvieron que recurrir a otras explicaciones para las secuencias en la adquisición de morfemas que encontraron. Se dieron cuenta de que el análisis contrastivo no proveía una explicación adecuada para explicar la secuencia de adquisición.

La marcadez

La teoría de <u>la marcadez</u> tuvo su origen en la fonología, que incluye el estudio de los rasgos que se asocian con los diferentes sonidos pertenecientes a una misma familia. Por ejemplo, vemos que [n] en <u>nido</u> y [ŋ] en <u>ángel</u> en español son dos realizaciones del mismo sonido prototípico /n/. Los dos fonos entre corchetes [ ] representan los sonidos que se oyen en el habla, conocidos como <u>alófonos</u>. El fono entre barras / / representa el sonido abstracto o, mejor dicho, el prototipo de esa familia de sonidos. Se ve que [ŋ] velar (por ejemplo, <u>tengo</u>), con excepción del español caribeño, ocurre con menos frecuencia que [n]. Normalmente se usa [ŋ] antes de otro sonido que se produce con el velo en la parte posterior de la boca, como [k], [g] o [x]; por ejemplo, <u>ancla</u>, <u>angustia</u>, <u>ángel</u>. En otras palabras, el uso de [ŋ] es más restringido que [n]. Por eso, se puede decir que [ŋ] es más marcado que [n]: lleva más rasgos que lo marcan como un elemento más especial, menos frecuente, y menos básico.

De igual manera se pueden tomar como ejemplo dos palabras de la misma familia, como <u>gato</u> y <u>gata</u>. Las dos se derivan de la misma idea prototípica, <u>gato</u>. Pero <u>gata</u> se usa menos porque se refiere sólo a la hembra; por eso, es más marcada—connota más información específica. Es una palabra menos usada, menos básica, etc.

Lo anterior es una introducción breve al concepto de la marcadez, el cual es mucho más complejo en su totalidad. Lo presentamos únicamente para que vea el lector cómo se puede aplicar dicho concepto al aprendizaje de una L2 y así conseguir otra posible explicación de la manera en que el estudiante adquiere una L2. Se sabe que la mayoría de los estudiantes de español adquieren los elementos lingüísticos de la L2 siguiendo más o menos un mismo orden. Por ejemplo, veamos una secuencia que salió a relucir en los estudios de VanPatten (1985; 1987), Ryan (1991) y Ryan y Lafford (1992) con respecto al uso de <u>los verbos copulativos</u> <u>ser</u> y <u>estar</u> por parte de estudiantes anglohablantes de español (cf. Guntermann 1992). En el estudio de VanPatten (1985, 1987), los participantes eran principiantes de español al nivel universitario en un año regular de clases de español. Las observaciones fueron hechas en base a exámenes, juicios gramaticales, composiciones, exámenes orales y observaciones de las interacciones en clase:

 Figura 2.2. Orden de adquisición de <u>ser</u> y <u>estar</u> (VanPatten 1987)

El comienzo de la adquisición ↓

(**i**) Ausencia de <u>ser</u> o <u>estar</u> *<u>Juan gordo</u>. (o simplemente <u>Gordo</u>.)

(**ii**) Uso sobregeneralizado de <u>ser</u> *<u>Juan es aquí</u>. (Esta etapa dura más tiempo.)

(**iii**) Ausencia de <u>estar</u> antes de *<u>Juan bien</u>. (o simplemente <u>Bien</u>.)
adjetivos de condición

(iv)	Uso de <u>estar</u> con el gerundio	<u>Juan está comiendo</u>.
(v)	Uso de <u>estar</u> en lugar de <u>ser</u>	*<u>Juan está estudiante</u>.
(vi)	Uso de <u>estar</u> en lugar de <u>ser</u> con adverbiales locativos	<u>Juan está aquí</u>.
(vii)	Uso de <u>estar</u> con adjetivos de condición	<u>Juan está bien</u>.

Si tomamos este orden de <u>ser</u> y <u>estar</u> como evidencia de la marcadez, da la impresión de que <u>ser</u> es más básico, más frecuente, y menos restringido en su uso y, por lo tanto, menos marcado, que <u>estar</u>. <u>Estar</u>, en cambio, tiene más restricciones; es decir, es la forma más marcada, y por ello los estudiantes se demoran más en adquirirla. Se dice que el orden de adquisición en general consiste en primero adquirir las formas menos marcadas y luego, las más marcadas. Ello indica que los estudiantes aprenden <u>ser</u> primero, puesto que representa la forma menos marcada, y luego los usos menos marcados de <u>estar</u>.

Sin embargo, el orden de adquisición de <u>ser</u> y <u>estar</u> reflejado en el ejemplo puede tener una explicación no sólo en términos de la teoría de la marcadez, sino también en términos de otras teorías y conceptos. VanPatten (1987) comenta que, en el caso del orden de adquisición de <u>ser</u> y <u>estar</u>, influyen también factores como <u>la simplificación</u> (usar sólo un verbo copulativo), <u>el valor comunicativo de la palabra</u> (usar un verbo si no existe un contraste de significado con otro verbo), <u>la frecuencia</u> con que se oye un verbo a diferencia de otro (tal vez se usa <u>ser</u> más que <u>estar</u> en la clase y en el libro de texto) y <u>la transferencia</u> del inglés (*is* del inglés se parece mucho al <u>es</u> español). Más adelante en este capítulo, en la sección sobre procesos, discutimos con mayor lujo de detalle algunos de estos conceptos.

▶ *Ejercicio 2: La marcadez*
¿Qué elemento de los siguientes pares es la forma menos marcada? Justifique su respuesta.

1. *a/an* (inglés)
2. carro/carros
3. salgo/sale
4. rojo/roja
5. ¿cuál?/¿qué?
6. cuyo/que
7. escribir/redactar
8. ebanista/carpintero
9. chisme/noticias

OTRAS HIPÓTESIS MÁS RECIENTES SOBRE LA ASL

Indudablemente, el interrogante principal de los lingüistas que estudian la ASL y los maestros que enseñan las lenguas es: ¿Cómo aprende un estudiante otra lengua? En las últimas dos décadas han surgido muchas hipótesis relacionadas en respuesta, aparte de las ya mencionadas teorías del análisis contrastivo y la marcadez. Presentar todas las teorías en este capítulo sería imposible. Nos limitaremos a presentar las que, a nuestro juicio, son las más útiles. Clasificamos las hipótesis en tres tipos: las que tienen que ver con el *input*, con los procesos cognitivos o con la producción en un contexto social e interactivo.

La hipótesis relacionada al input

En el Capítulo 1 hablamos un poco de *input*. Recordemos la idea de Krashen (1982) sobre la importancia del *input* comprensible para el estudiante. Según la hipótesis de *input* de Krashen, mientras mayor sea el *input* comprensible principalmente mediante el instructor y los libros, mayor será la adquisición de la L2. Al estudiante se le debe proporcionar un *input* algo más avanzado que el de su nivel actual, para así impulsar el desarrollo del interlenguaje.

Nadie niega que hace falta tener *input* para aprender otra lengua, pero hay que tener en cuenta otras cuestiones, tales como el tipo de *input*, los factores que influyen para que el *input* no sólo sea comprensible sino también fácil de internalizar, y los procesos cognitivos que se ponen en marcha a la hora de internalizarlos. También hemos visto que los estudiantes producen frases que no escuchan en el *input*, por lo que no se puede decir que toda la adquisición se deriva necesariamente sólo del *input*.

▶ *Ejercicio 3: El* **input**

1. Imagínese que Ud. es estudiante de español en su primer año de estudios. Haga una lista de las diferentes fuentes de *input* que podría usar para aprender la lengua. ¿Cuáles son las fuentes más útiles y accesibles, dentro y fuera del salón de clase?

2. Aparte de un maestro y un libro de texto, ¿con qué otras fuentes podría contar un estudiante de español para aprender la lengua? De no haberlas, ¿qué otro remedio hay?

La hipótesis de fijar la atención

El problema de la premisa de que se puede producir la L2 con tan sólo escuchar o leerla es que no considera cómo el cerebro procesa el *input*. El estudiante no usa todo el *input* que escucha. Tampoco internaliza aquello que le parezca de escasa importancia o utilidad, o que le llame poco la atención. La hipótesis de fijar la atención postula que lo más importante es que el estudiante debe obtener consciencia de cada elemento lingüístico para poder procesar e internalizarlo. Gass (1988) y Tomlin y Villa (1994) dicen que el mejor modo de obtener consciencia es prestar atención al elemento dado. El modelo general que proponen Tomlin y Villa se ve en la Figura 2.3.

hipótesis de fijar la atención

noticing hypothesis

Un concepto que parte de la **hipótesis de fijar la atención** es el llamado 'enfoque en la forma,' el cual ha dado origen a una gran vertiente de investigación. Según Lee y VanPatten (1995) y otros, el maestro puede ayudar al alumno a fijar la atención. De ahí surge la idea del *Input* Estructurado, descrita en el Capítulo 1. Para que el estudiante aprenda la lengua con un nivel de precisión aceptable, lo esencial es proveer un *input* suficientemente rico. Ello se consigue no sólo por medio de interacción con los demás alumnos en un salón de clase, sino también mediante una instrucción que ayude al estudiante a fijarse en ciertas formas gramaticales.

Figura 2.3. Modelo básico de Tomlin y Villa (1994:196) que muestra la relación entre el *input,* fijar la atención y la formación de una hipótesis en el interlenguaje sobre un elemento gramatical de la L2.

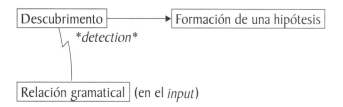

Para construir una teoría de cómo se aprende una L2, hay que tener en cuenta los procesos cognitivos que utiliza el estudiante. El problema es que no contamos con muchos datos sobre dichos procesos cognitivos al enfrentar el *input.*

► *Ejercicio 4: Para fijar la atención*

Haga el siguiente ejercicio en pareja. ¿Cuál es el elemento en que los autores pretenden que los estudiantes se fijen? ¿Cree Ud. que el ejercicio logra su objetivo? (de *¿Sabías que...?,* 1a ed., p. 353)

> Piensa por un momento en el tipo de adicción que el artículo [que acabas de leer] describe. Teniendo en cuenta lo que sabes de otras adicciones, ¿cuáles de las siguientes sugerencias le harías a un adicto al trabajo? Selecciona de cada grupo las sugerencias que tú consideras más apropiadas.
>
> **Vacaciones**
>
> • Toma una semana de vacaciones. No importa cómo, pero deja el trabajo e intenta divertirte.
>
> • No tomes más vacaciones si no puedes disfrutar (*enjoy*) ellas sin pensar en el trabajo.
>
> • Toma frecuentes vacaciones cortas. Por ejemplo, deja de trabajar uno o dos días y vete a un lugar lejos de tu trabajo.
>
> **Otras actividades**
>
> • Planea algunas actividades con tus amigos o tus familiares para los fines de semana.
>
> • No hagas actividades solitarias. Busca la compañía de personas que no tienen relación con tu trabajo.
>
> • Sustituye una hora de trabajo por una actividad solitaria, como correr, leer u otra que quieras. Trata de no pensar en el trabajo durante esa hora. etc.

La hipótesis interaccionista

La hipótesis interaccionista se basa en parte en el *input* y en parte en el contexto de la producción. Según esta hipótesis, el estudiante aprende mediante la interacción con otra(s) persona(s), ya que dicho contexto es el que mayor significado tiene para el estudiante. Long (1983) agrega el elemento del *input* comprensible. Un *input* se vuelve comprensible a través de tres maneras: (a) simplificaciones al *input*; (b) el uso del contexto lingüístico y extralingüístico; y (c) la modificación de la estructura de la conversación en que participan los estudiantes. Lo más importante es que haya una **negociación de significado,** en que los **interactuantes** traten de evitar dificultades en su comunicación, o de arreglar su discurso en caso de que surjan dificultades. Estos intentos por arreglar dificultades lingüísticas incluyen <u>peticiones</u> de <u>esclarecimiento de significado</u>; <u>confirmaciones del enunciado anterior</u>; <u>confirmaciones de entendimiento de lo dicho anteriormente</u>; y <u>repeticiones de lo que dice el hablante mismo u otro participante</u>. Veamos algunos ejemplos tomados de un estudio de Koike y Ramey (2001) (las negociaciones están en negrita):

negociación de significado

negotiation of meaning

interactuantes

interactants

peticiones

requests

(3) Petición de esclarecimiento de significado

Hablante nativo:	De hecho, ganó, ganó un premio en—un premio? Sabes lo que es?
Estudiante:	**Qué es un "premio"?**
Hablante nativo:	Mm. *Award*?

(4) Confirmación del enunciado anterior

Estudiante:	*What's "trofeo"?*
Hablante nativo:	<u>*Trophy.*</u>
Estudiante:	***A trophy girlfriend?***

(5) Confirmación de entendimiento de lo dicho anteriormente

Hablante nativo:	De hecho, ganó, ganó un premio en—un premio? **Sabes lo que es?**

(6) Repeticiones de lo que dice el hablante mismo

Hablante nativo:	No no no no no. *Not that. The, of the face?* La, **De la cara más bonita?**

(7) Repetición de lo que dice otro participante

Estudiante:	Un awar?
Hablante nativo:	*Award.*
Estudiante:	**Awar?**

Las modificaciones sobre el lenguaje que acabamos de ver promueven los avances en el interlenguaje del estudiante, porque le dan al estudiante la oportunidad de dejarle saber a cada paso en la conversación al hablante más competente que hay algo que no comprende. Así consigue que el *input* se vuelva comprensible (Ellis 1990; Pica y Doughty 1985).

Hasta ahora las investigaciones no han podido establecer un vínculo directo entre estas modificaciones y la ASL. Una razón es que hay muchos factores contextuales que inciden en los resultados. Por ejemplo, el tipo de tarea que se les pide a los estudiantes suele afectar mucho el discurso. Pica y Doughty (1985) examinaron las modificaciones hechas en un contexto de una **brecha de información,** en que una persona carente de información tiene que conseguir información de otra persona para completar una tarea, y vice versa.

brecha de información

information gap

rompecabezas
jigsaw

Compararon dichas modificaciones con las realizadas en un ejercicio de **rompecabezas**, en el que cada persona tuvo que contribuir información diferente para llegar a una respuesta completa. Los autores hallaron resultados diferentes en los dos contextos, lo que demuestra que el tipo de tarea influye en el tipo de modificaciones que hacen los estudiantes. La tarea de rompecabezas generó más modificaciones sobre la forma de elementos del idioma. Otro factor es la percepción de la tarea por parte de los participantes. Si el maestro les da a los alumnos una tarea cuyo fin es la conversación libre (por ejemplo, contestar algunas preguntas sobre política), pero el estudiante cree que más que la expresión de ideas, el objetivo es incorporar correctamente la gramática y el vocabulario del capítulo, el estudiante va a enfocar su atención en las formas en vez de seguir el hilo de la conversación (Koike y Ramey 2001).

A pesar de estos factores, no es difícil hallar razones para incorporar una gran cantidad de interacción entre el maestro y el estudiante o, sobre todo, entre los estudiantes mismos en grupos pequeños. Los compañeros sirven como otra fuente de *input*, que aunque no sea totalmente correcto, motiva mucho a los grupos, dándoles la oportunidad de practicar la producción oral en la L2 sin sentir tanta ansiedad como la que sentirían ante el maestro o la clase entera.

▶ *Ejercicio 5: Identificar la negociación*

En el siguiente diálogo entre John, un estudiante estadounidense, y Rosa, una hablante nativa de Colombia, subraye e identifique las frases que muestran las negociaciones sobre la lengua que, según la hipótesis interaccionista, promueven la adquisición de la L2. Puede escoger entre peticiones de esclarecimiento de significado, confirmación del enunciado anterior, confirmación de entendimiento de lo dicho anteriormente, repeticiones de lo que dice el hablante mismo y repetición de lo que dice el otro participante.

John:	Y *um*, ¿tienes planes para *Halloween?*
Rosa:	No creo. El sábado, es la semana [no se entiende] y un amigo tiene una fiesta el 28, sábado.
John:	*Uh*, va, vas a, *uh*, llevar un costumbre?
Rosa:	*You mean* ¿un disfraz? *Costume?* ¿Disfraz? ¿Disfraz?
John:	Sí, *oh* "disfraz." *What is it,* difrás?
Rosa:	Disfraz.
John:	¿Disfraz?
Rosa:	M-hm. ([risa])
John:	¿Qué?
Rosa:	No sé. Hace tiempo—estoy pensando, todavía no sé, lo que—
John:	¿No tienes los ideas?
Rosa:	No, ah, es que no voy no voy a comprar uno, me voy a pintar, maquillar, pintar el pelo. Pero no voy a comprar uno. ([risa])
John:	([risa]) No sé qué *or* no *um* no tiene que *uh*, que *uh*, mi disfraz. Pero voy a, voy a, voy a pensar.
Rosa:	No sabes qué qué qué te vas a [no se entiende]—
John:	No sé. No sé ahora. Voy a—
Rosa:	¿Pero vas a comprar *em* un disfraz?
John:	No quiero que comprar algo.
Rosa:	No creo que vale, no quiero comprarlo. No sé cuánto cuestan, pero creo que no vale la pena. ¿Entiendes? ([risa])
John:	([risa])

Rosa: No sé cuánto cuesta un disfraz, pero o sea cuánto dinero cuesta
           un disfraz pero creo que no vale—¿vale? ¿La pena? Comprar un
           disfraz. ¿No vale? Es, no es necesario—
John: No es necesario para...
Rosa: ...porque es nada más que para un evento.
John: Sí. Uh, yo, yo entiendo...

(de Koike y Ramey 2001)

La hipótesis de variabilidad; la sociocultural

Existen otras hipótesis que intentan describir la ASL en términos de la influencia
del contexto en que ocurre. La hipótesis de variabilidad de Tarone (1983) se
basa en la obra sociolingüística de Labov (1972), quien describe la variación en
el habla como el resultado de diferencias contextuales. Por ejemplo, en el habla
informal y descuidada (por ejemplo, entre amigas en una fiesta) se usa un estilo
de habla muy diferente al estilo que se usa en situaciones donde la atención a la
forma cobra mayor importancia (por ejemplo, hablando con el presidente de la
universidad). Tarone aplica este concepto a la ASL, proponiendo un continuo de
estilos correspondientes a varios contextos en los que el estudiante tiene que
hablar. Por ejemplo, si se le pide al estudiante que separe frases gramaticales de
las **agramaticales** en una lista larga, lo más probable es que use el estilo más
cuidadoso, haciendo todo lo posible por aproximarse a las normas de la L2.
Pero si se le pide que hable con otros compañeros en una fiesta, va a usar un
habla menos cuidadosa y más vernacular. Para Tarone, el habla menos cuidadosa refleja más el "verdadero" interlenguaje, libre de influencias tanto de la L1
como de la L2. Ello puede explicar por qué las tareas diferentes parecen generar
resultados lingüísticos diferentes entre los estudiantes.

agramaticales
ungrammatical

Otra hipótesis en torno al contexto en que se aprende la L2 es la hipótesis sociocultural, la cual relaciona el aprendizaje con el contexto social en que ocurre.
Un buen punto de partida es el acercamiento de Vygostky (1981), para quien la
interacción que ocurre entre estudiantes no es simplemente un intercambio de
información, sino una manera en que los estudiantes logran controlar y dirigir la
tarea asignada. Según Vygostky (ver Brooks y Donato 1994; Lantolf y Appel
1994), la interacción crea otra realidad entre los participantes, quienes hablan
entre sí para planear y cumplir las diversas actividades relevantes a la tarea en la
clase. De esta manera, por medio del habla, los estudiantes llegan a comprender
la tarea; es decir, la tarea se vuelve significativa para ellos, lo cual los motiva a
aprender más. Vygotsky cree que la comunicación debe volcarse más hacia la
manera en que, por medio del habla, los individuos logran mantener su indivi-
dualidad y crear un mundo compartido durante el transcurso de una actividad
comunicativa. Veamos un ejemplo de ello en una situación en la que los participantes siguen **alineados**, tratando de mantener una buena relación de trabajo y
logrando una comprensión compartida del texto:

alineados
aligned; in synch

(8) [Los estudiantes K y B se enteraron de que les iban a dar una prueba
sobre un texto leído en clase. Después de una breve discusión en grupo
con la maestra sobre Frida Kahlo y Diego Rivera, en la que participaron
los estudiantes en grupo y la maestra los estudiantes en parejas
procedieron a leer el texto. Se les dio quince minutos para completar la
lectura y entender el texto antes de tomar el examen.][1]
K: [leyendo en voz alta] "La pintora mexicana Frida Kahlo se enamoró
locamente del pintor Diego Rivera cuando apenas tenía quince años."

---

[1] Le agradecemos a Abby Dings este ejemplo de su investigación.

B: *Let's stop after each sentence so we can kinda figure out what's going on.*
K: *Okay, okay, um, the Mexican painter, Frida Kahlo, um, fell—*
B: *Fell in love with, <u>locamente</u>, is that like 'crazy'?*
K: *Oh, yeah, <u>loco</u>, yeah*
B: *Fell crazily in love with the painter Diego Rivera <u>cuando</u> when she was fifteen years old?*
K: *Yeah.* [leyendo en voz alta] "Mi ambición es de tener algún día un hijo de Diego Rivera."

Algunos dirían que este ejemplo lo que ilustra es que las actividades en parejas no funcionan bien ya que los estudiantes frecuentemente acuden al inglés para completar la tarea. Pero según Vygotsky, el ejemplo lo que muestra es que los estudiantes se enfrascan en la tarea a tal punto que logran controlar la manera en que aprenden la lengua, lo cual es sumamente valioso. Queda clara la relación que esta hipótesis guarda con la hipótesis interaccionista.

En resumen, la Tabla 2.1 presenta un esquema general de las hipótesis que se presentaron en este capítulo.

Tabla 2.1. Resumen de algunas hipótesis sobre la ASL

Hipótesis	Ideas generales
Análisis contrastivo	Es más fácil aprender los elementos de la lengua que son iguales o similares a la lengua nativa. La dificultad surge cuando hay diferencias, cuando no existe un elemento en la L1 o cuando se realiza con dos elementos o con un elemento totalmente nuevo en la L2.
Marcadez	Los elementos menos marcados, es decir, los más básicos, frecuentes, generales, etc., son los que se aprenden primero, o por lo menos antes de los más marcados.
Input	Se aprende por medio del *input* comprensible, y en un contexto libre de ansiedad.
Fijar la atención	Fijar la atención en un elemento es el primer paso en la adquisición. Sin este primer paso, el proceso entero de convertir el *input* a información usable no se inicia.
Interacción	Se aprende mediante una interacción con otra persona en la que se procura hacer comprensible un elemento en el *input*. Las negociaciones sobre dificultades de la lengua son sumamente importantes.
Variabilidad	El estudiante varía su producción en la L2 según el contexto en el que se encuentra. Opta por un estilo cuidadoso en el contexto de un examen gramatical, y un estilo vernáculo, entre amigos.
Sociocultural	El contexto más valioso para aprender la L2 es una interacción en la que el estudiante habla con otro. Sólo así llega a controlar la lengua y la actividad comunicativa que se le ha asignado.

Como es de esperar, es sumamente difícil encontrar una hipótesis sobre la ASL que tenga en cuenta todos los factores que hay que considerar. Cada uno de los aspectos de las hipótesis discutidas—desde la secuencia de adquisición de morfemas, el tipo de *input* que el estudiante debe recibir, las actividades que más ayudan a adquirir la L2, los procesos cognoscitivos, la variación del interlenguaje, hasta el intento de fijar la atención en ciertos elementos de la lengua—son importantes en la ASL. Pero hasta ahora no se ha podido formular una sola hipótesis que abarque todos los aspectos que entran en juego en un proceso tan complejo como lo es el de la ASL.

ALGUNOS PROCESOS RELACIONADOS A LA ASL

En las secciones anteriores hablamos de las hipótesis sobre cómo se aprende una L2. Ahora pasamos a discutir algunos procesos relacionados a la ASL que se han observado en la producción lingüística de los estudiantes.

La transferencia

Además de los ejemplos ya mencionados, existen otros ejemplos del proceso de transferencia de información de la L1 a la L2:

(a) transferencia fonética: *Es una mala [sɪ͡cuašjónʌ] (casi la misma pronunciación que *situation* en inglés).

(b) transferencia léxica: *Está muy embarazada (en lugar de <u>avergonzada</u>).

(c) transferencia sintáctica: *Tiene no dinero.   *He has no money.*

(d) transferencia pragmática: ¿Puedo tener un vaso de agua? (en lugar de <u>¿Puede Ud. darme un vaso de agua?</u>)

La transferencia de información es un proceso natural, común en situaciones en las que la L2 se asemeja a la L1. Un anglohablante que estudie japonés, por ejemplo, probablemente sea menos propenso a transferir información porque se da cuenta de que hay pocas semejanzas entre las dos lenguas (Kellerman 1977). Entender cuáles son las estructuras que más se prestan a la transferencia a la L2 ayuda a prever muchos de los problemas que enfrentan los estudiantes y a identificar la fuente más probable de los errores.

▶ *Ejercicio 6: La transferencia*
¿Cuáles de los siguientes errores probablemente reflejan la transferencia de conocimiento del inglés al español? Justifique su respuesta.

1. El profesor está en su [áfɪsín͡].
2. *Vi a la pelota.
3. *Quería que ella responder a la pregunta.
4. Es mi responsibilidad.
5. *Oyen y leen la lengua pero éste no significa nada.
6. *Le dimos tiempo para cumplir su respuesta completamente.
7. *Le di dos tópicos, uno para hablar de y uno para escribir de.
8. *El segunda pregunta era más fácil.

La simplificación/regularización/sobregeneralización

A menudo el estudiante produce formas morfológicas o gramaticales cuando trata de simplificar o hacer regulares todas las formas. Este proceso se conoce por tres nombres diferentes: <u>simplificación</u>, <u>regularización</u> y <u>sobregeneralización</u>, que son básicamente el mismo proceso, por ejemplo:

(a) ***sabo,** sabes, sabe, sabemos, saben

(b) *Ayer yo le **explicó.** (El estudiante cree que todas las formas verbales referentes al sujeto de primera persona singular terminan en –o.)

(c) *Todos estos hombres son **artistos.** (La terminación de la palabra <u>artista</u> refleja el género del referente.)

(d) *Ellos están en **sus** escuela. (El pronombre posesivo <u>sus</u> concuerda con el sujeto en vez del sustantivo que lo sigue. Según esta lógica, <u>su</u> es la forma singular que corresponde a *his/her/its,* y <u>sus</u> corresponde a *their,* porque lleva la –s como marcador de la forma plural.)

El proceso de reducir información es también un proceso común en la ASL. Muestra que los estudiantes usan estrategias de analogía y lógica al intentar aprender la L2. En casos de transferencia o simplificación/sobregeneralización, los errores de los estudiantes, lejos de ser productos de falta de esfuerzo o pereza, son más bien el resultado de procesos lógicos. Conocer con claridad la posible fuente de error, ayuda al maestro a enseñar ciertos elementos de manera tal que se minimicen los problemas posibles.

▶ Ejercicio 7: La simplificación

De los errores en las siguientes frases indique aquéllos que probablemente sean producto de simplificación:

> El otro día **nos fuimos** a Miguel's La Bodega. Es un lugar muy fascinante con mucha cultura hispánica. Porque eso fue mi **primero visito,** no **sabí** que expectar. ¡Estaba muy **sorpresada!** **Juegan** música latina por la noche y ofrecen **lecciones bailes** a personas que quieren aprender los bailes **variosos** latinos. Es posible que en el futuro **nos necesitaramos** saber esos bailes.
>
> Miguel's es también un restaurante. Hay muchas cosas en el **menu** como fajitas, salsas, quesadillas y **bebes alcoholicos.** El próximo **tiempo nos vamos** a Miguel's, **nos vamos** a pedir una margarita. Pero **nos vamos** a tener 21 años en **uno y medio más años.** Caroline y yo **nos tuvimos un tiempo muy divertido** en Miguel's. ¡Es un lugar **caliente!**

Algunos principios de aprendizaje

principios de aprendizaje
learning principles

Principio de Uno a Uno
One-to-One Principle

Otro aspecto del aprendizaje relacionado a la simplificación es lo que se conoce como los **principios de aprendizaje.** Anderson (1990, 1993) habla de varios principios de aprendizaje que, según él, ayudan al estudiante a enfrentar el *input* y manejarlo de manera que le sea lógico y útil. Uno de ellos es el Principio Uno a Uno:

El **Principio de Uno a Uno:** El estudiante anticipa que cada morfema nuevo que detecta en el *input* va a tener un solo significado y una sola función. Por ejemplo, si el estudiante detecta el morfema <u>lo</u>, el cual asocia con el significado *it,* va a usar <u>lo</u> dondequiera que usa *it* en inglés:

(9) Mi carro es nuevo.   *Lo tiene un motor grande.

Este principio describe formalmente un aspecto de la simplificación. Otro principio es el de Disposición Distribucional:

Principio de Disposición Distribucional

Distributional Bias Principle

restringe

restricts

estativo

stative, describing states of being

El **Principio de Disposición Distribucional**: Si X e Y pueden ocurrir en los mismos contextos A y B, pero una disposición de X e Y causa la percepción de que X sólo ocurre en contexto A, e Y sólo ocurre en el contexto B, entonces cuando se adquieren X e Y, se **restringe** X al contexto A, e Y al contexto B.

Veamos un ejemplo en relación a las formas aspectuales del imperfecto y pretérito del indicativo. Siguiendo este principio, el estudiante inicialmente percibe que el pretérito se usa con todos los verbos menos con el verbo **estativo** <u>estar</u>. Anderson y Shirai (1994) encontraron evidencia de ello. Descubrieron que en las primeras etapas del interlenguaje, los estudiantes generalmente no le adjuntan a los verbos estativos el morfema que marca el tiempo pasado (<u>Ayer Juan no está bien</u>.). Después de acumular más contacto y experiencia en la L2, empiezan a usar el imperfecto con los estados (<u>estaba bien</u>) y el pretérito con verbos como <u>escribió una carta</u> y <u>llegó</u>.

Estos principios sirven para identificar las estrategias que utiliza el estudiante para poder trabajar con el *input* de la L2.

El valor comunicativo

Según VanPatten (1987), el valor comunicativo de una palabra es un factor que incide también en la adquisición de la misma. Por ejemplo, en las frases:

(10) Las <u>casas</u> son <u>bonitas</u>.

(11) A <u>María</u> le <u>gustan</u> los <u>coches azules</u>.

las palabras escritas con letras son las bastardillae que más valor comunicativo tienen porque son las que más significado denotan. Es decir, el verbo copulativo, los artículos determinativos, y el pronombre enclítico son más bien palabras funcionales. El verbo copulativo sólo sirve para unir el sustantivo <u>casas</u> con el adjetivo <u>bonitas</u>, y los artículos determinativos (las, los) reflejan información redundante de género y número del sustantivo. Lo mismo se ve en (11) con el pronombre <u>le</u>, que representa información redundante de el sintagma preposicional <u>a María</u>. La preposición <u>a</u> muestra la relación entre el verbo y el complemento de la preposición <u>María</u>. Ninguna de estas palabras aporta mucho al significado de la oración, razón por la cual el estudiante probablemente se demore más en aprenderlas. Además, cuando se dice la frase en voz alta, las palabras en bastardillae son las que más se destacan, lo cual refuerza el papel importante que tienen para connotar significado.

Vemos pues la adquisición de una palabra depende también del papel de la misma en el contexto del significado de la frase. Tal vez ello explique, por ejemplo, por qué los alumnos se demoran en aprender el verbo copulativo: se trata de un elemento que realmente tiene poco significado y sólo sirve para unir el sustantivo <u>casas</u> con el adjetivo <u>bonitas</u>.

▶ *Ejercicio 8: El valor comunicativo*

En el párrafo siguiente, subraye los elementos que Ud. considere que tienen más valor comunicativo para un estudiante principiante. Imagínese que alguien le está leyendo el párrafo en voz alta a un estudiante de primer año de español.

> El miércoles por la noche cené con Marisa, una compañera de clase. Después de cenar en El Botín, fuimos al cine. Me gustó mucho la película. Después dimos una vuelta por la Gran Vía, que fue muy divertido.
>
> El sábado fuimos con unos amigos a la Plaza del Sol. Lo pasamos bien. Fuimos de compras, tomamos una copa y escuchamos música latina hasta las dos de la tarde.
>
> El domingo también fue un día maravilloso. Marisa y yo fuimos al campo en tren. Llevamos comida y bebidas y nos pasamos seis horas charlando, comiendo y descansando. Ya tarde en la noche, cogimos el tren de vuelta a la ciudad.

Fijiéndose sólo en las palabras subrayadas, ¿cree Ud. que el estudiante vaya a entender el sentido general del párrafo? ¿La mayoría de los detalles? ¿Algunos puntos gramaticales?

El uso de expresiones fijas

Otro proceso que ocurre en la producción de los estudiantes de L2 es lo que se denomina el uso de expresiones fijas no analizadas, o modo de aprender en *'chunks'* en inglés. Cuando el estudiante comienza a aprender la L2, muchas veces aprende expresiones fijas sin tratar de analizar unidad por unidad. Por ejemplo, el estudiante principiante típicamente usa <u>megusta</u> como una unidad para expresar sus deseos o preferencias.

(12) *Yo megusta el chocolate.

Otra expresión fija frecuente es <u>yocreoque</u>, la cual usa para expresar todas sus opiniones, o simplemente para terminar una frase con '*I think.*'

(13) Mi padre es muy inteligente, *yocreoque.

Con un repertorio de expresiones fijas de esta índole, el estudiante consigue cierta capacidad de comunicación bastante temprano. También se ha descubierto que, si aparece con mucha frecuencia una forma marcada en estas expresiones, el estudiante va a adquirirla antes de otras formas marcadas.

▶ *Ejercicio 9: Expresiones fijas*

Examine la siguiente lista de expresiones fijas que se han observado en el habla de los niños de dos años en inglés. ¿Diría Ud. que los niños usan la misma estrategia que los estudiantes de español de mayor edad en una etapa temprana del interlenguaje?

1. *Child: [pointing to a toy he wants] Dju want toy!*
2. *Child: [with arms outstretched to mother, signalling he wants to be picked up] Pick you up!*
3. *Child: [pointing to juice, talking to babysitter] Pzz. Juice. Pzz.*

EL IMPACTO DEL CAMPO DE LA ASL EN LA PEDAGOGÍA RECIENTE

Para mostrar la importancia pedagógica de todo lo que hemos discutido, conviene dar ejemplos de cómo aplicar lo que se ha investigado en el campo de ASL al salón de clase. Primero discutimos cómo estos estudios influyen en lo que hacen los maestros, luego en lo que hacen los estudiantes y finalmente en los materiales de enseñanza.

El papel del maestro: expectativas; corrección de errores; retroalimentación

(a) Los errores y el orden de adquisición

¿Cuál es la importancia de saber el origen de los errores que comete el estudiante y el orden de adquisición de los elementos lingüísticos? Con respecto a los errores, lo más importante es que el maestro se dé cuenta de que los errores provienen de una aplicación de procesos lingüísticos naturales y comunes por parte del estudiante. Los errores reflejan la etapa del interlenguaje por la cual el estudiante está pasando. A veces el estudiante retrocede un poco en lugar de avanzar, mostrando errores que cometió en etapas anteriores, pero luego, poco a poco, vuelve a retomar la marcha (Kellerman 1985). Aunque la meta es llegar a eliminar los errores, hay que tener en cuenta que el estudiante típico va a pasar por varias etapas antes de llegar a una adquisición casi nativa, siempre y cuando siga estudiando con esmero.

Asimismo, se sabe que algunas formas gramaticales son más resistentes al aprendizaje que otras—por ejemplo, las formas morfológicas (Ellis 1997). Se sabe también que el estudiante aprende una nueva estructura sólo si está listo para adquirirla. 'Listo' se refiere a si el estudiante ha llegado a la etapa del interlenguaje que lo coloque en condiciones de aprender dicha información. Por ejemplo, si el estudiante no ha aprendido todavía el concepto de **modos,** probablemente no esté listo para aprender las reglas gramaticales sobre el subjuntivo. Hay muchos factores que determinan cuán 'aprendible' es una estructura; por ejemplo, si la estructura se destaca (Schmidt 1990, 1993), si ocurre frecuentemente, si es redundante, si es similar a la forma correspondiente en la L1, etc. (Ellis 1997:67). En otras palabras, algunas formas son más difíciles de aprender y enseñar que otras, y no contamos hasta el momento con la información suficiente para declarar que una forma sí es 'enseñable' y otra no. Además es posible que lo que se enseñe no se retenga en la memoria del estudiante a largo plazo, o que el estudiante tenga que participar de varias oportunidades comunicativas para lograr utilizar la estructura en cuestión más adelante (Ellis 1997:72).

modos
moods, including the indicative, subjunctive, imperative, and conditional

Basándose en datos del *Foreign Service Institute* de los Estados Unidos y otras investigaciones, Hadley (2001) concluyó que al estudiante anglohablante de aptitud superior para las lenguas extranjeras, bajo condiciones ideales, le lleva 720 horas de instrucción para llegar a hablar francés y español a nivel avanzado. Es decir, la meta de comunicarse bien en otro idioma se alcanza con el tiempo.

Los libros de texto no suelen aprovechar los resultados de las investigaciones de ASL sobre el orden de adquisición. En vez de presentar las reglas sobre un elemento gramatical poco a poco en diferentes partes de cada capítulo, presentan todas las reglas de una vez. Esta práctica no refleja la manera en que el estudiante típico aprende una L2. Por su parte, el maestro puede escoger entre los usos y funciones de un elemento gramatical para enfocarse en los que son más apropiados para el nivel de competencia esperado de su curso. De esa forma, el maestro cambia sus expectativas sobre lo que hace el estudiante con cada elemento gramatical estudiado. Cuando presente el mismo elemento más adelante en el curso, el maestro podrá resaltar otros usos y funciones, agregando más información a lo que ya sabe el estudiante.

Las diversas metodologías de enseñanza de L2 discutidas en el Capítulo 1 ofrecen perspectivas diferentes hacia los errores. En la de ALM, por ejemplo, un objetivo es evitar los errores por medio de restricciones sobre lo que el estudiante hace por sí mismo en la L2. Por otro lado, en las metodologías comunicativas como el *Natural Approach,* vemos una mayor aceptación de errores porque el maestro sabe que son normales en cierta etapa del interlenguaje. El maestro puede corregir sólo aquellos errores que no correspondan a la etapa dada, y los que le ocasionen al estudiante un malentendido o un estigma para el estudiante. Por ejemplo, Chastain (1982) hizo un estudio sobre la reacción de hispanohablantes de España ante errores cometidos frecuentemente por estudiantes de español. Encontró que los errores que más dificultades de comprensión les causaban a los nativos eran errores de léxico; por ejemplo:

(14) *Está enojada conmigo, pero no <u>cuido</u>.

o errores de adición u omisión de palabras:

(15) *Firmó el documento sin haber _____ leído todo.

o errores del participio:

(16) *He <u>vido</u> esa película.

Entre los errores que se consideraban inaceptables, se encontraban, por ejemplo, la falta del infinitivo después de la preposición:

(17) *Después de <u>comiendo</u> la cena, se fue.

la falta del verbo <u>estar</u> con un gerundio:

(18) *¿Qué <u>son</u> haciendo?

y la falta del imperfecto del subjuntivo después de <u>si</u> en oraciones subordinadas condicionales:

(19) *Si <u>tenía</u> dinero, iría.

Según estos resultados, se supone que estos sean los errores que el maestro debiera corregir.

(b) <u>Los procesos de la ASL y las expectativas del maestro</u>

¿Cuál es el valor de saber sobre los procesos que se usan en la ASL, tales como la transferencia, la simplificación, el valor comunicativo, el uso de expresiones fijas y algunos principios de aprendizaje? Tal vez la mejor aplicación de tal conocimiento sea simplemente ayudar al maestro a ajustar sus expectativas sobre lo que el estudiante es capaz de lograr en cada etapa del interlenguaje. Una posibilidad es estructurar los libros de texto y el programa de estudios, comenzando con lo más simple y procediendo a lo más complejo. Pero no sería práctico, fácil, ni aconsejable limitar todas las frases que el estudiante oye y lee a un lenguaje sencillo. Hay que recordar que el estudiante puede leer y entender lenguaje más complicado de lo que puede producir. Además, puede ser que este tipo de programa de estudios no sea el más útil para los objetivos del curso. El maestro puede estar consciente de cómo el estudiante probablemente va a manejar el *input* y pensar en lo que puede hacer para prevenir los problemas que van a surgir si y cuando el estudiante utiliza estos procesos.

(c) <u>La retroalimentación</u>

Existen muchas opciones para corregir errores o lograr que el estudiante le preste atención a una forma en particular. Según Ellis (1997), para enfocar la gramática, el maestro puede usar <u>la opción de retroalimentación</u> (*feedback option*) que significa proveerle información al estudiante con respecto al uso de un elemento gramatical dado. Por ejemplo, si el alumno comete un error gramatical, el maestro simplemente puede corregir el error de una manera explícita:

(20) Alumno: *Yo es cansado.

Maestro: <u>Estoy</u>. Yo <u>estoy</u> cansado.

Hasta qué punto es ésta la manera más eficaz de ayudar al alumno a aprender la lengua es un tema controvertido (Lyster 1998). Según varios investigadores, dichas correcciones no inducen al alumno a modificar su producción, un proceso que varios creen que es imprescindible para la adquisición (Pica 1998). Para ellos, la corrección debería ser mucho más implícita, de manera que el alumno se dé cuenta por sí mismo del error y se auto-corrija:

(21) Alumno: *Yo estoy cansada.

Maestro: Ah, ¿sí? ¿Cansada? ¿Eres mujer?

O bien el maestro puede usar <u>varias técnicas para inducir diferentes formas de comportamiento</u> del estudiante (*learner performance options*) que hagan uso de algún elemento gramatical en particular. Por ejemplo, entre las técnicas para inducir diferentes formas de comportamiento lingüístico, una opción es que el maestro enseñe y practique un solo elemento gramatical a la vez con ejercicios estructurados muy rígidamente, tal como se hace en el método Gramática-Traducción o el ALM. O bien el maestro puede dirigir una actividad que requiera del uso de un elemento gramatical específico sin que el alumno tenga que usarlo conscientemente. El uso de dicho elemento no constituiría el enfoque de la actividad, sino un aspecto incidental, o a la suma sería el foco de la actividad sólo de vez en cuando. Por tanto el maestro debe decidir si desea enseñar y practicar la gramática explícita o implícitamente. Vimos un ejemplo de ello en el Capítulo 1 cuando ilustramos el *Input* Estructurado.

El papel del estudiante: actividades

Las actividades que el estudiante hace tanto en la clase como en casa tienen que reflejar bien los objetivos del curso y del maestro. Si el maestro quiere que el estudiante aprenda a traducir del inglés al español, al estudiante se le deben dar ejercicios de traducción. Si quiere que el estudiante llegue a hablar bien en español, el maestro debe diseñar actividades en las que el estudiante hable en español con otras personas. Si cree que se aprende más por medio de comprensión auditiva y la lectura (*input*), el maestro debe hablar mucho en español y pedir que los estudiantes lean mucho. Pero como dijimos al final del Capítulo 1, lo más probable es que el maestro tenga varias metas en mente e ideas sobre cómo enseñar una lengua, por lo que prefiera utilizar una variedad de métodos.

Anteriormente vimos que algunos investigadores de ASL que se suscriben a la hipótesis interaccionista opinan que el estudiante aprende más si trabaja con el maestro o con un compañero de clase y si ambos llegan a 'negociar' las dificultades que enfrentan. Por ejemplo, la siguiente es una negociación entre dos alumnos R y T mientras hacen una tarea en clase:

(22) R: ¿Lluvias? [dicen otras cosas]
     T: *Yeah.* [no se entiende] ¿Hacía lluvias?
     R: Uh. ¿si hacía lluvias?
     T: ¿Había lluvias?
     R: *Uh...*
     T: ¿Había?
     R: Había. *Yeah.*
     T: Había mucha— [no se entiende] lluvia en la noche.[2]

Muchos opinan que éste es el tipo de negociación que más input significativo provee al alumno. Otros maestros, en cambio, discrepan. Para ellos, las actividades en parejas se prestan para que los alumnos aprendan errores el uno del otro, e inclusive a que muchas veces no cumplan por completo las tareas asignadas.

Estas ideas son importantes para la construcción y el uso de actividades que requieren de interacción entre los estudiantes en un salón de clase. El objetivo fundamental es que el estudiante tenga la oportunidad de practicar la comunicación en situaciones que despierten el ánimo y sean significativas a la vez. Para el estudiante, la lengua debe ser un sistema de comunicación en su totalidad. Para lograr esto, el estudiante debe aprender los elementos del idioma dentro de un contexto de uso. Las actividades en clase deben reflejar una variedad de situaciones, funciones, estilos y tipos de relaciones humanas para que el estudiante se encuentre con una variedad de contextos lingüísticos.

---

[2] Agradecemos mucho a Peggy Buckwalter este ejemplo.

La influencia de las investigaciones de la ASL en los materiales de clase

Pasemos ahora al impacto que en los últimos años ha tenido el campo de ASL en los materiales de enseñanza de las L2. Mencionamos anteriormente que los acercamientos que más están de moda hoy en día son los métodos comunicativos en los cuales el maestro hace hincapié en la producción oral y la comprensión auditiva (el *input*).

En base a los resultados de investigaciones sobre la ASL, los libros de texto de español de L2 que reflejan una metodología comunicativa presentan un formato bastante diferente de los libros anteriores. Entre las diferencias principales se encuentran:

(a) el uso de materiales auténticos (por ejemplo, anuncios de periódicos, artículos de revistas populares, recetas de cocina);

(b) explicaciones gramaticales breves que presentan pocas reglas a la vez;

(c) diálogos breves para contextualizar e ilustrar el uso de vocabulario y puntos gramaticales (no para aprender de memoria);

(d) actividades en parejas que llevan al estudiante a practicar la lengua en el contexto de una función (por ejemplo, <u>pídale a su pareja que le preste sus apuntes de clase</u>);

(e) dibujos, resúmenes, etc., que sirven para ayudar al estudiante a enfrentar con éxito información desconocida en otra lengua haciendo uso de información ya adquirida;

(f) distinción entre el vocabulario activo, que el estudiante tiene que aprender para poder producir, y el vocabulario pasivo, que sólo tiene que reconocer, por ejemplo, en una lectura.

No se puede aseverar que estos cambios han hecho más fácil el aprendizaje de una L2, o que ahora los estudiantes, en un momento determinado, pueden hablar mejor en español que antes. Pero parece que los materiales ahora reflejan a un mayor grado lo que se puede esperar del estudiante según la etapa de desarrollo del interlenguaje, y lo que va a enfrentar al interactuar con hablantes nativos en un país hispano. También los libros de hoy en día son más divertidos que antes.

No cabe duda que las investigaciones de la ASL tendrán un impacto en los libros de texto del futuro. Por eso conviene que el maestro se mantenga al tanto de las investigaciones e innovaciones del campo de enseñanza de L2.

La cuestión de cómo enseñar la gramática—implícita o explícitamente—queda sin respuesta. No pretendemos presentar en este libro respuestas definitivas a este tema, sino sencillamente presentar opciones. Partimos del supuesto de que algunos elementos gramaticales se presentan y se adquieren mejor de cierta manera que otros. No contamos todavía con suficiente información para poder decir qué método sirve más para qué elemento. No obstante podemos discutir algunas opciones de presentación en el contexto de varios puntos gramaticales, lo cual puede mostrar cómo se puede contextualizar la información sobre dichos puntos dentro de un contexto pedagógico. Con este fin, los próximos capítulos presentan información que consideramos relevantes para la enseñanza de varios puntos gramaticales, ofreciéndole al lector la oportunidad de trabajar con dichos puntos y aplicarlos al contexto pedagógico.

REPASO

Presentamos en este capítulo varios acercamientos teóricos en el campo de investigación de la ASL. El Análisis Contrastivo sirve como la base lingüística de la metodología ALM. Este tipo de análisis postula la existencia de una jerarquía de dificultad en el aprendizaje de ciertos elementos de la L2 que corresponde a las diferencias entre la L1 y la L2. Otra teoría es la marcadez, que propone que, de haber dos o más elementos relacionados, el menos marcado debiera ser el más fácil de adquirir.

Entre las hipótesis más recientes, se encuentra la hipótesis del *input*, que hace hincapié en la comprensibilidad del *input*. Otra hipótesis parte de la premisa de que, para comenzar a procesar un determinado elemento lingüístico, es necesario que el estudiante fije la atención en dicho elemento. La hipótesis interaccionista propone que el estudiante aprende por medio de la interacción con otra(s) persona(s), y la realización de ciertas modificaciones lingüísticas (negociaciones) de manera que el *input* llegue a ser comprensible. La cuarta hipótesis que examinamos tiene que ver con la influencia del contexto en la ASL. Una idea es que hay un continuo de estilos que el estudiante emplea a la hora de producir y que corresponden al contexto de formalidad. Otro concepto es que el estudiante aprende más mediante conversaciones con otra persona destinadas a planificar y completar las actividades pertinentes a una tarea en clase, consiguiendo así que la tarea llegue a ser más significativa y motivadora.

Entre los conceptos relacionados a la ASL, discutimos la transferencia, en que el estudiante sencillamente transfiere su conocimiento de la L1 a la L2. Otro proceso es la simplificación y regularización, en que el estudiante trata de hacer simples o regulares todas las formas relacionadas entre sí, siguiendo una sola regla básica. Discutimos brevemente algunos principios de aprendizaje que describen de manera formal los procesos que el estudiante usa. El valor comunicativo de ciertas palabras también influye en el nivel de atención que el estudiante habrá de prestar a los elementos de la oración y del discurso, por consiguiente, en la rapidez con la que aprende dichos elementos. Finalmente, consideramos el uso de expresiones fijas de los que el estudiante abusa generalmente cuando cuenta con pocos recursos, como es el caso de principiantes.

En la última sección del capítulo hablamos del impacto del campo de investigación de la ASL en la pedagogía contemporánea, desde la reacción del maestro a los errores del estudiante y las distintas etapas del interlenguaje, al tipo de retroalimentación que funciona más, e incluso el tema de la corrección implícita o explícita. También hablamos de la variedad de actividades que el estudiante puede hacer en clase. Concluimos con un resumen breve de los cambios que han ocurrido en los libros de texto a raíz del auge de la metodología comunicativa.

Ejercicios finales

1. **Posible fuente de errores.** Identifique la posible fuente de errores subrayados en el párrafo siguiente. Puede que haya más de una fuente en algunos casos (opciones: la forma menos marcada, la transferencia, la simplificación/sobregeneralización, expresiones fijas el valor comunicativo, ninguna). En su opinión, ¿cuáles son los errores más comunes?

[La estudiante le ha escrito una carta al hermano de su amiga Pilar, que en dos semanas estará de visita en su ciudad. La estudiante no conoce personalmente al hermano de Pilar.]

Hola, me llamo Jennifer. Soy <u>un</u> (1) estudiante en la Universidad de Texas y <u>un</u> (2) amiga de Pilar. Tengo <u>viente dos</u> (3) años y estudio sociología. Este verano voy a <u>esquela verano</u> (4). <u>Estudé</u> (5) español este año y me gusta. Tu hermana <u>tiene trabajar</u> (6) pero voy a mostrar <u>a tú</u> (7) Austin. Austin es <u>un</u> (8) gran ciudad. <u>El tiempo es hace sol</u> (9). <u>Traen</u> (10) <u>traje</u> (11) de baño, el (12) sombrero, el (13) camiseta, y <u>el</u> (14) bluejeans. Por la noche me <u>gusto</u> (15) ir <u>a</u> (16) calle Seis y <u>escucho</u> (17) <u>a</u> (18) la música. Austin tiene <u>mucho</u> (19) música. ¿Cuándo tu vuelo <u>lleva</u> (20) a Austin? Hasta luego, Jennifer

2. **Identificación de errores.** Consiga una composición escrita por un estudiante principiante de español. Identifique los errores, y luego intente clasificarlos según sus posibles fuentes.

3. **Clasifícación de errores.** En las siguientes frases adaptadas del estudio de Chastain (1982), clasifique los errores de acuerdo a si son más propensos a causar (a) malentendidos o (b) irritación a nativos (pero no un malentendido). Luego, compare las respuestas con las de toda la clase, y discuta qué implicaciones tiene los resultados para el maestro.

  a. Conchita está preocupad<u>o</u> de que vendrán est<u>a</u> fin de semana.
  b. En mi opinión lo más importante es _____ religión.
  c. Después de <u>saliendo</u>, fue a la oficina.
  d. Me gusta_____ chocolate.
  e. Le di quince dólares <u>para</u> el CD.
  f. Oye, ¿qué <u>eres</u> haciendo?
  g. Cuando <u>fui</u> joven, <u>vivimos</u> en California.
  h. Me dijo un cuento <u>verdad</u>.
  i. Él <u>mosca</u> a San Antonio.
  j. He <u>decido</u> la verdad.
  k. Si <u>tenía</u> el tiempo, yo conduciría.

  l. <u>Yo</u> me gust<u>o</u> comer temprano.
  m. Mis padres tienen <u>sus</u> casa cerca del mar.
  n. Es un<u>a</u> problema seri<u>a</u> hoy en día.

4. **Modos de correción.** Examine los siguientes modos en que el maestro corrige al estudiante. ¿Encuentra Ud. algún problema en el modo de corrección empleado? ¿Qué otro remedio hay?

  a. Bob: Y no hay nadie que sabe la respuesta.
    Maestro: Ah, ¿no hay nadie que la <u>sepa</u>?
    Bob: No, no hay.
  b. Jenny: Ella es comiendo *uh* una manzana.
    Maestro: ¿Ella <u>está</u> comiendo una manzana? ¿Y qué más está comiendo?
    Jenny: Una banana.
  c. Bill: *Uh*, mi llama es Bill.
    Maestro: M<u>e</u> llam<u>o</u> Bill. Me llamo Bill. Repita.
    Bill: Mi llamo Bill.
    Maestro: Sí, me llamo Bill. Ahora, pregúntale a ella cómo se llama.
  d. Jeff: Hoy estoy frío porque está nevando.
    Maestro: Muy bien. ¿<u>Estás</u> frío? ¿Es que no sientes muchas emociones? ¿<u>Estás</u> frío?

Para pensar y discutir

1. Si Ud. fuera maestro de español y una estudiante le hubiera entregado una composición como la de Jennifer en el Ejercicio 1, ¿cuál sería su política hacia los errores? ¿Corregiría Ud. todos? Si no, ¿cuáles? ¿Por qué sólo esos?

2. ¿Seguiría Ud. la misma política en el caso de errores cometidos durante un ejercicio oral, en lugar de una composición?

3. ¿Qué cinco áreas de la gramática española (por ejemplo, la concordancia, el subjuntivo, los pronombres, <u>ser</u> y <u>estar</u>) cree Ud. dominar? ¿En qué cinco cree Ud. tener mayor inseguridad? Compare sus respuestas con las de toda la clase. ¿Qué revela esto sobre el orden de adquisición de morfemas?

4. ¿Cuál(es) de las seis hipótesis que examinamos en este capítulo le resultan más convincentes como explicaciones sobre cómo se aprende una L2? ¿Por qué?

5. En vista de los procesos cognitivos discutidos en este capítulo—la transferencia, la simplificación, el valor comunicativo, expresiones fijas, principios de aprendizaje—¿qué pasaría si el maestro tratara de enseñar, por ejemplo, todas las reglas de uso de <u>por</u> y <u>para</u> de una vez? ¿Qué van a recordar los alumnos, o sea, qué van a hacer con estas preposiciones a la hora de hablar o producir una composición?

6. Visite una clase de español con el fin de observar a los estudiantes.

  a. Haga una lista de los problemas típicos de los estudiantes en la clase (o de un estudiante en particular) en el contexto de:
    (i) un ejercicio oral que hace la clase en su conjunto
    (ii) un ejercicio en pareja

  Luego trate de relacionar cada problema con los conceptos presentados en este capítulo.

  b. Escuche el diálogo entre una pareja mientras trabajan en una actividad. ¿Ve Ud. alguna relación entre lo que dicen y lo que Ud. ha estudiado en este capítulo?

Términos importantes

el análisis contrastivo

el análisis de errores

la corrección de errores

el enfoque en la forma

las expectativas

las expresiones fijas

fijar la atención interaccionista

la jerarquía de dificultad

la marcadez

las negociaciones de significado

las opciones de retroalimentación

el principio de aprendizaje

la simplificación/ regularización/ sobregeneralización

sociocultural

la transferencia

el valor comunicativo

la variabilidad

los verbos copulativos

Obras consultadas

ANDERSEN, ROGER. 1990. "Models, processes, principles, and strategies: Second language acquisition in and out of the classroom." In Bill VanPatten and James Lee (eds.), *Second Language Acquisition: Foreign Language Learning*. 45–78. Clevedon, UK: Multilingual Matters.

ANDERSEN, ROGER. 1993. "Four operating principles and input distribution as explanations for underdeveloped and mature morphological systems." In Kenneth Hyltenstam and A. Viborg (eds.), *Progression and Regression in Language*. 309–339. Cambridge: Cambridge University Press.

ANDERSEN, ROGER, AND YASUHIRO SHIRAI. 1994. "Discourse motivations for some cognitive acquisition principles." *Studies in Second Language Acquisition* 16:133–156.

BROOKS, FRANK, AND RICHARD DONATO. 1994. "Vygostkyan approaches to understanding foreign language learner discourse during communicative tasks." *Hispania* 77:262–274.

BROWN, H. DOUGLAS. 1987. *Principles of Language Learning and Teaching, 2nd ed.* Englewood Cliffs, NJ: Prentice-Hall.

CHASTAIN, KENNETH. 1982. "Native speaker reaction to instructor-identified student second language errors." *The Canadian Modern Language Review* 38(2):282–289.

ELLIS, ROD. 1990. *Instructed Second Language Acquisition*. Oxford: Blackwell.

ELLIS, ROD. 1997. *Second Language Research and Language Teaching*. Oxford: Oxford University Press.

GASS, SUSAN. 1988. "Integrating research areas: A framework for second language studies." *Applied Linguistics* 9:198–217.

GUNTERMANN, GAIL. 1992. "An analysis of interlanguage development over time: Part II, *ser* and *estar*." *Hispania* 75:1294–1303.

HADLEY, ALICE OMAGGIO. 2001. *Teaching Language in Context, 3rd ed.* Boston: Heinle & Heinle.

KELLERMAN, ERIC. 1977. "Towards a characterization of the strategy of transfer in second language learning." *Interlanguage Studies Bulletin* 2(1):58–145.

KELLERMAN, ERIC. 1985. "If at first you don't succeed..." In Susan Gass and Carolyn Madden (eds.), *Input in Second Language Acquisition* 345–353. Rowley, MA: Newbury House.

KOIKE, DALE, AND ARJA RAMEY. 2001. "Collaborative discourse in the Spanish second language acquisition context." Paper presented at TexFlec Conference 2001.

KRASHEN, STEPHEN. 1982. *Principles and Practice in Second Language Acquisition*. Oxford: Pergamon Press.

LABOV, WILLIAM. 1972. *Sociolinguistic Patterns*. Philadelphia: University of Pennsylvania Press.

LAFFORD, BARBARA. 2000. "Spanish applied linguistics in the twentieth century: A retrospective and bibliography (1900–99)." *Hispania* 83:711–732.

LANTOLF, JOSEPH, AND GABRIELE APPEL. 1994. "Theoretical framework: An introduction to Vygostkyan approaches to second language research." In Joseph Lantolf and Gabriele Appel (eds.), *Vygostkyan Approaches to Second Language Research.* 1–31. Norwood, NJ: Ablex.

Lee, James, and Bill VanPatten. 1995. *Making Communicative Language Teaching Happen.* New York: McGraw-Hill.

Lyster, Roy. 1998. "Recasts, repetition, and ambiguity in L2 classroom discourse." *Studies in Second Language Acquisition* 20:51–81.

Pica, Teresa. 1998. "Second language learning through interaction: Multiple perspectives." In Vera Regan (ed.), *Contemporary Approaches to Second Language Acquisition in Social Context.* 9–31. Dublin: University College Dublin Press.

Pica, Teresa, and Catherine Doughty. 1985. "The role of group work in classroom second language acquisition." *Studies in Second Language Acquisition* 7:233–249.

Politzer, Robert, and Charles Staubach. 1961. *Teaching Spanish: A Linguistic Orientation.* Boston: Ginn.

Richards, Jack, and Theodore Rodgers. 1986. *Approaches and Methods in Language Teaching.* Cambridge: Cambridge University Press.

Ryan, John. 1991. "*Ser* and *estar*: Acquisition of lexical meaning in a natural environment." M.A. thesis. Arizona State University.

Ryan, John, and Barbara Lafford. 1992. "Acquisition of lexical meaning in a study abroad environment: *ser* and *estar* and the Granada experience." *Hispania* 75(3):714–722.

Selinker, Larry. "Interlanguage." *International Review of Applied Linguistics* 10:209–230.

Schmidt, Richard. 1990. "The role of consciousness in second language learning." *Applied Linguistics* 11:129–158.

Schmidt, Richard. 1993. "Awareness in second language acquisition." *Annual Review of Applied Linguistics* 13: 206–226.

Stockwell, Robert, J. Donald Bowen, and John Martin. 1965. *The Grammatical Structures of English and Spanish.* Chicago: University of Chicago Press.

Tarone, Elaine. 1983. "On the variability of interlanguage systems." *Applied Linguistics* 4(2):143–163.

Tomlin, Russell, and Victor Villa. 1994. "Attention in cognitive science and second language acquisition." *Studies in Second Language Acquisition* 16:283–302.

VanPatten, Bill. 1984. "Learners' comprehension of clitic pronouns: More evidence for a word order strategy." *Hispanic Linguistics* 1(1):57–68.

VanPatten, Bill. 1985. "The acquisition of *ser* and *estar* by adult learners of Spanish: A preliminary investigation of transitional stages of competence." *Hispania* 68:399–406.

VanPatten, Bill. 1987. "Classroom learners' acquisition of *ser* and *estar*: Accounting for developmental patterns." In Bill VanPatten, Trisha Dvorak, and James Lee (eds.), *Foreign Language Learning: A Research Perspective.* 61–75. Cambridge: Newbury House.

VanPatten, Bill, James Lee, Terry Ballman, and Trisha Dvorak. 1992. *¿Sabías que…? Beginning Spanish,* 1st ed. New York: McGraw-Hill.

Vygotsky, Leontev S. 1981. "The genesis of higher mental functions." In James Wertsch (editor and translator), *The Concept of Activity in Soviet Psychology.* 144–188. Armonk, NY: M.E. Sharpe.

Capítulo 3

Los pronombres

INTRODUCCIÓN: ¿QUÉ ES UN PRONOMBRE?

El propósito de este capítulo es presentar una introducción a los pronombres del español. Empezamos primero con un repaso de los diferentes tipos de pronombres y luego pasamos a los problemas que suelen enfrentar los estudiantes al aprender a usarlos.

sustantivo
noun

sintagma nominal
noun phrase

Un pronombre es un sustituto de un **sustantivo** (por ejemplo, <u>gato</u>) o más específicamente, un **sintagma nominal**(SN) (por ejemplo, <u>Jaime</u>, <u>el gato</u>, <u>el gato viejo</u>). Es decir, el pronombre (2) reemplaza el sustantivo (1):

(**1**) Juan vio <u>el gato</u>.

(**2**) Juan <u>lo</u> vio.

Hay diferentes tipos de pronombres, según el caso, la función y la colocación que tengan en el enunciado; por ejemplo:

(3) El hombre comió la comida. → (Él) comió la comida.   SUJETO
(4) Juan vio el gato. → Juan <u>lo</u> vio.   OBJETO

La Tabla 3.1 ofrece un panorama del sistema pronominal del español (no se incluyen todos los contextos):

Tabla 3.1 Panorama del sistema pronominal del español (no se incluyen todos los usos)				
	Pronombre sujeto	Complemento indirecto	Complemento directo	Pronombre con valor reflexivo	Pronombre comp. de preposición
1ª persona sing.	yo	me	me	me	mí
2ª persona sing. (inform.)	tú	te	te	te	ti
2ª persona sing. (form.)	Ud.	le (se)	lo, la	se	Ud. (sí mismo/a)
3ª persona sing.	él, ella	le (se)	lo, la	se	él, ella (sí mismo/a)
1ª persona plural	nosotros/as	nos	nos	nos	nosotros/as
2ª persona plural (inform.)§	vosotros/as	os	os	os	vosotros/as
2ª persona plural (form.)	Uds.	les (se)	los, las	se	Uds. (sí mismos/as)
3ª persona plural	ellos/as	les (se)	los, las	se	ellos/as (sí mismos/as)

§Sólo se usa en España.

EL PRONOMBRE SUJETO

El pronombre sujeto funciona como el sujeto del verbo; es decir, indica la persona, animal o cosa que realiza la acción:

(5) <u>Yo</u> hago la tarea.
(6) <u>Ellos</u> van a la playa.

Los estudiantes de español suelen enfrentar tres problemas en relación al uso de pronombres personales: (a) la omisión del pronombre (el sujeto nulo); (b) la posposición del pronombre con respecto al verbo en las frases interrogativas y enfáticas; y (c) el uso debido de <u>tú</u> y <u>Ud</u>.

La omisión del pronombre sujeto (el sujeto nulo)

En español, una vez que se identifique el referente en el discurso, no es necesario hacer mención del mismo referente hasta que se introduzca otro referente o se quiera hacer un contraste. En (7) ocurre un cambio de referente, lo cual exige el uso del pronombre explícito. El Ø representa la falta del sujeto explícito de la oración, o lo que se llama el <u>sujeto nulo</u>.

> **(7)** Juan y María salieron a cenar. <u>Él</u> llevaba una camisa negra y pantalones negros. Ø llevaba también unos zapatos grises y una corbata gris. <u>Ella</u>, su novia, vestía una falda roja y blusa rosada. Ø llevaba un par de botas rosadas.

En (8) y (9), el contraste entre los dos referentes exige el uso de los dos pronombres explícitos:

> **(8)** No fue <u>ella</u> quien se lo comió sino <u>él</u>.
>
> **(9)** <u>Ella</u> no se lo comió pero <u>él</u>, sí.

Pero por regla general, una vez establecida la identidad del referente, no hace falta mencionarlo de nuevo, ni siquiera el pronombre que sustituye al sustantivo o al sintagma nominal, a diferencia del inglés (salvo en algunas excepciones). Para poder manejar esta construcción, el estudiante tiene que controlar la morfología verbal lo suficientemente bien. Saunders (1999) encontró que, en la medida que el estudiante domine la morfología verbal, le resulta más fácil omitir el uso del pronombre explícito (usar el sujeto nulo). Igualmente, el estudiante tiene que llegar al punto de poder hablar en términos de un párrafo, en vez de en términos de frases sencillas. Es decir, si el estudiante sólo produce una frase a la vez como en (10) (lo que suele hacer el estudiante principiante), le será imposible captar la idea de la cohesión del párrafo, y por lo tanto, entender la noción del sujeto nulo, tal como se ve en (11):

> **(10)** Ayer Juan fue a la biblioteca.
>
> **(11)** Ayer Juan fue a la biblioteca. Ø buscaba un libro que Ø necesitaba para su clase de geografía. Cuando Ø lo encontró, Ø se lo llevó al primer piso.

Por otro lado, en una conversación con otra persona, el estudiante puede captar la identidad del referente por medio de lo que dice el interlocutor, como en (12).

> **(12)** A: ¿Cómo es María?
>
> B: Ø es muy simpática e inteligente. Ø es un poco seria, pero Ø sale mucho al teatro y a comer a restaurantes elegantes.

Por tanto, el maestro debe establecer dos objetivos: (a) ayudar al estudiante a aprender la morfología verbal, y (b) practicar el uso del sujeto nulo en el contexto de un párrafo pequeño y un diálogo.

Según Blackwell (1998), los hablantes nativos de español dependen mucho de su propio conocimiento cultural para entender el referente del pronombre en el discurso informal, lo cual no siempre le resulta fácil al estudiante. Veamos un ejemplo textual de esto en (13), un diálogo entre los hablantes españoles T y C, donde T describe lo que pasó en su pueblo:

(13) T: Allí si no el Día de la Virgen, mira la gente que acudirá. A los encierros por la mañana, ¡que no se ven los toros!

C: De gente.

T: De gente. (.) Ø Van por la calle y mira Ø van corriendo por la carretera cuando Ø viene y no se ven los toros nada más que a unos y entran ganas de decir que, ¡que Ø viene por aquí! (Blackwell 1998:615)

encierro
running of the bulls

Para los sujetos nulos del verbo van, hay dos referentes posibles—gente (en el lenguaje coloquial, se usa gente para representar el concepto de las personas, y por eso el verbo lleva el morfema plural) y toros. Pero hay que saber que un **encierro** típico consiste en manadas de niños y adultos que corren por la calle seguidos de por lo menos un toro. Es así como se deduce que el sujeto de las dos ocurrencias de van es gente (las personas), y el del verbo viene es un toro. Es decir, mientras más íntima sea la relación entre los interlocutores, porque comparten mucha información similar, menos necesidad hay de ser explícito (Levinson 1987:95). Este ejemplo ilustra cuánta información cultural le hace falta al estudiante de español para seguir el hilo de la conversación y entender los referentes del hablante nativo.

▶ *Ejercicio 1: El sujeto nulo*
En el siguiente párrafo, identifique los sujetos que normalmente deben ser nulos (sin considerar que el hablante quiera tal vez dar un efecto especial).

María nos dijo que su padre no le va a pagar un coche nuevo porque él cree que ya ella es adulta y ella puede pagar sus propios gastos. Pero ella opina que mientras ella esté estudiando en la facultad, ella merece la ayuda de él porque ella siempre ha sido una buena hija y él tiene plata, y no ella. En realidad ella no es una buena hija ni ella tampoco es una persona responsable; ella no puede asumir sus propias deudas. Y él es muy terco y él no quiere que ella sea una hija engreída sino más bien él quiere que ella sea trabajadora.

▶ *Ejercicio 2: El discurso de un estudiante*
Lo que sigue es un ejemplo del discurso oral de un estudiante (P) al nivel de principiante, en una conversación con una entrevistadora (E).[1] En base al discurso, comente sobre:

1. el control que tiene el estudiante sobre la morfología verbal (las conjugaciones, la concordancia verbal);
2. los lugares en el discurso donde se debió haber usado el sujeto nulo;
3. los lugares en el discurso donde se usó el sujeto nulo indebidamente.

P: Es necesario tener dos años de español.
E: ¿Ah sí?

---

[1] Le agradecemos mucho a Rebecca Bearden este ejemplo.

P: Sí, sí. Muy importante porque *uh* en Jacksonville *uh* ellos no hablan
español *uh* muchas pero *uh um* va a sur de Jacksonville, *uh* en
Orlando, Miami habla español muy bie..*uh* muchas...

E: Bueno, *um*, ¿tú sabes cuándo vas a tener clases?

P: No, nada.

E: No sabes nada.

P: Nada.

E: *Uh huh.*

P: *Uh* ellos dicen ellos me dicen que yo tengo *uh* segundo año en los
español pero yo pienso *uh* yo pienso estaba primero año de español.

E: *Uh huh.*

P: *Uh* yo no comprendo *uh*...

E: ¿Y dónde vas a estudiar ahora? ¿Tienes que cambiar de universidad?

P: *Uh*...*oh* ¿próximo año?

E: Sí.

P: *Oh um* sí sí. Yo quiero ir a *uh* yo no sé pero yo quiero ir a *um* FSU o
um Universidad de Central Florida o *uh um* tal vez aquí... *Ah.*
Cuando *um* está cuan-*um* cuando tú está no trabaja, ¿qué hace?

E: Oh, *um* me gusta correr.

Los estudiantes a veces usan incorrectamente <u>lo</u> como pronombre sujeto de
una frase, igual al inglés *it*:

(14) Éste es mi libro de cálculo. *Lo es muy difícil./Es muy difícil.

Hay que recordarles que si se quieren expresar *it* para representar una idea o algo
dicho anteriormente, no pueden usar un pronombre si se trata del sujeto de una
frase, como en (14). Cuando no se trata del sujeto de una frase, deben usar <u>lo</u>:

(15) Mario ha dicho que esa universidad es la más grande del país. Pero no
<u>lo</u> es.

Cabe mencionar aquí el pronombre <u>ello</u>, el cual representa el conjunto de
ideas expresadas anteriormente, y se usa como sujeto de la oración:

(16) Me cambié de trabajo pero <u>ello</u> no significa que pase menos horas
fuera de casa. Sigo con las mismas horas de trabajo, viajo mucho,
tengo que escribir muchas cartas.

<u>Ello</u> representa un pronombre abstracto y neutro, y no un objeto concreto.

La posposición del pronombre sujeto con relación al verbo

Como ya mencionamos, la posposición del pronombre sujeto al verbo a
menudo le causa problemas al estudiante de español, sobre todo cuando el estudiante no se espera que la sintaxis del español sea diferente a la del inglés.
Ante frases como (17), (18) y (20), el estudiante suele confundirse.

(17) ¿Sabe la respuesta <u>él</u>?

(18) ¿Sabe <u>él</u> la respuesta?

(19) ¿<u>Él</u> sabe la respuesta?

(20) Llegó el tren.

Primero, obsérvese que la sintaxis del español es bastante flexible y permite posponer el sujeto luego del verbo. En las frases interrogativas, normalmente se pospone el sujeto, aunque no es obligatorio. Por otro lado, en las frases declarativas, la posposición del pronombre personal lleva un sentido especial. En (21), la frase expresa que el contexto anterior (una pregunta o una conversación) no hacía referencia necesariamente a un tren:

(21) ¿Qué pasa? o ¿Por qué estás nervioso? → Llegó el tren.

Pero si el contexto anterior se refería explícitamente a un tren,

(22) ¿Y el tren?

la respuesta tiene que ser

(23) El tren llegó.

o simplemente

(24) Llegó.

prosodia

intonation

Como dice Bolinger (1954), la **prosodia** del español ayuda a poner el énfasis en la parte final de la frase, el lugar donde se coloca normalmente la información más importante y nueva.

▶ Ejercicio 3: La posposición del sujeto al verbo

Identifique las frases en las que sería apropiado (de acuerdo con el español estándar) posponer el sujeto al verbo, según el contexto:

1. R: No me gusta ir a discotecas.
   L: ¿Tú dices/Dices tú que ya no quieres acompañarme a bailar?
2. B: ¿Por qué llegaste tan atrasado a la clase?
   C: El coche se me descompuso. /Se me descompuso el coche.
3. P: ¿Por qué está estacionada allí su motocicleta?
   Z: Mi motocicleta anda mal. /Anda mal mi motocicleta.
4. N: ¿Quién fue el que me robó la llave?
   S: Roberto fue./ Fue Roberto.
5. A: ¿Dónde está mi corbata?
   T: Tu corbata está en el armario./Está en el armario tu corbata.

El uso apropiado de <u>tú</u> y <u>Ud.</u>

Los libros de texto de español identifican el pronombre <u>tú</u> como el pronombre informal e íntimo, que se usa entre amigos, con niños, o con personas de edad casi pareja. <u>Ud.</u>, en cambio, se usa para denotar respeto y falta de intimidad (distancia) para con la persona.

A los estudiantes normalmente les resulta difícil decidir exactamente qué pronombre usar cuando se dirigen a otro individuo. No se trata simplemente de aprender dos formas verbales que corresponden al pronombre *you,* sino también saber escoger entre las dos formas al momento de hablar. En caso de dudas, es preferible que el estudiante arranque la conversación con el uso de

Ud. para indicar respeto. Si el nativo prefiere un trato menos formal, puede que le conteste "Trátame de 'tú'," o "No me gusta que me traten de 'Ud.'" Sería mejor cometer este tipo de error que el opuesto; por ejemplo, tratar a un profesor distinguido y mayor de edad con la forma de tú (aún si el profesor trata de tú al estudiante).

Las reglas de uso de tú y Ud. varían mucho de país en país. La selección de uno o el otro depende de por lo menos dos consideraciones: (a) las relaciones sociales de los hablantes en las que influyen factores como edad, sexo, clase social, el contexto de la comunicación, sea formal e informal y el mensaje lingüístico; y (b) el contexto sociocultural. En ciertas sociedades la tendencia es usar Ud. entre personas poco conocidas. En otros países, el uso de tú entre desconocidos es más aceptable. En España se empezó a usar tú más libremente luego de la muerte del dictador Francisco Franco en 1975, lo cual asombra a aquellos latinoamericanos que son más formales (los ejemplos citados de Palencia 1998:74):

(25) Hombre colombiano: Nosotros [los colombianos] hablamos siempre de Ud., a menos que vaya a la costa o a Bogotá. En España no les gustaba que yo les tratara de Ud. porque había un señor en Barcelona que me dijo que le molestaba porque claro era demasiado respeto.

tuteo
use of tú

(26) Una señora peruana: Hay mucho **tuteo** en España. En una tienda, por ejemplo, a veces ni te saludan; entras y de frente te dicen, "¿Qué querías?" Te tutean. Cuando recién llegué [a España] me parecía que era una falta de respeto.

Como el uso de los pronombres personales depende de factores sociales y a veces hasta políticos que cambian con el tiempo, resulta imposible enseñar reglas fijas que sean aplicables a cada contexto. Al viajar a un país hispanohablante, recomendamos que los estudiantes se porten como antropólogos y observen las normas de uso local. Como ya mencionamos, muchas veces es mejor que un extranjero use Ud. con desconocidos (a menos que sea un estudiante de la misma edad) hasta que el nativo le pida que lo trate de tú.

Varios dialectos de español del suroeste de los Estados Unidos no utilizan ni la forma de Ud. ni las formas verbales correspondientes. Esto es particularmente común entre personas de tercera o cuarta generación nacidas en los Estados Unidos que no dominan ni los registros ni la gramática del español. Para ellos el español es una lengua que se habla entre amigos y familiares. A estos estudiantes les hace falta practicar más la forma de Ud.

Pasemos ahora al uso de los pronombres vosotros y vos. Vosotros es el pronombre plural que corresponde a tú; denota una relación íntima e informal entre los interlocutores. Su uso se limita principalmente a España. Vos se usa en países suramericanos como Uruguay y Argentina y en algunos países centroamericanos como Guatemala y Honduras. En Argentina, hay tres pronombres personales de segunda persona singular: Ud., el pronombre de respeto; tú, el pronombre informal; y vos, el pronombre de relaciones íntimas.[2]

---

[2] La conjugación de vosotros y vos sigue estas reglas. Con vosotros, si el verbo es de la clase –ar o –er, hay que añadir –is después de la vocal temática (*theme vowel*) para formar la forma del presente del indicativo, como habláis, coméis. Pero si es de la clase –ir, se añade sólo –s después de la vocal temática, como en vivís. Con vos, se toma la forma de vosotros y se le quita la –i—después de la vocal temática si el verbo es de la clase –ar o –er, como estáis, coméis → vos estás, vos comés. Con el verbo de la clase –ir, la forma queda igual a la forma de vosotros, como vosotros vivís—vos vivís.

▶ *Ejercicio 4: Cómo decidir entre: ¿tú y Ud.?*

Este ejercicio puede provocar mucha discusión porque, en realidad, no es fácil decir exactamente cuál es el pronombre que se debe usar en cada caso. En parejas, traten de identificar qué pronombre, tú o Ud., se debe usar en cada caso. Luego, discutan sus respuestas con el resto de la clase. Suponga que es la primera vez que se hablan los interlocutores.

1. En Madrid, España, un estudiante estadounidense le habla a un estudiante español de la misma edad en la facultad.

2. En Monterrey, México, un joven mexicano de 20 años habla con un camarero de unos 40 años en un restaurante elegante.

3. En Santiago de Chile, una chica de 18 años entra en una tienda de ropa y una chica de 20 años la atiende.

4. En Buenos Aires un señor de 50 años habla con el conductor del colectivo (*bus*), también de la misma edad.

5. En San José de Costa Rica, una joven estudiante estadounidense le pide una prórroga para entregar un trabajo escrito a su profesora costarricense de unos 35 años.

▶ *Ejercicio 5: ¿Tú o Ud.? Un diálogo*

Con su pareja, redacte un diálogo en el contexto de una de las situaciones descritas en el Ejercicio 4. Luego, represéntenlo ante el resto de la clase.

▶ *Ejercicio 6: ¿Tú o Ud.? —los factores sociolingüísticos*

Saque tres fotos de una revista o periódico (en español, si es posible), mostrando personas de clases sociales, edades, y niveles de educación diferentes. Discuta con su pareja los factores que deben entrar en consideración al decidir entre el uso de tú o Ud. (por ejemplo, la edad). Luego, decida qué pronombre usaría Ud. para hablar con las personas que aparecen en las fotos de su pareja.

LOS PRONOMBRES ENCLÍTICOS

Un pronombre enclítico es cualquier pronombre que no se puede expresar por sí solo en un enunciado y se junta al verbo. Por ejemplo, en (27), el pronombre puede ser expresado solo, y por eso no es un pronombre enclítico:

(27) ¿Quién lo hizo? Yo/Él.

Pero en (28), no se puede expresar lo solo, sino que tiene que ir acompañado de una preposición:

(28) ¿Lo hizo Juan? Sí, *lo./lo hizo.

Por tanto los pronombres enclíticos incluyen la mayoría de pronombres de tipo pronominal. A continuación discutimos dos tipos de pronombres enclíticos: los complementos directos e indirectos y los pronombres con valor reflexivo.

El pronombre de complemento indirecto

Los pronombres de complemento indirecto básicos son <u>me</u>, <u>te</u>, <u>le</u> (singular) y <u>nos</u>, <u>os</u>, <u>les</u> (plural), y representan a la persona (o personas) a quien se hace una acción.[3] Para saber si el pronombre representa un complemento indirecto, pregúntese ¿a quién? después del enunciado;[4] por ejemplo:

(29) Alberto escribió la carta. ¿A quién? <u>A Mario</u>.

(30) Alberto <u>le</u> escribió la carta <u>a Mario</u>.

(31) Consuelo habló. ¿A quiénes? <u>A los chicos</u>.

(32) Consuelo <u>les</u> habló a <u>los chicos</u>.

El pronombre corresponde en número al antecedente que reemplaza, como se ve en los ejemplos (29) al (32). En cierto sentido, es más fácil para el alumno que el maestro comience con la presentación de los pronombres complementos indirectos antes de pasar a los directos por dos razones. Primero, el sistema pronominal del complemento indirecto es tal vez más sencillo que el del complemento directo. Segundo, como vimos en el Capítulo 2, el estudio de VanPatten (1984) indica que se adquiere el complemento indirecto antes del complemento directo. A continuación sugerimos algunos pasos que el estudiante puede seguir para aprender a usar el complemento indirecto:

(a) <u>Primer paso</u>: La forma del complemento indirecto. Se puede comenzar con los verbos de comunicación y transmisión:

(33) <u>Escribo a mi novio</u>. → <u>Le</u> escribo.

(34) Hablé a Juan y María. → <u>Les</u> hablé.

(b) <u>Segundo paso</u>: La colocación del pronombre en la frase. Hay que recordar que el pronombre se coloca antes del verbo conjugado, como en (33) y (34). Si hay un gerundio (por ejemplo, <u>cantando</u>, <u>comiendo</u>) o un infinitivo (por ejemplo, <u>cantar</u>, <u>comer</u>), se puede colocar el pronombre antes del verbo conjugado (si lo hay) o se agrega al final de la forma verbal del gerundio o del infinitivo:

(35) Estoy mandándo<u>les</u> una caja a mis parientes.[5]

(36) <u>Les</u> estoy mandando una caja a mis parientes.

(37) Quiero escribir<u>le</u> una carta electrónica.

(38) Le quiero escribir una carta electrónica.

---

tilde diacrítica

accent mark

penúltima

second to last

[3] El uso más común es para referirse a personas. También es posible usar estos pronombres para referirse a cosas inanimadas; por ejemplo, "<u>le</u> eché sal <u>a la sopa</u>."

[4] También se puede preguntar ¿de quién? como, por ejemplo, en el caso de "<u>le</u> robé el sombrero que llevaba."

[5] Hay que escribir <u>una **tilde diacrítica**</u> cuando se le agrega un pronombre a una forma verbal que cambia la acentuación original. Por ejemplo, en <u>cantando</u>, el acento expresivo cae en la **penúltima** sílaba; por tanto, cuando se agrega un pronombre al final, el acento caería naturalmente otra vez en la penúltima sílaba, para producir <u>cantandOlo</u>. No se dice la palabra así; entonces hay que escribir una tilde diacrítica en el lugar apropiado: cantándolo.

De haber un imperativo, se agrega el pronombre al final del verbo, a no ser que se trate de una negación:

(39) Escríbame siempre.

(40) No me escriba jamás.

Si hay dos pronombres, se suele mantenerlos juntos, sobre todo en el caso de los mandatos:

(41) Está mandándotelo ahora mismo.

(42) Te lo voy a mandar ahora.

(43) No me lo digas.

(44) Dímelo tú.

Le → se

El complemento indirecto le/les se convierte en se si le sigue un complemento directo de segunda persona formal o de tercera persona; es decir, si le sigue el pronombre lo, la, los o las.

(45) Voy a comprarle el coche. → *Voy a comprárlelo. → Voy a comprárselo.[6]

▶ *Ejercicio 7: La colocación del pronombre*

Escriba en una hoja de papel frases que contengan un complemento indirecto en diferentes colocaciones, según las siguientes instrucciones y dejando suficiente espacio entre las palabras:

1. mandato negativo

2. frase que contenga un gerundio

3. frase declarativa

4. frase interrogativa

5. frase que contenga un infinitivo

6. mandato positivo

Luego, corte la hoja de papel de manera que haya sólo una palabra por pedazo. No entremezcle los pedazos de papel de las diferentes frases—use un pisapapeles si le es posible. Pásele cada frase a su pareja, para que reconstruya la frase correctamente.

La reduplicación enclítica

Hay otro aspecto del complemento indirecto que complica su uso. Se trata de la expresión explícita del antecedente del pronombre, conocido como reduplicación (Terrell y Salgués de Cargill 1979):

(46) Le escribí a mi hermana.

(47) A mí me gusta el chocolate.

---

[6] Muchos maestros les cuentan a sus estudiantes que este cambio se debe a que lelo/lela (y sus formas plurales) quiere decir 'tonto/a' en ciertos países, lo cual se debe evitar. Probablemente ésa no es la razón verdadera, pero la explicación sirve para recalcar la importancia de hacer el cambio a se.

En el caso del pronombre de primera persona y de segunda persona informal, el efecto pragmático de hacer esta expresión explícita es hacer hincapié en el pronombre, lo cual es útil, por ejemplo, a la hora de hacer un contraste:

(48) A ti te gusta la vainilla, pero a mí me gusta el chocolate.

(49) Le escribió a todo el mundo pero a mí no me ha mandado nada.

El uso de la reduplicación en el caso del pronombre complemento indirecto de primera y segunda persona informal no es tan común, salvo para dar un efecto especial.

Ahora bien, la reduplicación en el caso del complemento indirecto de segunda persona formal (por ejemplo, a Ud.) o tercera persona (a él/ella) es mucho más común, ya que se necesita para aclarar el referente del pronombre:

(50) El otro día vi a Manuela y a Miguel y le dije a Manuela que no podía ir a la fiesta.

o para indicar un énfasis:

(51) Le hablé a María (y no a ti).

Si no desea indicar un énfasis, puede decir:

(52) Hablé a María.[7]

En lo que concierne al pronombre Ud., se usa a menudo para enfatizar el respeto y la cortesía:

(53) Le voy a enviar a Ud. el producto antes del 5 de junio.

Pero en la mayoría de las ocurrencias de le o les, si el oyente sabe con claridad cuál es el antecedente, no es necesaria la reduplicación, como se ve en (54).

(54) [¿Mandaste algo a Daniel?] Sí, le mandé un regalo.

Cabe mencionar también que con la preposición para no hace falta tampoco la reduplicación:

(55) Compré el regalo para Marcos. → Le compré el regalo (a Marcos).

(56) *Le compré el regalo para Marcos.

▶ *Ejercicio 8: La reduplicación enclítica*
Identifique el uso de la reduplicación enclítica en las frases que siguen, extraídas de una entrevista textual (cf. *El habla culta de Caracas: Materiales para su estudio*, pp. 123–124; 128–129; 132; 135):

1. E: Bueno, vamos a ver...este, a usted le gusta mucho la música, ¿no? por lo que he visto...
   I: Sí, a mí me gusta.
2. [hablando de un bautismo]
   E: ¿De verdad aquí no se bautizaba así?

---

[7] Algunos hablantes nativos rechazan esta frase sin el pronombre le antes del verbo.

mediecitos

little silver coins, no
longer in use

I: Sí. Aquí no. Que yo recuerde, no. Era un bautizo donde llevaban al
muchacho a la iglesia y...eso sí, fíjate, teníamos la costumbre de que se
tiraba...los **mediecitos,** los padrinos les tiraban los mediecitos a los
muchachos que estaban en las iglesias...

3. [hablando de un cementerio y unos cadáveres]

I: ...a mí sí me dio un poquitico de miedo, pero no fue tampoco una gran
cosa, no te creas...Y mi papá se ponía más bravo...

E: sí...[risas]

I: a él le tenían miedo [risas].

4. [hablando de conciertos y de música]

E: ¿Y qué coros irán a presentar, cantando la *Cantata*?

I: No sé, creo que le oí decir a ella que...la Coral Metropolitana y algunos
de los que estaban ahí...

▶ *Ejercicio 9: La reduplicación enclítica*

Donde sea necesario (para un efecto enfático o para aclarar el referente), escriba
la frase de la reduplicación enclítica que corresponda al pronombre en cuestión
(por ejemplo, le = a él/al padre de Mario). Las frases se basan en *El habla culta
de Caracas: Materiales para su estudio* (p. 225), con algunas modificaciones.

bolívares

currency of Venezuela

V: El otro día, hablando yo con el señor López y la señora Gómez, yo a ella
le decía eso y no me lo quiso creer: "¿Por dos...dos **bolívares**? No. No se
lo creo yo ni que me lo jure." [risas] La primera casita nos costó doce mil
bolívares, y la vendimos en cuarenta y cinco. Y la otra no me acuerdo en
cuánto, la vendimos en un poco más y así. Y le decía eso en otra ocasión;
tampoco me lo quería creer. Me encanta contar esta historia, pero no le
gusta escucharme.

El pronombre complemento directo

Para reconocer un pronombre complemento directo, se puede hacer la pregunta ¿qué? (o ¿quién?) después del verbo:

(57) Alfredo bebió la leche. ¿Bebió qué? La leche.

(58) Alfredo la bebió.

(59) Mónica está preparando el pastel.

¿Está preparando qué? El pastel.

(60) Mónica está preparándolo.

género

gender

Como se ve en (58) y (60), el pronombre concuerda con el **género** y número
del sustantivo que reemplaza.

El pronombre complemento directo le causa problemas al estudiante de español por varias razones, entre ellas: (a) tener que decidir si usar el complemento directo o indirecto; (b) tener que recordar el género y número del SN
antecedente; y (c) tener que colocar el pronombre en el lugar apropiado. Al
principio, este tipo de análisis le lleva mucho tiempo al estudiante, lo cual le
causa dificultades al momento de hablar.

Con respecto al primer problema, tenga en cuenta que el estudiante suele
sustituir el pronombre personal Ud. con le, en vez de lo o la; por ejemplo,

(61) ¿Ud. sabe que lo/la /*le vi a Ud. ayer en la tienda?

Mencionamos anteriormente que VanPatten (1984) hizo una investigación sobre los pronombres enclíticos y encontró que los estudiantes parecen adquirir la forma le antes de lo/la. Ello se explica en parte por la tendencia general de simplificar el sistema a le/les en todo caso donde se debiera usar el pronombre de tercera persona.

También, tener que hacer la pregunta ¿qué?/¿quién? para poder distinguir entre el pronombre complemento directo e indirecto le lleva tiempo al estudiante, tiempo que tal vez sea impráctico a la hora de conversar con alguien. Lo mejor es que el estudiante llegue a producir estas formas con más rápidez. Conviene practicar con ejercicios de conversión del antecedente al pronombre apropiado. Más adelante, se puede contextualizar la práctica con el uso de enunciados más extensos, en forma de un párrafo o un diálogo. No cabe duda que es más difícil recordar la información sobre el antecedente cuando dos personas están hablando entre sí que cuando una persona habla de un referente en un párrafo.

Veamos varios ejemplos de cómo practicar la formación y el uso de los complementos:

(a) <u>Primer paso</u>: La formación del complemento directo

(62) ¿Si he visto a Juan? Sí,__ lo __ vi hace una hora.

(63) ¿Quieres saber si tengo las monedas? María __ las __ tiene.

(64) ¿Los libros de sociología? Ya __ los __ he comprado.

(b) <u>Segundo paso</u>: La colocación del pronombre

La colocación del pronombre en el lugar apropiado constituye otro problema. El estudiante debe recordar que el pronombre se coloca siempre antes del verbo conjugado, como en los ejemplos (62) al (64). De haber un verbo conjugado seguido de un gerundio o un infinitivo, existe la opción de poner el pronombre antes del verbo conjugado o juntarlo al gerundio mismo:

(65) Lo estoy cocinando.

(66) Estoy cocinándolo.

(67) Va a mirarlas.

(68) Las va a mirar.

En el caso del imperativo, se junta el pronombre al final del verbo, a no ser que sea negativo:

(69) Hágalo en seguida.

(70) No lo hagas.

De haber dos pronombres, el complemento directo se coloca en segundo lugar:

(71) ¿Quieres mandármelo?

(72) Me la escribió.

Un resumen de las reglas sobre la colocación de los pronombres se encuentra en la Tabla 3.2.

Tabla 3.2. Reglas para la colocación de los pronombres enclíticos	
Colocación en relación al verbo	*Ambiente*
antes	verbo conjugado (La veo.) (No la despierta ni un cañonazo.)
antes	imperativo + negación (No me digas.)
después	imperativo (Escríbamelo.)
antes o después	verbo conjugado + gerundio (Le estoy hablando./Estoy hablándole.)
antes o después	verbo conjugado + infinitivo (Voy a verlo./ Lo voy a ver.)

(c) Tercer paso: recordar el antecedente

Para acostumbrar al estudiante a acordarse del antecedente, hay que hacerle practicar el uso de los pronombres por medio de un diálogo:

(73) Pepe: Oye Paco, ¿dónde está tu cartera?

Paco: _la_ puse encima del estante. ¿Por qué?

Pepe: Porque _la_ necesito. Cuando encontré el carnet de identidad de Juan en el piso, no tenía donde poner _lo_ y cuando vi tu cartera por ahí, _lo_ metí adentro. Parece que ahora Juan se ha dado cuenta de que se _lo_ había perdido y quiero devolvérse _lo_ en seguida.

Paco: Bueno, agárra me la cartera de encima del estante y te _lo_ saco. Oye, ¿por qué anda Juan tan despistado?

Pepe: No sé. Creo que está enamorado de Sara y Raquel, las dos a la vez.

Paco: Sí, parece que cada vez que _las_ ve, se queda peor que antes. ¡Pobrecito! Tenemos que llevárnos _lo_ de aquí para que se olvide de ellas.

Cabe mencionar el fenómeno del leísmo, típico de algunas regiones de España. Los leístas usan le para referirse a varones y la para hembras en la función de complemento directo. Para referirse a una cosa o a un animal, los leístas usan lo, como en el español estándar:

(74) A Manolo le vi en la tienda, y a Manuela la vi en el club.

(75) Estoy esperando el autobús 34. Lo vi pasar hace poco.

Si los estudiantes viajan a España, van a escuchar el leísmo con mucha frecuencia. Pero según el español 'estándar' que se suele emplear en los textos norteamericanos, la norma es el loísmo, que es el uso de lo para referirse a varones.

El orden de los pronombres

En el caso de dos pronombres juntos, hay que recordar que el complemento indirecto siempre precede el complemento directo:

(76) Me lo escribió ayer.

(77) No nos los compres.

(78) Ella quiere regalárnosla.

Orden de pronombres: complemento indirecto, complemento directo (Voy a mandársela).

▶ *Ejercicio 10: El complemento directo*
Hágale cinco preguntas a otro estudiante que tengan que ser contestadas con un complemento directo. Luego, en parejas, háganse las preguntas uno al otro para ver si dan la misma respuesta que se esperaba. Traten de usar todas las formas verbales (primera persona, segunda persona, etc.) para variar el uso pronominal.

Modelo: A: ¿Has hecho la tarea que nos dio la maestra?
        B: Sí, ya la hice.

▶ *Ejercicio 11: El pronombre complemento directo o indirecto*
en un diálogo
[Tanto este ejercicio como el ejercicio 13 no son ideales porque son muy artificiales. Sin embargo, a veces son útiles para verificar si el estudiante es capaz de identificar el antecedente.] Decida si en las siguientes frases se debe usar el complemento directo o indirecto según el contexto. Identifique también el pronombre (por ejemplo, lo = complemento directo).

R: Tengo muchos alumnos flojos.
L: ¿Y cómo _____(1) motivas tú?
R: Tengo que hacer_____ (2) reír y hacer _____ (3) entender que a mí ____(4) interesa mucho que aprendan.
L: ¿Cómo _____ (5) consigues?
R: Fíjate que paso muchas horas pensando en lo que _____ (6) gusta y hablando_____ (7) individualmente para ver si _____ (8) puedo ayudar con cualquier problema que tengan.
L: Pues, no ___ (9) entiendo. Si haces eso, ¿por qué siguen en la flojera?
R: Francamente no ___ (10) sé. Tal vez porque no ___ (11) conozco muy bien y a mí ____(12) tienen un poco de miedo. ¿Pero no _____ (13) dijiste que tenías la misma dificultad en tu clase? ¿Cómo _____ (14) has resuelto?
L: _____ (15) doy mucha tarea. Y a los niños que me causan problemas en la clase _____ (16) exijo todavía más. Y me _____ (17) tienen que entregar todo el próximo día.

▶ *Ejercicio 12: La colocación del pronombre*
Repita el mismo ejercicio que hizo en el 7, pero esta vez utilice los pronombres complementos directos, indirectos y una combinación de los dos en los varios contextos.

▶ *Ejercicio 13: La distinción entre el pronombre complemento directo e indirecto*

Identifique si es necesario el complemento directo e indirecto en las siguientes frases y llene los blancos con el pronombre correspondiente según el contexto.

1. ¿El vino? Me gusta tomar___ por la noche.
2. Ya sé a qué hora Ud. salió del trabajo ayer, señora Martínez. ____ vi en la calle a las tres de la tarde.
3. A ellos ____ voy a regalar un juguete y un globo.
4. Vamos a salir a un buen restaurante. A ti ___ toca escoger___.
5. Aquí tengo un buen sombrero, muy barato. Cómpre_____ *(buy it from me)*.
6. Tenemos que hablar con Lupita sobre este asunto. Vamos a llamar___ a su casa.
7. Pepe nunca limpia su cuarto. ____tenemos que pedir que _____ limpie por lo menos una vez a la semana.
8. Ya sabemos que Juan va a llegar a las ocho. ____ dijo esta mañana.

El pronombre con valor reflexivo

Se usa el pronombre con valor reflexivo frecuentemente como un tipo de complemento directo o indirecto. Es decir, recibe la acción al igual que un complemento directo o indirecto. Pero a diferencia del complemento directo o indirecto regular, el pronombre con valor reflexivo representa la misma persona que el sujeto. El sujeto se hace la acción a sí mismo:

(79) Juan$_i$ lava a Juan$_i$. → Juan <u>se</u> lava. REFLEXIVO

(80) Juan$_i$ lava a Juanito$_j$. → Juan <u>lo</u> lava. COMPLEMENTO DIRECTO

(81) Juan$_i$ lava los dientes a Juan$_i$. → Juan se lava los dientes.[8]
     COMPLEMENTO INDIRECTO

El problema con el reflexivo es que los estudiantes suelen tratar de usarlo con todos los verbos.

(82) *<u>Se</u> gusta mucho la leche.

(83) Marco <u>se</u> levantó y <u>se</u> vistió. Luego *<u>se</u> miró la tele por cinco minutos y *<u>se</u> habló con su amigo Antonio en la calle.

Tienen que recordar que se usa el reflexivo con ciertos verbos, tales como los que tienen que ver con acciones diarias o rutinarias (<u>bañarse</u>, <u>vestirse</u>, <u>levantarse</u>). Como vimos en (79) y (81) a diferencia de (80), el pronombre con valor reflexivo se usa con estos verbos sólo si la acción la hace el sujeto de la frase a sí mismo.

También es posible usar la reduplicación enclítica con el reflexivo, con el mismo fin de aclarar el referente o hacer énfasis:

(84) Juan se vistió (<u>a sí mismo</u>).

(85) Ellas se lavaron las manos (<u>a sí mismas</u>).

---

[8] Aquí se indica la posesión (de quién son los dientes) con el uso del complemento indirecto, y no se necesita el adjetivo posesivo <u>sus</u>.

Usos de <u>se</u>

Repasemos ahora otros usos del pronombre <u>se</u> que el estudiante puede confundir con el reflexivo.

(a) El <u>se</u> del complemento indirecto (para sustituir <u>le</u>): por ejemplo, <u>se lo dijo</u> <u>ayer</u>.

(b) El <u>se</u> recíproco: por ejemplo, <u>Mario y María se quieren mucho (el uno al otro)</u>.

A diferencia de la interpretación del reflexivo (<u>se</u> quieren a sí mismos), los sujetos no se hacen la acción a sí mismos sino el uno al otro. Por eso, siempre tiene que haber un sujeto plural.

(c) El <u>se</u> indefinido ('uno'): por ejemplo, <u>Se mete el pollo en el horno</u>.

Se puede sustituir dicho <u>se</u> con el pronombre <u>uno</u> (por ejemplo, <u>Uno mete el pollo en el horno</u>). El verbo toma siempre la forma singular de tercera persona.

(d) El <u>se</u> pasivo: por ejemplo, <u>Se venden tortillas allí</u> (*Tortillas are sold there*).

El verbo puede tomar la forma de tercera persona del singular o del plural; por ejemplo, <u>se vende coche</u>. En este caso, el <u>se</u> puede interpretarse como el <u>se</u> pasivo o el <u>se</u> indefinido (*One is selling a car./A car is being sold/for sale.*).

(e) El <u>se</u> variable que cambia el significado: por ejemplo, <u>Se durmió</u>./<u>Durmió</u>. (*He fell asleep./He slept.*)

<u>Se</u> volvió loco./Volvió a las tres. (*He became crazy./He returned at three o'clock.*)

<u>Se</u> fue a la playa./Fue a la playa. (*He left for the beach./He went to the beach.*)

En estos ejemplos, el uso del pronombre antes del verbo denota el principio de la acción.

(f) El <u>se</u> inherente a ciertos verbos: <u>Se</u> acuerda de mí. <u>Se</u> quejan mucho.

Todos estos usos de <u>se</u> fuera del uso reflexivo pueden confundir al estudiante. Hay que enseñarles que los primeros cinco usos (a)–(e), junto con el reflexivo son los más comunes. Tienen que dedicar bastante tiempo a practicar cada uso.[9]

▶ *Ejercicio 14: ¿El reflexivo o no?*

Escriba un párrafo que describa lo que pasa en su casa todos los días. Trate de variar el sujeto de las frases, y hable de diferentes personas y de sus hábitos. Escriba por lo menos diez frases. Luego, con una pareja, hagan una comparación de sus descripciones, tomando nota de las semejanzas y diferencias. Al final, subrayen los pronombres enclíticos y pongan una marca al lado de cada uso del pronombre reflexivo.

▶ *Ejercicio 15: Los usos de <u>se</u>*

Identifique los diferentes usos de <u>se</u> que aparecen en las siguientes frases. Algunos de estos ejemplos admiten más de una interpretación.

---

[9] Cabe mencionar aquí el uso de <u>le</u> como un marcador en ciertos dialectos, como en el español de México y del suroeste de los Estados Unidos, por ejemplo, <u>córrele</u>, <u>ándale</u>.

Pepe: Lupe, ¿dónde queda la escuela de Roberto?

Lupe: Creo que <u>se</u> (1) tiene que ir por la calle Logroño para llegar allí. Está al lado de una fábrica donde <u>se</u> (2) hacen camisetas.

Pepe: Sé que Antonio <u>se</u> (3) enojó mucho tratando de encontrarla el otro día. Y me mandó un recado diciéndome, "Tú y Roberto tienen que ponerse (4) de acuerdo en una hora para encontrarnos allí." Se enojó porque cree que somos totalmente desorganizados.

Lupe: Pero ya le había dicho la hora a Antonio. <u>Se</u> (5) la dije ayer. <u>Se</u> (6) le habrá olvidado. Antonio <u>se</u> (7) está portando mal contigo.

Pepe: Bueno, ha mejorado últimamente. Antes era peor. Sabe que nada <u>se</u> (8) gana portándo<u>se</u> (9) así.

EL COMPLEMENTO DEL SINTAGMA PREPOSICIONAL

**sintagma preposi-
cional**

prepositional phrase

La última categoría pronominal que nos queda por considerar es la del complemento del **sintagma preposicional**; por ejemplo,

(86) Lo hizo <u>para mí</u>.

Sintagma preposicional: para = preposición; mí = complemento

Una preposición es una palabra que sirve para conectar referentes e indicar la relación entre ellos. Algunos ejemplos de preposiciones son <u>a</u>, <u>con</u>, <u>de</u>, <u>para</u>, <u>por</u>, <u>sin</u>. Las formas del complemento de la preposición son idénticas a las de los pronombres personales de sujeto salvo la de la primera persona singular (<u>mí</u>) y segunda persona singular informal (<u>ti</u>).

(87) Te veo a <u>ti</u>.

(88) Los escucharon a <u>ella</u> y a <u>él</u>.

Las únicas excepciones ocurren después de la preposición <u>con</u>: <u>conmigo</u>, <u>contigo</u>.

(89) Él va <u>contigo</u>, no <u>conmigo</u>.

(90) Ella fue con <u>ellos</u>.

A diferencia del inglés, después de algunas preposiciones (por ejemplo, <u>entre</u>, <u>menos</u>, <u>salvo</u>) se usan los pronombres personales de sujeto en vez de los del complemento del sintagma preposicional.

(91) Entre <u>tú y yo</u>, no es justo el nuevo maestro. (*Between you and me...*)

▶ *Ejercicio 16: Identificación de los pronombres y sus usos*

Identifique los pronombres y sus usos (por ejemplo, <u>le</u> = complemento indirecto referente a Juan) que se encuentran en el siguiente discurso extraído de *El habla culta de la ciudad de Buenos Aires: Materiales para su estudio*, p. 158.

[habla una viuda sobre los problemas de ser mujer hoy en día]

M: ...el ama de casa, hoy—en día vive duro...y si no tiene la suerte de encontrar un marido que comprenda eso y que llegue de noche a casa, aunque llegue cansado, y de tanto en tanto la invite a salir y la trate un poco como novia, creo que tiene todo el derecho del mundo a sentirse frustrada y a sentirse angustiada...mi hijo mayor es grande, porque tiene diecisiete años y es bastante comprensivo y tiene mucha comunicación conmigo, por otro lado, tampoco le puedo volcar todo lo que yo traigo a él, ...pese a que me realizo, pese a que soy feliz, pese a que me gusta mi trabajo, pese a que adoro a mis hijos, la falta de esposo es muy importante.

enfrascadas
involved

[más tarde, contando una anécdota de su viaje a Miami—pp. 162–163]

M: Pero estábamos las dos—tan **enfrascadas** hablando de nuestros hijos, pero tan enfrascadas, que se acercaron dos señores norteamericanos, correctísimos, y nos dijeron si les permitíamos que nos convidaran a tomar una copa. Y entonces nosotras los miramos muy serias y les dijimos: "No gracias, estamos ocupadas," y seguimos conversando. Ah, no te podés imaginar, a los diez segundos, a los quince segundos que nos dimos cuenta dijimos: "¿Pero qué qué dijimos las dos?" "Bueno, le[s] dijimos que estábamos ocupadas y entonces ellos se fueron." Y nos dio una vergüenza terrible, yo dije: "Pero te das cuenta que nos han invitado a tomar una copa?" Mi amiga hace ocho años que vivía en Estados Unidos, dice: "No te preocupes, es es usual...eh...no hay problemas, no te quiso ofender," pero claro yo y además me—quedé cortada cuando pensé que le[s] había contestado que estaba ocupada.... Es la anécdota más pintoresca que yo tengo...esa me parece que es más divertida para contársela a ustedes.

LOS PRONOMBRES Y LA ASL

estrategia del primer sustantivo
first noun strategy

Cabe señalar que una estrategia que el estudiante de español usa con mucha frecuencia al enfrentar el *input* sobre los pronombres es la **estrategia del primer sustantivo**, que plantea Bever (1970) y que aplican VanPatten (1984) y Lee (1987) en sus estudios de los pronombres enclíticos. Según esta estrategia, el estudiante interpreta una secuencia de sustantivo-verbo-sustantivo (El chico ve la pelota.) como el equivalente a agente (sujeto)-acción-complemento. Cree así que el primer sustantivo, incluso el primer pronombre, es siempre el sujeto de la frase. Por ejemplo, en la frase

(**92**) A Juanita la mira Sara.

el estudiante puede pensar que Juanita es el sujeto y Sara es el complemento directo, y no se fija en la preposición a. Otro ejemplo es

(**93**) Los visita la chica.

en el que el estudiante interpreta los como el sujeto de la frase, y la chica como el complemento directo (*They visit the girl.*).

Se ve que el orden de palabras puede ser un factor importante en la interpretación del *input,* lo cual afectaría la adquisición de los pronombres. El maestro tiene que estar consciente de esta tendencia, la cual ocasiona muchos errores pronominales.

REPASO

Este capítulo ofrece una síntesis de las funciones de pronombres y sus ejemplos en español. En cuanto al pronombre sujeto, el estudiante principiante frecuentemente comete errores con el uso debido del sujeto nulo por el uso excesivo del sujeto explícito. Este problema se debe en parte a la transferencia del inglés, la falta del desarrollo de la morfología verbal en español y la incapacidad de hablar en términos de un párrafo. A veces la falta de una base de información compartida con el interlocutor también le causa dificultades en la comprensión auditiva al estudiante principiante. Otra fuente de error es el uso inapropiado del pronombre enclítico lo o la para expresar *it* como el sujeto de una frase. El estudiante también necesita aprender a posponer el sujeto después del verbo en ciertos contextos, y entender los matices de significado que la posposición expresa. No se espera que el estudiante comprenda todos los factores relacionados con el uso de los pronombres tú y Ud. porque varían según el contexto social y el país. Pero es de esperar que comience a observar y a ser más perspicaz a su uso en relación al lugar y a la situación en donde se encuentre.

En términos de los pronombres enclíticos, el estudiante comete errores al tener que escoger entre un pronombre de complemento indirecto o directo. Suele cometer errores también con la colocación incorrecta del pronombre en relación al verbo en diferentes tipos de oraciones. Otro factor que complica el sistema es el cambio del pronombre le a se cuando un pronombre de complemento directo de tercera persona sigue a le. El estudiante también necesita aprender a usar y entender la reduplicación enclítica para enfatizar o aclarar el referente del pronombre a que se refiere.

En este capítulo presentamos el pronombre con valor reflexivo y otros usos de se, entre los cuales se encuentra el se recíproco, el se indefinido, el se pasivo, el se variable y el se inherente. Comentamos acerca de algunos problemas que los estudiantes encuentran con el complemento del sintagma preposicional, sobre todo con los pronombres mí y ti. Por fin se mencionó la "estrategia del primer sustantivo" que el estudiante usa a menudo y que le causa cometer errores de comprensión porque interpreta el significado de una frase según el orden de sus palabras. El problema surge cuando dicho orden no es igual al inglés.

Ejercicios finales

1. **Búsqueda en la red.** Visite estas direcciones electrónicas y localice diez frases que ejemplifiquen usos interesantes de los pronombres en español. Haga lo posible por encontrar usos diferentes de tipos pronominales. Identifique cada uso.

   http://biwe.cesat.es/

   http://www.ciudadfutura.com/

   http://www.elpais.es/

   http://www.arte-latino.com/

   http://www.cnnespanol.com/

2. **El pronombre apropiado.** Escriba el pronombre reflexivo apropiado según el contexto, en caso de ser necesario. Explique por qué se requiere el reflexivo en estos casos. Si conviene poner otro tipo de pronombre, llene el blanco con el pronombre apropiado:

   a. Tú siempre ___ acuestas a las diez de la noche porque tienes que levantar___ muy temprano en la mañana.

   b. Después de muchos años de estudios, Sara iba a recibirse y quiso vestir___ muy elegante para la ceremonia.

   c. Mis hijos tienen sueño; voy a acostar___ en seguida para que no comiencen a llorar.

   d. Nuria no tiene amigas y ___ habla a sí misma muy a menudo.

   e. _____ mandamos un paquete a Celia.

   f. A tus novias _____ escribes una carta electrónica diariamente.

   g. ____ hacemos un buen trabajo a nuestros clientes; nunca ___ quejan de nada.

h. ¡Ya tocó la campana! ¡Levánten___ ahora mismo! ¡Tienen que salir rápido!

i. Levanten___ Uds. la mano, por favor.

j. Alejandra y Fátima son muy narcisistas y les gusta mirar___ en el espejo.

¿Tiene Ud. alguna idea creativa sobre cómo enseñar los pronombres? ¿Qué metodología recomendaría Ud. para enseñar los pronombres?

3. **Errores al nivel principiante e intermedio.** Corrija los errores pronominales que se encuentran en los siguientes ejemplos y explique cuál es la razón de usar de la nueva forma pronominal. Las palabras entre corchetes reflejan el habla de la maestra.[10]

a. [*OK. Describe un día típico tuyo en la universidad.*] Me despierto a las ocho y media...pero...no levanto..me lo levanto. Me levanta hasta nueve. No como hasta...*later.*

b. [*¿Por qué me llamas?*] *Um* yo quiero *um* conocer si tú *um* quiere va un ci—un película con mí.

c. [¿Debe casarse a la edad de quince años?] Bueno. Alicia, creo que...que...no es una buena idea que...que te casas ahorita, porque, estás demasiado joven...Bueno, estamos demasiado joven, por eso. Y, y él no puedes, pagar por, por todas las cosas en tu vida...es necesario que él tiene más dinero, y todo para pagar por su vida...Creo que no es una vida, una vida que, que, te gusta, por todo su vida. Y, em, es, está bien, ahora, si, si quiere salir de tu casa o algo pero, no será buena por toda su vida...creo que es más importante hacer, o abtener, todas sus opciones, en frente de me.

d. [¿Cuáles son las ventajas y desventajas de usar una bicicleta a diferencia de una motocicleta?] Claro *uh* pues *uh* para usar los bicicletas para la transportación una persona primero tiene que tenerlo, ¿verdad? Y también una persona no se puede trabajar muy lejos de casa o una persona no se puede ir a una escuela que es tan lejos de que es muy lejos de la casa porque uno no se puede llegar a un lugar que es muy lejos por bicicleta...para usar un coche una persona tiene que pagar por la gasolina, los seguros, una persona tiene que ahorrar dinero para mantenerlo también y claro todo el mundo no se puede mantener un coche porque es tan costoso.

4. **Anécdota.** Escriba una anécdota de algo gracioso que le haya pasado. Después, muéstresela a su pareja para que identifique los pronombres y los usos que haya incorporado en la anécdota.

Términos importantes

el antecedente

el leísmo

el pronombre enclítico

la reduplicación

el sujeto nulo

la tilde diacrítica

Obras consultadas

Bever, Thomas. 1970. "The cognitive basis for linguistic structure." In John Hayes (ed.), *Cognition and the Development of Language.* 279–362. New York: John Wiley & Sons, Inc.

Blackwell, Sarah. 1998. "Constraints on Spanish NP anaphora: The syntactic versus the pragmatic domain." *Hispania* 81:604–618.

Bolinger, Dwight. 1954. "English prosodic stress and Spanish sentence order." *Hispania* 37:152–156.

El habla culta de Caracas: Materiales para su estudio. 1979. Caracas: Universidad Central de Venezuela.

El habla culta de la ciudad de Buenos Aires: Materiales para su estudio. Tomo 1. 1987. Buenos Aires: Universidad Nacional de Buenos Aires.

Lee, James. 1987. "Morphological factors influencing pronominal reference assignment by learners of Spanish." In Terrell Morgan, James

---

[10] Le agradecemos a Rebecca Bearden estos primeros dos ejemplos.

Lee, and Bill VanPatten (eds.), *Language and Language Use: Studies in Spanish*. 221–240. Lanham: University Press of America.

LEVINSON, STEPHEN. 1987. "Minimization and conversational inference." In Jef Verschueren and Marcella Bertuccelli-Papi (eds.), *The Pragmatic Perspective*. 61–129. Amsterdam: John Benjamins.

LUJÁN, MARTA. 1985. "Binding properties of overt pronouns in null pronominal languages." *Chicago Linguistic Society* 21:424–438.

LUJÁN, MARTA. 1986. "Stress and binding of pronouns." *Chicago Linguistic Society* 22:248–262.

PALENCIA, MARÍA E. 1998. "Pragmatic variation: Ecuadorian Spanish vs. Peninsular Spanish." *Spanish Applied Linguistics* 2:71–106.

SAUNDERS, JOY. 1999. "Null and Overt References in Spanish Second Language Acquisition: A Discourse Perspective." Unpublished doctoral dissertation, University of Texas at Austin.

TERRELL, TRACY, AND MARUXA SALGUÉS DE CARGILL. 1979. *Lingüística aplicada: a la enseñanza de español a anglohablantes*. New York: John Wiley & Sons, Inc.

VANPATTEN, BILL. 1984. "Learners' comprehension of clitic pronouns: More evidence for a word order strategy." *Hispanic Linguistics* 1(1):57–68.

Capítulo 4

El sistema verbal

INTRODUCCIÓN: LA FORMACIÓN VERBAL

Las formas verbales en español se componen de cuatro partes—una raíz y tres sufijos—tal lo demuestra la Tabla 4.1. En la raíz se encuentra el significado básico del verbo, como en <u>corr</u>- de <u>correr</u>, o <u>camin</u>- de <u>caminar</u>. El primer **sufijo** indica la vocal temática del verbo que determina la clase del verbo, es decir, si se trata de un verbo de primera, segunda o tercera conjugación. Hay tres vocales temáticas básicas: <u>-a-</u> como en <u>compr-**a**-r</u>, <u>-e-</u> como en <u>vend-**e**-r</u> e <u>-i-</u> como en <u>viv-**i**-r</u>, aunque como lo indica la Tabla 4.1 las vocales temáticas de la segunda y tercera conjugaciones sufren algunos cambios que se explicarán más adelante. También detallaremos otras diferencias en las tres conjugaciones más adelante en este capítulo. El segundo sufijo es la

sufijo

suffix

Tabla 4.I. Las partes del verbo ejemplificadas

	Raíz	*1er sufijo:* *Vocal temática*	*2° sufijo:* *Tiempo y aspecto*	*3er sufijo:* *Persona- número*
1ª conjugación	compr-	-a-	-r (marca del infinitivo)	—
			-Ø-(marca del presente indicativo)	-n (marca de la 3ª persona plural[1])
			-ba- (marca del imperfecto)	
			-ro- (marca del pretérito en la 3ª persona plural)	
2ª conjugación	vend-	-e-	-r (marca del infinitivo)	—
		-e-	-Ø- (marca del presente indicativo)	-n (marca de la 3ª persona plural)
		í	-a-(marca del imperfecto)	
		-ie-	-ro- (marca del pretérito en la 3ª persona plural)	
3ª conjugación	viv-	-i-	-r (marca del infinitivo)	—
		-e-	-Ø- (marca del presente indicativo)	-n (marca de la 3ª persona plural)
		-í-	-a- (marca del imperfecto)	
		-ie-	-ro- (marca del pretérito en la 3ª persona plural)	

---

[1] El sufijo <u>-n</u> es uno de los sufijos que indican persona-número. Los otros son <u>-mos</u>, <u>-s</u>, <u>-is</u> (véase Tabla 4.2).

desinencia
ending

desinencia que indica conceptos tales como el tiempo (pasado, presente, futuro) y el aspecto (imperfecto, perfecto). El tercer sufijo indica categorías gramaticales tales como el número (singular, plural) y la persona (primera, segunda, tercera).

La vocal temática

La forma básica de la vocal temática corresponde a la que acompaña la marca del infinitivo (-r-) como en los verbos comprar, vender y vivir. Como lo demuestra la Tabla 4.1, la vocal temática de las segunda y tercera conjugaciones (e.g., vender, vivir) varía según el sufijo que se le añada. En realidad, hay pocas diferencias entre las dos conjugaciones; se diferencian solamente en la forma del infinitivo (vender vs. vivir) y en la primera y segunda persona plural del presente del indicativo (vendemos vs. vivimos). La vocal temática de la primera conjugación sufre pocos cambios; solamente en la primera y tercera persona singular del pretérito ocurre una fusión de /a/ con el morfema general como veremos más adelante.

La vocal temática es clave para distinguir entre el modo indicativo y subjuntivo del presente. En la primera conjugación la vocal temática cambia de /a/ a /e/ para indicar el modo subjuntivo (por ejemplo, compra [indicativo] vs. compre [subjuntivo]) y las vocales de la segunda y tercera conjugaciones cambian a /a/ (por ejemplo, vende, vive [indicativo] vs. venda, viva [subjuntivo]).

Los anglohablantes suelen confundir las vocales temáticas ya que escuchan varias formas verbales en el input que reciben, como habla, come, estudias, vivimos, tiene, camina, corre, etc. Según Terrell y Salgués de Cargill (1979:82),

> […] el estudiante no puede evitar la impresión de que está ante una clasificación arbitraria. Así pues, es normal que produzca formas como *Muchos piensen que soy mexicano, *Él no necesite estudiar mucho, *Todos puedan hacerlo. Durante mucho tiempo las vocales /a/ y /e/ se usan de una manera muy variable y se intercambian sin regla fija.

Persona-número

Los morfemas de persona-número en español se encuentran en la Tabla 4.2. Las formas singulares no llevan morfema de persona-número en la mayoría de los casos. Algunas excepciones son la primera persona singular del indicativo (compro, vendo, vivo) y del pretérito (compré, vendí, viví) y la tercera persona singular del pretérito (compró, vivió, vendió).

En inglés sólo se marca la tercera persona singular del presente del indicativo con un morfema de persona-número, como en *she reads, he runs*, etc. Por lo tanto, en inglés es necesario incluir siempre el sustantivo o el pronombre que actúa como sujeto de la oración mientras que en español se incluye sólo cuando se trata de un referente nuevo o se quiere enfatizar, contrastar o clarificar (véase la sección sobre *La omisión del pronombre sujeto [el sujeto nulo]* del Capítulo 3). El ejemplo (1) demuestra el contraste entre las dos lenguas:

(1) *I know that I can't attend class tomorrow.*
     [Ø] Sé que [Ø] no puedo ir a clase mañana.

Tabla 4.2. Los morfemas de persona-número	Singular	Plural
1ª persona	—[2]	-mos
2ª persona	-s[3]	(-is)[4]
3ª persona	—	-n

Los anglohablantes suelen usar el pronombre sujeto más que los hispanohablantes y, como resultado, pueden dar la impresión de ser muy exagerados e inclusive egoístas, si repiten constantemente yo. Si repiten otros pronombres como él o ella, dan la impresión de ser redundantes. Otra dificultad para los anglohablantes es la producción correcta de los morfemas de persona-número ya que el sistema para marcar persona-número en inglés es mucho más sencillo. A veces el estudiante repite la misma forma que se encuentra en la pregunta que le hace el profesor como en (2):

(2) Profesor: ¿Dónde comes el almuerzo?
Estudiante: *(Yo) comes en la cafetería.

Con mayor input y práctica comunicativa los alumnos eventualmente habrán de internalizar los morfemas de persona-número y utilizarlos de modo más consistente.

▶ *Para pensar y discutir 1*

práctica mecánica
drills

1. ¿Por qué no se usa la **práctica mecánica** para enseñar los morfemas de persona-número en el método comunicativo? ¿Qué otro modo sugiere Ud. para enseñar y practicar estas formas de una manera comunicativa?

2. La forma de la tercera persona singular del verbo se considera la menos marcada o la más básica. ¿Considera lógico empezar con esa forma al enseñar los tiempos verbales a estudiantes de primer año? ¿Cuáles son las ventajas y desventajas de concentrarse primero en esa forma?

3. ¿Qué considera mejor: presentar todas las formas (i.e., primera, segunda, tercera personas) a la vez o presentarlas y practicarlas una por una (o sea, concentrarse sólo en una forma, como la primera persona singular, y practicarla antes de presentar las otras)?

▶ *Ejercicio 1: Los morfemas verbales*

Divida las formas del verbo según los siguientes morfemas: la raíz, la vocal temática, el indicador de tiempo-aspecto y el indicador de persona-número. Es posible que algunos morfemas se hayan fusionado.

---

[2] En el presente indicativo -o o -oy sirven como marcadores de la primera persona singular (y el modo indicativo) por razones históricas.

[3] En el pretérito no se usa el morfema -s para indicar la segunda persona singular: compraste, vendiste, viviste. Sin embargo, en el habla cotidiana muchas veces se oye comprastes, vendistes, vivistes por analogía con la formación de la segunda persona singular en los otros tiempos verbales.

[4] Esto corresponde a la forma de vosotros que solamente se usa en España. En Latinoamérica se usa la forma ustedes para la segunda persona plural.

1. caminaba
2. salió
3. estudiamos
4. volvieron
5. leí
6. pensando
7. terminábamos
8. protegía

9. comienzas
10. regresar
11. incluido
12. protejo
13. corres
14. conversé
15. completando

Las formas infinitas

Las <u>formas infinitas</u>, o sea las que no llevan una desinencia de persona-número, son las siguientes: <u>el infinitivo</u> (por ejemplo, <u>comprar</u>, <u>vender</u>, <u>vivir</u>), <u>el participio</u> (por ejemplo, <u>comprado</u>, <u>vendido</u>, <u>vivido</u>) y <u>el gerundio</u> (por ejemplo, <u>comprando</u>, <u>vendiendo</u>, <u>viviendo</u>). Cuando el participio va unido al verbo auxiliar <u>haber</u>, el resultado es una forma verbal compuesta, como <u>he comprado</u>, <u>había vendido</u>, <u>habrá vivido</u>. En la sección sobre *La coordinación de los tiempos verbales* en el Capítulo 5 describimos con mayor lujo de detalle la función de los tiempos verbales compuestos y cómo contrastan con los tiempos simples.

LOS TIEMPOS VERBALES

En las siguientes secciones repasamos la formación verbal junto con las reglas de uso de los varios tiempos verbales, prestándole mayor atención al presente, presente progresivo, futuro, los tiempos compuestos, y al pretérito y al imperfecto. El Apéndice A contiene la conjugación de los verbos regulares en todos los tiempos verbales que se presentan en este capítulo.

EL PRESENTE

La morfología del presente

El presente del indicativo se forma a base de una raíz, una vocal temática y el morfema de persona-número, como se ve en la Tabla 4.3. Las formas del presente no llevan ninguna marca de tiempo o aspecto. En la primera persona singular, cuya terminación es una vocal, no se usa la vocal temática; o sea las formas correctas son <u>compro</u> (*comprao), <u>vendo</u> (*vendeo) y <u>vivo</u> (*vivio). Note que en la primera persona plural la vocal temática de la tercera conjugación es <u>-i-</u> (vivimos, *vivemos), mientras que se usa <u>-e-</u> como vocal temática de la tercera conjugación con las terminaciones de la segunda y tercera personas. La razón de dicha variación en la vocal temática es que por lo general en español no se encuentra /i/ o /u/ **átonas** en sílabas finales.[5] Cuando está en esa posición, la

átonas
unaccented

---

[5] En el Apéndice B aparecen las reglas de acentuación de palabras.

	Raíz	1er sufijo: Vocal temática	2° sufijo: Tiempo y aspecto	3er sufijo: Persona-número
Tabla 4.3. La morfología del presente				
1ª conjugación	compr-	-a-*		**1ª persona** -Ø (singular)* -mos (plural)
2ª conjugación	vend-	-e-*	-Ø-	**2ª persona** -s (singular) -is (plural, en España solamente)
3ª conjugación	viv-	-e-* -i- con la 1ª y 2ª persona plural (<u>vivimos</u>, <u>vivís</u>)		**3ª persona** -Ø (singular) -n (plural)

*No se usa vocal temática en la primera persona singular.

tónica
accented

vocal temática /i/ se abre[6] a /e/, pero cuando la /i/ es **tónica**, no hay cambio. Por eso, la tercera conjugación en el presente es:

(3) forma subyacente > forma superficial
    vív + Ø + o > vivo   viv + í + mos > vivimos
    vív + i + s > vives   (viv + í + is > vivís)
    vív + i + Ø > vive   vív + i + n > viven

Los verbos irregulares

Hay dos irregularidades básicas en las formas del presente: las que afectan las vocales de la raíz (por ejemplo, <u>poder</u> > <u>puedo</u>) y las que afectan las conso- nantes (<u>conocer</u> > <u>conozco</u>).

Cambios vocálicos

Cuando la vocal de la raíz de ciertos verbos es tónica, las vocales medias <u>-e-</u> y <u>-o-</u> <u>se</u> diptongan en <u>-ie-</u> y <u>-ue-</u>. La diptongación no ocurre en las formas de la primera persona del plural (<u>podemos</u>) ni en la forma que corresponde a <u>vosotros</u> (<u>podéis</u>) porque en esas formas el acento no cae en la vocal de la raíz, como se ve en (4):

(4) yo p<u>ue</u>do   nosotros pod<u>e</u>mos
    tú p<u>ue</u>des   vosotros pod<u>é</u>is
    Ud./él/ella p<u>ue</u>de   Uds./ellos/ellas p<u>ue</u>den

imprevisibles
unpredictable

Estos cambios en la vocal de la raíz han ocurrido por razones históricas y son **imprevisibles**. Por ejemplo, <u>acordar(se)</u> se diptonga cuando quiere decir 'recordar' pero no cuando quiere decir 'armonizar o afinar un instrumento';

---

[6] Al pronunciar la vocal /i/ la lengua se coloca cerca del paladar. Hay más abertura entre la lengua y el paladar (es decir, se abre) al pronunciar la vocal /e/.

defender y tentar se diptongan, pero ofender e intentar y no (Whitley 1986:87). Normalmente los diccionarios y libros de texto indican el diptongo poniéndolo entre paréntesis después del infinitivo: por ejemplo, poder (ue), sentar (ie), querer (ie). A los alumnos no les queda otro remedio que aprender de memoria los verbos que sufren diptongación ya que la clasificación es arbitraria e imposible de predecir a base de la representación fonémica del infinitivo.

► *Para pensar y discutir 2*
¿La regla de diptongación de los verbos se puede aplicar a otros contextos también? ¿Cómo se les puede explicar a los alumnos la diptongación o la falta de diptongación en las siguientes palabras?

bueno – bondad

pueblo – población

Venezuela – venezolano

► *Ejercicio 2: La diptongación*
Identifique algunas palabras relacionadas con las que siguen pero que no tengan diptongo.

Ejemplo: nuestro

Palabra relacionada: nosotros

1. cuello
2. diente
3. siete
4. viejo
5. tierra
6. muerte
7. valiente

Otro cambio que ocurre en la vocal de la raíz de ciertos verbos de la tercera conjugación es que la vocal media /e/ se cierra en /i/ cuando es tónica, como en pedir.

(5) yo pido   nosotros pedimos

tú pides   vosotros pedís

Ud./él/ella pide   Uds./ellos/ellas piden

Estos verbos, al igual que los que sufren la diptongación, hay que aprenderlos de memoria.

Cambios consonánticos

Hay un grupo de verbos de la segunda y tercera conjugación (por ejemplo, salir, hacer, venir, tener, poner) a los que hay que añadir a la raíz un sonido velar /k/ o /g/ si la vocal de la desinencia empieza con /o/, como en la primera persona singular.[7] Si la consonante final del radical es **sonora**[8] o si no hay consonante final, se añade la consonante sonora /g/ (salgo, hago), pero si la consonante final del radical es **sorda**, se añade la consonante sorda /k/ (conozco).

sonora
voiced

sorda
unvoiced

---

[7] La inserción de un sonido velar ocurre también si la vocal de la desinencia empieza con /a/ como en las formas del subjuntivo (conozca, hagamos).

[8] Las consonantes se identifican como sonoras o sordas por la presencia o ausencia de vibraciones de las cuerdas vocales cuando se produce el sonido. Por ejemplo, las consonantes /b/, /d/, /d/ son sonoras y las consonantes /p/, /t/, /k/ son sordas.

Hay otro grupo de verbos a los que se le añade el sonido palatal /y/ en posición intervocálica, e /i/ en otras posiciones. Ese aumento palatal ocurre en algunos verbos de la tercera conjugación cuyas raíces terminan en /u/ (<u>huir</u>, <u>incluir</u>). En cambio, dicho aumento no ocurre si la desinencia empieza con la vocal palatal /i/ como en la primera persona plural (<u>incluimos</u>). La conjugación de verbos que reflejan ese aumento se encuentra a continuación:

(6) yo incluyo   nosotros incluimos
    tú incluyes   vosotros incluís
    Ud./él/ella incluye   Uds./ellos/ellas incluyen

Al verbo <u>oír</u> se le agrega un aumento velar y un aumento palatal, dando lugar a las siguientes formas del presente:

(7) yo oigo   nosotros oímos
    tú oyes   vosotros oís
    Ud./él/ella oye   Uds./ellos/ellas oyen

Además, los verbos de uso común, <u>traer</u> y <u>caer</u>, toman un aumento velar y un aumento palatal sólo en la primera persona singular del presente indicativo (<u>traigo</u>, <u>caigo</u>). Las demás formas del presente son regulares:

(8) yo traigo   nosotros traemos
    tú traes   vosotros traéis
    Ud./él/ella trae   Uds./ellos/ellas traen

▶ *Para pensar y discutir 3:*
Puede que algunos alumnos crean que la irregularidad de <u>conozco</u> estriba en la introducción de la letra <u>z</u> (<u>conoco</u> > <u>conozco</u>). ¿A qué se debe dicha confusión por parte de los alumnos? ¿Cómo se puede aclarar? Intente pronunciar primero <u>conocer</u> y luego <u>conozco</u>. ¿Qué sonido adicional surge en conozco?

Los usos del presente

En español la forma simple del presente se usa para describir (Solé y Solé 1977: 1–2):

(a) un evento que está en marcha al momento del habla

(b) un evento repetido o continuo

(c) la existencia de estados y condiciones

(d) un evento que ocurrirá en el futuro

(e) una acción que empezó en el pasado pero que sigue en marcha en la actualidad.

Note que el uso del presente en inglés en comparación con el español, es mucho más limitado. En inglés no se emplea el presente para los usos (1), (4) y (5). Estas diferencias aparecen en la Tabla 4.4. Para los eventos que están en marcha al momento del habla, el inglés usa el presente progresivo: *Why are you crying?* En inglés se distingue entre acciones repetidas, para lo cual se usa el presente, y acciones únicas, para lo cual se usa el presente progresivo. Por lo tanto, hay una

Tabla 4.4. Los usos del presente en español en contraste con el inglés		
Usos del presente en español	*Ejemplos en español*	*Traducciones al inglés*
un evento que está en marcha al momento de habla	Socorro, que se ahoga Cecilia. (Solé y Solé 1977: 2) ¿Por qué lloras?	*Help, Cecilia is drowning* *Why are you crying?*
un evento repetido o continuo	Se hablan por teléfono todos los días. Escribe poesía y cuentos.	*They talk with each other on the phone every day.* *She writes poetry and stories.*
la existencia de estados y condiciones	Está de mal humor hoy. St. Paul es la capital de Minnesota.	*He's in a bad mood today.* *St. Paul is the capital of Minnesota.*
un evento que ocurrirá en el futuro	Te veo más tarde. Vuelvo a las tres.	*I'll see you later.* *I'm returning at 3:00.*
una acción que empezó en el pasado pero que sigue en marcha	No lo veo desde junio. Trabaja en la universidad desde el año pasado.	*I haven't seen him since June.* *She's been working at the university since last year.*

diferencia entre *I drive to work*—que indica una acción repetida o habitual— y *I am driving to work*—que indica una acción única que ocurre al momento del habla o en el futuro cercano. Para eventos futuros, se usa el futuro o el presente progresivo en inglés: *I'll see you later; I'm returning at 3:00.* Para los eventos que empezaron en el pasado y siguen en marcha, se usa el **pretérito perfecto** o el **pretérito perfecto progresivo** en inglés: *I haven't seen him since June. She's been working at the university since last year.*

pretérito perfecto
present perfect

pretérito perfecto progresivo
present perfect progressive

Comúnmente los alumnos de español transfieren las distinciones semánticas del inglés al español, por lo que usan incorrectamente otros tiempos verbales como el presente progresivo o el futuro o el pretérito perfecto en vez del presente simple. Es importante que aprendan que los usos del presente en español son más extensos que en inglés.

▶ *Ejercicio 3: Los usos del presente*
Examine los usos del presente en la siguiente transcripción de una conversación que forma parte de *El habla culta de la ciudad de Buenos Aires* (1987). ¿Cómo se traducen al inglés los verbos subrayados? ¿Cuál de los usos del presente representan?

Muestra 1

> Informante B: [...] ¿Quién <u>viene</u> ahora? ¿Están...?
> Informante A: Eh... Susi y el marido. ¿Por qué no <u>te sacas</u> el chaleco antes de que lleguen?
> [...]
> B: <u>Me saco</u> el chaleco, con perdón de los presentes.
> A: Espero que... No, es que vos[9] sabés que no podemos de ninguna manera abrir la ventana...

---

[9] En la Argentina se usa <u>vos</u> en vez de <u>tú</u> para dirigirse a amigos. Note que la forma de <u>saber</u> es <u>sabés</u> en ves de <u>sabes</u>.

B: Ah.

A: ...porque, si no, <u>se mete</u> el ruido de afuera y va a salir la grabación como el **cutis.**

cutis

complexion; Inf. A refers to the fact that the recording will be "marked up" with outside noise if the window is opened.

B: ¡Mm! Decíme[10] ¿y <u>viene</u> alguien más?

A: <u>Vienen</u> Susi y el... Aníbal, nada más. Pero...

[...]

A: ¿Adónde <u>metemos</u> esto [se refiere al chaleco]? Acá.

B: No, en tu ropero puede quedar—mal, porque por ahí <u>me olvido.</u>

<u>Muestra 2</u>

D: ¿Y esta chica <u>vive</u> cerca... ¿esta chica vive cerca?

A: N... no sé dónde vive. No sé dónde vive porque no... no... la... persona que yo <u>conozco</u> que es M. O. y no vino y vive cerca, no sé por qué.

B: ¡Ah!... pensaba que era ella.

A: Pero me trajo... No no no, otra señora me trajo.

D: ¿O es la que <u>escribe</u> los textos de inglés y demás textos?

A: No, <u>es</u> la hermana.

EL PRESENTE PROGRESIVO

El presente progresivo es un tiempo <u>durativo</u>; se usa para "dar énfasis al aspecto imperfectivo de un suceso único: <u>Estoy comiendo una ensalada</u>" (Terrell y Salgués de Cargill 1979:156). Repasemos primero la morfología de dicho tiempo verbal y luego analicemos sus usos con más lujo de detalle, contrastando el español y el inglés.

La morfología del presente progresivo

El presente progresivo tiene dos partes: (1) una forma presente de <u>estar</u> u otro verbo como <u>seguir,</u> <u>venir</u> y (2) el gerundio que se forma uniendo la marca <u>-ndo</u> con la vocal temática <u>-a-</u> de la primera conjugación o la vocal temática <u>-ie-</u> de la segunda y tercera conjugaciones:

(9) compr + a + ndo > comprando
     vend + ie + ndo > vendiendo
     viv + ie + ndo > viviendo

Hay cambios vocálicos en la raíz de ciertos verbos de la tercera conjugación. Por ejemplo las vocales medias /e/ u /o/ de la raíz se cierran a /i/ o /u/ respectivamente. Dicho **cierre** ocurre solamente cuando la vocal de la raíz es átona. No queda más remedio que aprender de memoria dichos verbos:

cierre

vowel raising

(10) sentir > sintiendo
      pedir > pidiendo
      decir > diciendo
      dormir > durmiendo
      morir > muriendo

---

[10] <u>Decí</u> es el mandato afirmativo que corresponde a <u>vos</u>.

Existe sólo un verbo de la segunda conjugación en el que ocurre la abertura de la vocal de la raíz: poder > pudiendo.

Un cambio ortográfico que ocurre en la formación del gerundio es que la i cambia a y cuando la i está entre dos vocales porque su pronunciación se vuelve consonántica:

(11) leer > *leiendo > leyendo
     creer > *creiendo > creyendo.

Los usos del presente progresivo

Ya señalamos que en español se usa el presente no sólo para eventos habituales sino también para eventos que están en marcha al momento del habla: ¡Qué se quema la carne!. También se puede usar el presente progresivo para describir una acción en marcha:

(12) Qué se está quemando la carne!

El uso del presente progresivo es mucho más limitado en español que en inglés, siendo inadmisible para expresar acciones futuras, como en (13):

(13) *I'm studying until I finish this assignment.*
     *Estoy estudiando hasta que termine esta tarea.
     Voy a estudiar hasta que termine esta tarea.

Por lo general no se usa el progresivo con ciertos verbos de movimiento como ir, venir, regresar, volver, andar, entrar.

(14) Viene ahora.
     *Está viniendo ahora.

Tampoco se usa para describir estados, para ello, se usa el presente simple más participio:

(15) *He is sitting next to Teresa.*
     *Está sentando junto a Teresa.[11]
     Está sentado junto a Teresa.

iterativas
iterative, repetitive

Por lo general se evita el progresivo para describir acciones **iterativas:** *Está estudiando en la biblioteca todos los días. Sin embargo, se puede emplear para eventos repetidos si se trata de un período limitado o si se quiere hacer hincapié en un cambio: Últimamente está estudiando día y noche.

Los nativos-hablantes de inglés suelen usar el progresivo en español como en inglés, extendiéndolo a acciones futuras. Es importante que entiendan que el uso del presente progresivo en español se limita a acciones que están en marcha al momento de hablar, y que ni Siquiera allí es la forma preferida. No se usa para describir ni un evento anticipado y ni acciones habituales.

▶ Ejercicio 4: Los usos del presente progresivo

Determine si se puede usar el presente simple, el presente progresivo o ambos al traducir las siguientes oraciones al español. La tarea no es traducir las frases sino determinar qué tiempo verbal se debe usar y explicar el por qué de su respuesta.

---

[11] Se está sentando junto a Teresa quiere decir que está en el proceso de sentarse.

1. *I'm coming home late tonight.*

2. *The baby's crying!*

3. *I always watch the news while I make dinner.*

4. *Sean and Ted are spending next weekend in Chicago.*

5. *Sara's really studying hard for her chemistry exam.*

6. *She's standing by the door.*

7. *He's running a mile every day.*

8. *Lately I'm not eating very much.*

9. *My brother's not feeling very well.*

10. *They're returning from vacation.*

EL FUTURO

En español hay varias maneras de expresar eventos futuros. Ya hemos visto que se puede usar el presente simple: <u>Salgo mañana para México</u>. Al igual que en inglés se puede usar la construcción del verbo <u>ir + a + el infinitivo</u>: <u>Voy a comprar una cámara digital</u>. Esta construcción es la manera más común de expresar el futuro en el habla coloquial. Existe también un tiempo futuro **sintético** que describimos a continuación.

sintético

synthetic, formed by combining elements into a single entity

Las formas del tiempo futuro sintético

Las formas del futuro sintético se desarrollaron históricamente del infinitivo seguido del presente del verbo <u>haber</u>. <u>Haber</u> es un verbo irregular cuya conjugación en el presente es:

(16) yo he   nosotros hemos
     tú has   vosotros habéis
     Ud./él/ella ha   Uds./ellos/ellas han

A partir de ahí se forma el tiempo futuro como síntesis de las dos formas verbales:

(17) comprar+ é > compraré   comprar+ emos > compraremos
     comprar+ ás > comprarás   comprar+ éis > compraréis
     comprar+ á > comprará   comprar+ án > comprarán

Algunos verbos sufren cambios en el radical o en la vocal temática. En algunos casos hay un aumento dental /d/ que ocurre en combinación con la caída de la vocal temática: **sal + i + d + ré** > <u>saldré</u>; **pon + e + d + ré** > <u>pondré</u>. En otros hay una omisión de la vocal temática: <u>podrá</u>, <u>querrá</u>, <u>habrá</u>. Hay otros verbos que exigen una omisión de una parte del radical: <u>hará</u>, <u>dirá</u>.

perifrástica

periphrastic, a grammatical construction of two or more words with the same syntactic function as an inflected word

Los usos del tiempo futuro

El futuro sintético se usa poco en el habla coloquial; ha sido reemplazado por la construcción **perifrástica** <u>ir + a + el infinitivo</u>. Su uso se limita a los siguientes contextos (Butt y Benjamin: 1988:204):

(a) para expresar incertidumbre en cuanto a una acción que tiene lugar en el futuro o para referirse al futuro cuando puede haber ambigüedad sobre la referencia temporal: <u>Si llueve, pospondrán el partido</u>.

(b) para hacer promesas: <u>Estaré contigo el resto de mi vida</u>.

(c) para expresar suposición o probabilidad en el presente:
<u>Felipe tendrá unos cuarenta años</u>. *Felipe is probably about forty years old. (not "Felipe will be about forty years old.")*
<u>¿Qué hora será?</u>
I wonder what time it is.

El uso del tiempo futuro para suposiciones en el presente es una función semántica que no corresponde al futuro en inglés y por lo tanto puede ser interpretado erróneamente por el anglohablante.

▶ *Para pensar y discutir 4*
Tomando en cuenta las funciones del futuro sintético, ¿en qué nivel se debiera enseñar a alumnos anglohablantes? Explíquese.

LOS TIEMPOS PERFECTIVOS COMPUESTOS

La morfología de los tiempos perfectivos compuestos

Los tiempos perfectivos compuestos se forman con la conjugación del verbo auxiliar <u>haber</u> y el participio. En español el término para el perfectivo compuesto con el presente de <u>haber</u> es el <u>pretérito perfecto</u>. Las formas del presente de <u>haber</u> son (18):

(18) yo he   nosotros hemos
      tú has   vosotros habéis
      Ud./él/ella ha   Uds./ellos/ellas han

pluscuamperfecto
past perfect

El tiempo verbal de las formas imperfectivas de <u>haber</u> (19) se llama el **pluscuamperfecto**:

(19) yo había   nosotros habíamos
      tú habías   vosotros habíais
      Ud./él/ella había   Uds./ellos/ellas habían

El <u>futuro perfecto</u> se forma con el futuro de <u>haber</u> (<u>habrá</u>, etc.) y el participio.
    Los participios se forman con la raíz y la vocal temática del verbo más la terminación <u>-do</u> (por ejemplo, <u>comprado</u>). La vocal temática de la segunda y tercera conjugación es <u>-i-</u> (por ejemplo, <u>vendido</u>, <u>vivido</u>). Existen varios participios irregulares que hay que aprender de memoria, entre los cuales se encuentran:

(20) abrir > abierto
      decir > dicho
      escribir > escrito
      hacer > hecho

morir > muerto
poner > puesto
romper > roto
ver > visto
volver > vuelto

Los usos de los tiempos perfectivos compuestos

Los tiempos perfectivos compuestos se usan tanto en inglés como en español para señalar que un evento o estado ha empezado o concluido con anterioridad a otro punto de referencia. Por ejemplo, en relación al presente se puede usar el pretérito perfecto para indicar que un evento ocurrió en el pasado pero todavía tiene relevancia en el presente.

(21) Ya que hemos arreglado la casa, vamos a descansar un ratito antes de que lleguen los invitados.

Se usa el pluscuamperfecto para indicar anterioridad en relación al pasado:

(22) Habíamos arreglado la casa por la mañana y por eso pudimos descansar un ratito antes de que llegaran los invitados.

Con respeto al futuro, el evento se habrá terminado antes de un momento anticipado:

(23) Ellos habrán arreglado la casa antes de que lleguen los invitados.

El uso de los tiempos perfectos compuestos no presenta problemas al angloparlante ya que la función semántica de estos tiempos es muy parecida en ambas lenguas.

▶ *Ejercicio 5: Los usos de las formas perfectivas compuestas*
Subraye las formas perfectivas compuestas en el pasaje que sigue y analice cómo se usan en la narración. Indique las acciones o eventos a los que dichas formas anteceden.

[Una profesora habla de una alumna en su clase.]

Inf. B: ...Esa chica es una chica que parece que se peleó con la madre [...] estaba llorando en el colegio, le pregunté qué pasaba. Al final me contó que la madre no la quería, y entonces me estuvo contando que el padre estaba viajando, que ella ya le había escrito, y que la madre recibía hombres en la casa cuando el padre no estaba, y que ella le había dicho que mientras no estuviera el padre, no tenía que ir nadie. [...] No sé. Ahora, el otro día le pregunté. Me dijo que el padre había llegado el día anterior.

[...]

Él... dice que la... la chica dijo que el padre se quedaba en la casa por ella— si no ya se hubiera separado hace mucho tiempo de la madre— pero no sé. A lo mejor exageran también en general... porque la... eh... la había retado. La semana anterior me había dicho que la había dejado en penitencia por la nota que había sacado en latín, tenía un cinco cincuenta, que no podía ir a fiestas. A lo mejor se habrá peleado con la madre y **habrá agrandado** todas las cosas. No sé [...]

Inf. A.: Qué chica ésta. Nos ha engañado completamente. [...]

habrá agrandado

she probably has exaggerated

(El habla culta de la cuidad de Buenos Aires 1987:347–349)

EL PRETÉRITO Y EL IMPERFECTO

El <u>pretérito</u> y el <u>imperfecto</u> expresan el pasado, pero representan <u>aspectos</u> distintos del pasado. Empecemos describiendo las formas.

Las formas del pretérito

Por razones históricas, la formación del pretérito es complicada. En las formas de la primera y tercera personas singulares ha habido una fusión del indicador de tiempo con la vocal temática. En la primera persona singular hubo una fusión del indicador de tiempo /i/ con la vocal temática, dando lugar a las siguientes formas:

(24) 1ª conjugación: á + i > é   yo compré
      2ª conjugación: é + i > í   yo vendí
      3ª conjugación: í + i > í   yo viví

En la tercera persona singular el indicador de tiempo /u/ se fusionó con la vocal temática de la primera conjugación (á + u +> ó). En las formas de la segunda y tercera conjugación la /u/ se abrió a /o/ y cambió la posición del acento: í + u > ió.

(25) 1ª conjugación: a + o > ó   Ud./él/ella compró
      2ª conjugación: é + u > í + u > i + ó   Ud./él/ella vendió
      3ª conjugación: í + u > i + ó   Ud./él/ella vivió

En la tercera persona plural las vocales tématicas de la segunda y tercera conjugaciones se diptongaron.

(26) 1ª conjugación: a + ro + n   Uds./ellos/ellas compraron
      2ª conjugación: ie + ro + n   Uds./ellos/ellas vendieron
      3ª conjugación: ie + ro + n   Uds./ellos/ellas vivieron

Además de estos cambios, las formas de la segunda persona singular no llevan el indicador de persona-número /s/: <u>(tú) compraste</u>. Las formas de la primera persona plural de la primera y tercera conjugaciones no llevan indicador de tiempo/aspecto: <u>compramos</u>, <u>vivimos</u>. Estas formas son idénticas tanto en el presente como en el pretérito.

Dada la morfología complicada del pretérito, normalmente se enseña concentrándose en un análisis de la raíz más la desinencia como se ve en la Tabla 4.5.

Los verbos irregulares del pretérito

Varios verbos sufren cambios vocálicos en la formación del pretérito. Hay un grupo de verbos de la tercera conjugación en los que la vocal media de la raíz /e/ u /o/ se cierra a /i/ o /u/ respectivamente cuando la sílaba que sigue la raíz <u>no</u> tiene una /i/ tónica después del radical. Esto ocurre en la tercera persona singular y plural:

(27) yo ped<u>í</u>   nostros ped<u>i</u>mos
      tú ped<u>i</u>ste   vosotros ped<u>i</u>steis
      Ud./él/ella pid<u>ió</u>   Uds./ellos/ellas pid<u>ie</u>ron

⊙ Tabla 4.5. Las formas del pretérito			
	Raíz	*Terminaciones*	
1ª conjugación	compr-	Singular	Plural
		-é	-amos
		-aste	-asteis
		-ó	-aron
2ª y 3ª conjugación	vend- viv-	Singular	Plural
		-í	-imos
		-iste	-isteis
		-ió	-ieron

(28) yo dormí   nostros dormimos
    tú dormiste   vosotros dormisteis
    Ud./él/ella durmió   Uds./ellos/ellas durmieron

Además de estos cambio vocálicos, hay un cambio ortográfico de i a y cuando la i se encuentra entre dos vocales (como ocurre también en el presente). Esto ocurre en las formas de la tercera persona: leyó, leyeron, creyó, creyeron.

Hay verbos de uso común que sufren cambios radicales en la raíz en todas las formas del pretérito y que adquieren terminaciones especiales sin importar su clasificación como verbos de la 1ª, 2ª o 3ª conjugación. Algunos sufren un cambio en la vocal de la raíz: hacer > hice; poder > pude, venir > vine. Otros sufren un cambio consonántico: traducir > traduje; traer > traje. Otro grupo de verbos sufre cambios vocálicos y consonánticos: andar > anduve; decir > dije; estar > estuve; poner > puse; querer > quise; saber > supe; tener > tuve. En estos verbos el acento siempre cae en la penúltima sílaba; en la primera y tercera persona singular el acento no cae en la terminación como sucede con los verbos regulares: anduve vs. caminé; pudo vs. vendió. Las terminaciones de este grupo de verbos se encuentran en la Tabla 4.6.

Las formas del pretérito son difíciles de aprender ya que la morfología es muy compleja. Sin embargo, es la forma que adquieren primero los niños después del presente simple. Además, es mucho más frecuente que el imperfecto, por eso normalmente se introduce durante el primer año de español como segunda lengua. A pesar de su temprana introducción los alumnos requieren mucha práctica receptiva y productiva antes de poder producir correctamente las formas del pretérito.

⊙ Tabla 4.6. Las terminaciones de algunos verbos irregulares en el pretérito			
Infinitivo	*Raíz en el pretérito*	*Terminación*	
estar	estuv-		
hacer	hic-	-e	-imos
traer	traj-	-iste	-isteis
saber	sup-	-o	-ieron
venir	vin-		

	Raíz	1er sufijo: Vocal temática	2° sufijo: Tiempo y aspecto	3er sufijo: Persona-número
1ª conjugación	compr-	-a-	-ba-	**1ª persona** -Ø (singular) -mos (plural)
2ª conjugación	vend-	-í-	-a-	**2ª persona** -s (singular) -is (plural, en España solamente)
3ª conjugación	viv-			**3ª persona** -Ø (singular) -n (plural)

Tabla 4.7. Las formas del imperfecto

Las formas del imperfecto

A diferencia de las formas del pretérito, las del imperfecto son sumamente regulares como se ve en la Tabla 4.7.

Sólo hay tres verbos que sufren cambios en el imperfecto: <u>ser</u> cuya raíz (y vocal temática) cambia a <u>era</u>; <u>ir</u> que toma las terminaciones de la 1ª conjugación (<u>iba</u>, <u>ibas</u>, etc.); y <u>ver</u> cuya raíz es <u>ve-</u> en el imperfecto (<u>veía</u>, <u>veías</u>, etc.).

Aunque la morfología del imperfecto es muy simple, sus funciones son más difíciles de adquirir que las del pretérito. A continuación examinamos las diferencias entre los dos aspectos verbales.

Los contrastes entre el pretérito y el imperfecto: El aspecto verbal

La diferencia entre el pretérito y el imperfecto no es una diferencia temporal, ya que ambos se refieren a eventos en el pasado, sino una diferencia aspectual. El <u>aspecto</u> verbal se refiere a dos conceptos: (1) el <u>aspecto gramatical</u> que tiene que ver con el enfoque al comienzo (<u>aspecto iniciativo</u>), a mediados (<u>aspecto imperfectivo</u>) o al final (<u>aspecto terminativo</u>) de un evento, y (2) el <u>aspecto léxico</u>, o sea el tipo de evento que se describe (que es inherente al significado del verbo).

En cuanto al <u>aspecto gramatical</u>, se usa el pretérito en español para indicar <u>el aspecto perfectivo</u>, o sea los aspectos iniciativo y terminativo, es decir, los que representan un evento como un punto en el tiempo. El imperfecto se caracteriza por su aspecto imperfectivo o durativo, es decir, los que representan un evento como un continuo en el tiempo. El imperfecto describe en el pasado lo que el presente describe en el presente gramatical: (1) un evento que está en marcha al momento del habla; (2) un evento repetido o continuo; (3) la existencia de estados y condiciones; (4) un evento futuro; (5) una acción que empezó anteriormente pero que sigue en marcha (Solé y Solé 1977:61), como se ve en la Tabla 4.8.

Tradicionalmente, se ha mostrado la diferencia entre el pretérito y el imperfecto de una manera gráfica, como en (29), usando una línea recta para indicar un evento en marcha durante un momento dado en el pasado:

Tabla 4.8. Los usos del presente en contraste con el imperfecto en español (Solé y Solé 1977:61)

Usos del presente y el imperfecto en español	Ejemplos del presente	Equivalentes en el imperfecto
un evento que está en marcha al momento de hablar	¿Por qué lloras?	¿Por qué llorabas?
un evento repetido o continuo	Se hablan por teléfono todos los días. Me levanto todos los días a las 7:00.	Se hablaban por teléfono todos los días. (Cuando era niña,) me levantaba todos los días a las 7:00.[12]
la existencia de estados y condiciones	Está de mal humor hoy.	Estaba de mal humor.
un evento que ocurrirá en el futuro	Dice que vuelve a las tres.	Dijo que volvía a las tres.[13]
una acción que empezó en el pasado pero que sigue en marcha	No lo veo desde junio.	No lo veía desde junio.

(29) Mientras su hija miraba la televisión, Luis preparaba el desayuno.

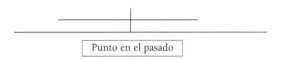

Cuando se trata de un evento repetido en el pasado, sin fijarse en el comienzo o el fin, se representa con una línea ondulada:

(30) De niña, me levantaba todos los días a las 7:00 a.m.

En cambio, el pretérito indica que un evento terminó en un momento dado:

(31) Volvió a las cinco en punto.

También puede indicar que un evento empezó:

---

[12] Cuando el imperfecto describe eventos habituales en el pasado indefinido, la traducción al inglés es *used to* o *would*.

[13] También se puede decir <u>Dijo que volvería a las tres</u>.

(32) A las 5:00 llovió a cántaros.

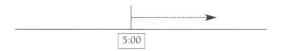

En relación al presente, el pretérito indica simplemente que un evento ocurrió antes del presente como en (33) o que siguió durante cierto tiempo pero que desde la perspectiva del presente ya concluyó como en (34).

(33) Preparó una torta.

(34) Vivió toda la vida en Nueva York.

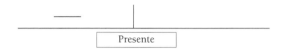

primer plano
foreground

También puede indicar que un evento repetido se cesó como en (35).

(35) El año pasado trabajó todos los fines de semana.

segundo plano o tras fondo
background

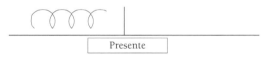

azotea
flat roof

asomarse
lean out

tejados
tile roofs

meneando
swinging

hileras
rows

agachada
lowered

desleída
diluted

topera
mole hole

Cualquier evento se puede ver desde una perspectiva perfectiva o imperfectiva, dependiendo del punto de vista del hablante y lo que desea comunicar. Algunos lingüistas (Lunn 1985; Ozete 1988; Blyth 1997) han señalado la importancia de examinar el uso del imperfecto y el pretérito en narrativas. En dicho contexto el pretérito se usa para las acciones que están en el **primer plano**, mientras que el imperfecto se usa para los eventos que ocurren en el **segundo plano o tras fondo**. Por ejemplo, en la siguiente narrativa se nota que las acciones principales se dan en el pretérito (palabras subrayadas) mientras que las acciones de segundo plano y las descripciones están en el imperfecto (palabras en cursiva).

Y se escapó escaleras arriba. Llegó al segundo, echó la tarjeta de Cecilia por debajo de la puerta (ni siquiera *se acordaba* ya de la tarjeta), siguió subiendo. *Quería* llegar arriba, a la **azotea**, donde *estaban* los lavaderos, y **asomarse** a mirar los **tejados** llenos de sol, los árboles verdes, las gentes pequeñitas que *andaban* —<tiqui, tiqui>— **meneando** los brazos, con su sombra colgada por detrás. Se abrió paso entre las **hileras** de sábanas tendidas. Vio a Adolfo que *salía* del portal y *cruzaba* la plaza con la cabeza **agachada** y las botas en la mano. Tan majo, tan simpático. A lo mejor *se iba* triste. Le fue a llamar para decirle adiós. Bien fuerte. Una…, dos… y tres: <¡¡Adolfoooo!!>, pero en este momento *empezaban* a tocar las campanas de la iglesia de enfrente y la voz se le fue **desleída** entre ellas. El chico se metió en su portalillo, como en una **topera**. A lo mejor *iba pensando* en ella. A lo mejor le *reñían* porque había tardado.

(Martín Gaite 1955:122–123).

causalidad

causality

En este trozo, que viene de *El balneario* de Carmen Martín Gaite, los verbos en el pretérito (los subrayados) son los que establecen la secuencia de acciones en la narrativa: se escapó, llegó al segundo, echó la tarjeta, siguió subiendo, se abrió paso, vio a Adolfo, le fue a llamar, la voz se le fue desleída, el chico se metió. Esta secuencia de eventos implica **causalidad.** Es decir, un cambio en la cronología de los eventos resultaría en un cambio en el significado de la narración, inclusive a destruir la coherencia de la historia (Blyth 1997:60). Los eventos que están en el segundo plano llevan el imperfecto. Se debe recordar que una narrativa es la creación de un narrador que decide, de una manera intencionada, a qué eventos prestar más atención: son ésos los eventos que ocupan el primer plano. Sin embargo, el mismo evento puede ser representado de diferentes maneras, según la perspectiva del narrador. Puede que otro narrador se enfoque en diferentes eventos y ofrezca un resultado diferente en cuanto a la selección de los eventos que están en el primer plano vs. el segundo plano.

▶ *Ejercicio 6: La distinción entre el primer plano y el segundo plano en narrativas*

1. Lea la siguiente narrativa en inglés y (1) ponga una flecha (⟶) encima de todos los verbos que avanzan la acción. (2) Luego ponga un círculo encima de los verbos que no avanzan la trama. (3) Finalmente, haga una lista de todos los eventos en el primer plano (es decir, los eventos que recibieron una flecha). (Ejercicio adaptado de Blyth 1997:61)

> *We came to Macún when I was four, to a rectangle of rippled metal sheets on stilts hovering in the middle of a circle of red dirt. Our home was a giant version of the lard cans used to haul water from the public fountain. Its windows and doors were also metal, and, as we stepped in, I touched the wall and burned my fingers.*
>
> *"That'll teach you," Mami scolded. "Never touch a wall on the sunny side."*
>
> *She searched a bundle of clothes and diapers for her jar of Vic's VapoRub to smear on my fingers. They were red the rest of the day, and I couldn't suck my thumb that night. "You're too big for that anyway," she said.*
>
> (Santiago 1993:7)

Si desea saber si su interpretación de los eventos es igual a la de la autora, consiga el libro *Cuando era puertorriqueña* en español y compare su versión con la de Esmeralda Santiago. ¿Puso ella en el pretérito los mismos verbos que Ud. señaló con una flecha? Puesto que una narrativa es la creación de la narradora que decide a qué eventos prestar atención al describir sus experiencias, no se sorprenda si su versión no coincide totalmente con la de ella.

2. Acuérdese de alguna anécdota personal y trate de visualizar lo que pasó como si fuera en una película. Identifique los momentos críticos que aparecen en el primer plano y los eventos secundarios que ocupan un segundo plano. Escriba la narrativa en español. Prepárese para explicar el porqué de su elección aspectual. (Adaptado de Blyth 1997:61)

predicados

predicates; the verb and all words governed by the verb or modifying it

Para distinguir entre el uso del pretérito e imperfecto y para entender cómo se adquieren, no sólo importa el aspecto gramatical, sino también el aspecto léxico. El aspecto léxico se refiere a las propiedades semánticas inherentes en los **predicados.** Existen cuatro clases (Vendler 1967):

Tabla 4.9. El aspecto semántico inherente				
A. Características semánticas[14]				
	Estado	Actividad	Evento télico	Evento puntual
Puntual	−	−	−	+
Télico	−	−	+	+
Dinámico	−	+	+	+
B. Ejemplos				
	Estado	Actividad	Evento télico	Evento puntual
	tener	correr	pintar un cuadro	reconocer (a alguien)
	poseer	caminar	hacer una silla	darse cuenta (de algo)
	desear	nadar	construir una casa	perder (algo)
	querer	empujar	escribir una novela	encontrar (algo)
	gustar	jalar	caminar una milla	ganar la carrera

(adaptado de Andersen y Shirai 1994:134)

evento télico
accomplishment

evento puntual
achievement

flexiones
inflections, i.e., the process of adding affixes to a word

verbos estativos
stative verbs; verbs that indicate states

Estado: describe una situación que puede extenderse en el tiempo indefinidamente (por ejemplo, tener, querer);

Actividad: es durativa pero requiere de cierta energía para tomar lugar y tiene un punto de partida y un punto final, ambos arbitrarios (por ejemplo, correr, pintar);

Evento télico: una actividad que tiene un punto final concreto (por ejemplo, correr una milla, pintar un cuadro);

Evento puntual: tiene un punto final concreto como los eventos télicos pero no tiene duración. Es decir, es momentáneo, puntual (por ejemplo, darse cuenta, encontrar (algo))

Las características del aspecto inherente aparecen resumidas en la Tabla 4.9.

Ciertos estudios han demostrado que los niños en vía de adquisición de la primera lengua (Andersen 1989, Andersen y Shirai 1996) usan las **flexiones** perfectivas solamente con eventos télicos y puntuales; y que no usan el pretérito con estados o actividades. Las flexiones progresivas se limitan a actividades y raras veces se extienden a **verbos estativos.** Las flexiones imperfectivas en el pasado surgen más paulatinamente y cuando aparecen, su uso se restringe a estados y actividades. En etapas tempranas de adquisición, cuando empiezan a aprender el sistema aspectual y las flexiones perfectivas, los niños no usan flexión al describir un estado. En la Tabla 4.10 Andersen y Shirai (1994:136) demuestran la correspondencia entre el uso de ciertas flexiones y ciertos tipos de verbos, según la etapa de adquisición:

---

[14] '−' indica que el estado, la actividad o el evento télico no tiene cierta característica semántica (por ejemplo, no es puntual) mientras que '+' indica que sí lo tiene.

	Tabla 4.10. La distribución de flexiones perfectivas por clase verbal entre estudiantes y hablantes nativos de español y portugués		
	Adquisición		
Clase verbal	*temprana*	*tardía*	*Norma de un adulto nativo-hablante*
Estado	Sin flexión	Imperfectivo	Imperfectivo Perfectivo
Actividad	Progresivo	Progresivo Imperfectivo	Progresivo Imperfectivo Perfectivo
Evento télico/ Evento puntual	Perfectivo	Perfectivo	Perfectivo Imperfectivo Progresivo

ESTUDIOS DE ASL Y ASPECTO

A partir de los estudios pioneros de Andersen (1986, 1991) que analizan la adquisición del español por parte de un joven estadounidense que vivía en Puerto Rico, los estudios sobre la adquisición del español como L2 han aportado evidencia de que hay una correlación entre el uso de la morfología perfectiva (es decir, el pretérito) y los eventos télicos y puntuales. También han revelado una correlación entre las formas imperfectivas (i.e., el imperfecto) y los estados y las actividades. Los estudios de Andersen demuestran que la morfología perfectiva aparece primero, obedeciendo al siguiente orden de aparición: evento puntual → evento télico → actividad → estado. La adquisición del imperfectivo se desarrolla más paulatinamente y sigue el orden contrario: estado → actividad → evento télico → evento puntual. Los estudios de alumnos de español en un salón de clase (Ramsay 1990; Salaberry 1997) han descubierto básicamente la misma secuencia de adquisición que Andersen.

Más recientemente ha habido estudios que analizan la adquisición del aspecto tomando en cuenta el papel del discurso, o sea, la necesidad de distinguir entre los eventos principales que ocupan un primer plano y los que ocupan un segundo plano. Los resultados de varios estudios (véase Bardovi-Harlig 2000) han apoyado la hipótesis que la morfología del pasado surge primero en los verbos que ocupan un primer plano (y que son perfectivos), seguido luego de los verbos que ocupan un segundo plano (y que son imperfectivos).

Sin embargo, Bardovi-Harlig (1998) ha demostrado que el análisis más completo de la adquisición de la morfología de tiempo-aspecto en una L2 toma en cuenta las categorías aspectuales de los verbos (como en la Tabla 4.9) y el contexto de uso, según lo sugiera la estructura narrativa. Bardovi-Harlig ha encontrado, por ejemplo, que los eventos puntuales reciben una flexión de tiempo pasado sin importar el plano que ocupan. Para el estudiante de una L2 el aspecto léxico de dichos eventos es lo que más importa. Sin embargo, los estudiantes parecen tomar en cuenta la estructura narrativa en el caso de las actividades: si las actividades están en el primer plano se flexionan en el pretérito más que las de segundo plano. Parece que el aspecto léxico tiene más importancia en los niveles iniciales de adquisición, mientras que la estructura del discurso—y la distinción entre el primer y segundo plano en una narración—tiene más importancia en etapas más avanzadas de adquisición.

▶ *Ejercicio 7: Los contrastes entre el pretérito y el imperfecto*
Haga una lista de todas las formas del pretérito y del imperfecto que se encuentran en las siguientes narrativas. Luego indique el aspecto gramatical (iniciativo, imperfectivo, terminativo) y el aspecto léxico de cada verbo.

<u>Muestra 1</u> [Una mamá hablando de su hijo que ya es adulto]:

[Cuando tenía unos siete años] recolectaba piedras, porque le... le fascinaba, y tiene una colección de piedras, recolectada de entonces, que es lindísima; luego recolectaba mariposas, después insectos, y todas l... las... a... las colecciones están muy bien presentadas y muy bien hechas, ¿no? Y lo más gracioso de él era —yo lo observaba naturalmente— que cuando llegaban los niños a mi casa, unos... lo hacían simplemente por... complacerlo a él, pero él a todo el mundo le daba... su cazador de mariposas, y lo ponía... ponía a todos los amigos a cazar mariposas; a unos les interesaba, a otros no, pero les parecía divertido; entonces él siempre tuvo, pues, esa inclinación de la investigación. Nunca fue estudiante... brillante, de veinte, ¿no?

(El habla culta de Caracas 1979:212)

<u>Muestra 2</u> [La misma señora describiendo su encuentro con su hijo en París]:

Conseguí a Ch. [una abreviación para el nombre de su hijo] en París, y... fue muy gracioso, porque eh él no me esperaba: yo sabía el lugar dónde él vivía, lo fui a encontrar, fue una gran sorpresa, él... me confesó que él creía que estaba viendo un fantasma; entonces lle... llegamos juntos, lo... lo invité al hotel donde yo estaba, y... pasamos u... una... una semana encantadora en París, porque entonces él me enseñó... el París que yo nunca hubiera conocido con mi esposo, sino... ni como turista, sino... en fin, el París de un muchacho joven de... esa época y de... esa edad. Fue maravilloso, indiscutiblemente, el tiempo que pasamos, y me... y me dijo que sí, que estaba bien, que él ya... había en realidad... hecho algo que él quería hacer, en la vida, antes de pensar, por ejemplo, en casarse, en pensar a... a... en tener responsabilidades que entonces no hubiera podido te... hacerlo, ¿no? Entonces yo me vine, lo dejé... tranquilo...

(El habla culta de Caracas 1979:214)

REPASO

En este capítulo se ha analizado la formación verbal del español, empezando con un análisis de las cuatro partes del verbo: la raíz, la vocal temática, el sufijo de tiempo y aspecto y el sufijo que indica persona-número.

Después, examinamos los principales tiempos verbales del español, empezando con el presente. Repasamos la morfología del presente, incluyendo los verbos irregulares, y pasamos a analizar el uso del presente en el español. Al contrastarlo con el inglés, vimos que el uso del presente en español es mucho más extenso. Esta diferencia de extensión en el uso del presente ocasiona ciertos problemas entre los angloparlantes. Repasamos la morfología y el uso del presente progresivo, el futuro y los tiempos perfectivos compuestos.

En las últimas secciones del capítulo contrastamos la formación del pretérito y el imperfecto. Distinguimos entre el aspecto gramatical, que se enfoca en el aspecto perfectivo o imperfectivo, y el aspecto léxico que es inherente al evento que se describe. Analizamos el orden de adquisición de la morfología del pasado, con lo que pudimos ver la importancia de tomar en cuenta tanto el aspecto léxico de los eventos como la estructura narrativa. Los principiantes suelen concentrarse mayormente en el aspecto léxico mientras que los más avanzados empiezan a tomar en cuenta la distinción entre el primer y el segundo plano en la narración.

Ejercicios finales

1. El aprendizaje del sistema verbal. Teniendo en cuenta los contrastes entre el sistema verbal del inglés y del español, ¿por qué les resulta tan difícil a los anglohablantes aprender el sistema verbal del español?

2. Las terminaciones verbales. ¿Qué conviene más: que los alumnos lleguen a entender que las terminaciones verbales consisten en varios morfemas (vocal temática, marcador de tiempo/aspecto, marcador de persona-número) o que aprendan las terminaciones verbales como una entidad? Explíquese.

3. El primer plano vs. el segundo plano en narrativas. Consiga algún texto en inglés o el segmento de algún video que sirva para enseñar la diferencia entre estar en el primer plano y estar en el segundo plano. Desarrolle una actividad para una clase de español y compártala con la clase.

4. La adquisición del aspecto verbal por alumnos anglohablantes. Analice las siguientes narrativas del estudio de Salaberry (1997) de alumnos que están en diferentes niveles de español, fijándose en los verbos subrayados. El investigador les pidió a los alumnos que vieran un segmento de la película *Modern Times* de Charlie Chaplin y que luego describieran lo que vieron. ¿Diría Ud. que la adquisición del pretérito y el imperfecto sigue las etapas que se han descrito anteriormente? ¿Qué teorías explican mejor estos datos?

Alumno de SPA112 (2° semestre)

NNS1: Ayer *uh uh* en el medio de la día un mujer necesita *uhm* necesita… *uhm* un co-mida… *uhm* así tom-*uhm* así tomá un *uh how do you say bread?*

R: Pan.

NNS1: toma un pan de una…

R: ¿Camión? *Truck?*

NNSI: de un camión que fue *uh uh* que fue está dando… pan a la tienda *uhm uhm*… un otro mujer *uhm uhm* miró *uhm uhm* la mujer y *uhm uhm* apeló a un policía *yeah* un policía *uhm* la la mujer *uhm* co- corré y *uhm*…

R: *Eh* tropezar es el verbo tropezar.

NNS1: y tropezar tropezá en en un… hombre *uhm* ellos… [*gesture*]

R: ¿Caer?

NNS1: Ellos caer caé *uh* y *uhm* la policía *uh uh uhm* la policía *uh* .. [*inaudible*] la policía [*inaudible*] la policía le no la los busquéa *uhm* el hombre el hombre dice a la policía que *uhm uhm* él *uh* to- tomá el pan *uhm uhm* después el otro mujer *uhm* dice la policía no la mujer toma el pan *uhm uhm* la policía *uhm* to- tomá la tomá la tomá y después la… el hombre *uh* va a un va a un restaurante y… y comé comó un una muy grande comida y *uh uhm* no pagó. Así un policía tomá el no tomá en el…

R: Camión.

NNS1: Camión de la policía la mujer y el y el hombre *uhm uhm*… y el hombre ni el de y el hombre se le cada otro cada otro *uh fall out.*

R: Caerse es el verbo.

NNS1: Caer *uhm*… ellos caén ellos caén el vehículo y cuan la policía [*laugh*]… la policía <u>son</u> inconsciente por un poco tiempo y el hombre y uh la mujer <u>corren</u>.

(Salaberry 2000:190)

Alumno de SPA123 (3er semestre)

NNS: <u>Fue</u> una muchacha… <u>robió</u> un autobús de pan. La dueño del autobús de pan… <u>es</u> muy furioso y *uhm* la muchacha *uhm* <u>corrieron</u> a la calle *uhm* y la dueño co- <u>corrió</u> después de ella y *uhm* el Chaplin oh! cuando el dueño encuen- encuentre <u>encontró</u> la muchacha *uhm* Chaplin <u>dije</u> que él *uhm*… *uhm* <u>dije</u> que el robió el autobús de pan y él él <u>dije</u> la muchacha no <u>robió</u> el pan y *uhm*… *then* la policía <u>venía</u> y *uhm*… aaaah <u>tenía</u> y… ahm lle- lle- *I'm trying to?? the past tense* <u>llevaba</u> Chaplin a la carcel para <u>creía</u> que Chaplin <u>robió</u> el pan. *Uhm*, la muchacha *uhm* <u>caminaba</u> por la calle en el otro direcc- de la policía y… *uhm*… an— después de una muchacha otro de la muchacha de <u>robió</u> el pan <u>veí</u> *uhm*… la muchacha <u>veí</u> la policía <u>tomaba</u> Chaplin a la carcel y <u>dije</u> que no <u>es</u> Chaplin <u>es</u> la muchacha ¿si? *uhm uhm* sí pues la policía <u>corrieron</u> a la muchacha por la calle y… *I can't remember what happened* […] y *oh but* pero no: *uhm* no no to- <u>tomaba</u> a la carcel la muchacha y Chaplin *uhm* cuando: *uhm* cuando él con la policía <u>robió</u> la tienda otra y: <u>tomaba</u> *uhm how do you say cigarettes?*

R: Cigarros.

NNS: Cigarros y *uhm*… y después *what's (???) again?*

R: El almacén.

NNS: Y postales y *so* y <u>robió</u> la tienda otro

y la policía *uhm* <u>tiene</u> *uhm*… *uhm* <u>tiene</u> tomar a la carcel pero… *uhm* [*laugh*]… porque Chaplin quiero <u>querío</u> ir a la carcel para *uhm* ver la muchacha y *uhm*… *so then* en el automo- autobús que: <u>ir</u> a la carcel con los criminales en el autobús y *uhm* Chaplin <u>veía</u> la muchacha y la muchacha <u>se encanta</u> con Chaplin porque *uhm* él <u>dije</u> que ella no <u>es</u> la criminal *uhm* después lo dos los dos *uhm*… <u>corrieran</u> a la autobús de criminales y *uhm* cae caien *fall* <u>caien</u> en la calle y de- <u>decidieron</u> *uhm* <u>correran</u> *uhm* de la policía.

(Salaberry 2000:190–191)

Alumno de SPA203 (3er semestre avanzado)

NNS: Ayer *uhm* <u>había</u> una mujer pobre que <u>quería</u> el pan y ella <u>robó</u> el pan de una un una camión en la calle y una otra mujer *uh* la la <u>vió</u> y ella le <u>dijo</u> a la policia. Ch. la <u>vió</u> también y Ch. dijo le dijo le <u>dijo</u> al a la policía que *uhm*… él <u>robó</u> el pan pero la mujer le <u>dijo</u> al policia que <u>fue</u> la mujer y entonces la policía <u>tomó</u> la la mujer en *uh* su… coche para ir a la estación y… entonces fui <u>fue</u> a un restaurante y <u>comió</u> mucho pero no <u>pagó</u> la cuenta y <u>dijo</u> le <u>dijo</u> a un policía que no <u>podía</u> pagar la cuenta y la policía *uhm*… lo <u>tomó</u> *uh* y… Ch. *uhm* <u>entró</u> al coche también y entonces Ch. y la mujer <u>se encontraron</u> y… *uh* <u>estaban</u> contentos <u>había</u> un una confrontación entre las personas en el coche y Ch. y la policía y la mujer <u>se cayeron</u> y no… en la calle y *uh* la policía no… la policeia <u>se sentía</u> mal no… estaba <u>estaba</u> durmiendo y Ch. y la mujer <u>se fueron</u> y… *uh* es todo.

(Salaberry 2000:191)

Términos importantes

el aspecto gramatical	flexional	el infinitivo
el aspecto imperfectivo	las formas infinitas	el morfema de persona-número
el aspecto iniciativo	el futuro	el participio
el aspecto léxico	el futuro perfecto	el pluscuamperfecto
el aspecto perfectivo	el gerundio	el presente
el aspecto terminativo	el imperfecto	el presente progresivo

el pretérito	el segundo plano	la vocal átona
el pretérito perfecto	el tiempo	la vocal temática
el primer plano	tiempo durativo	la vocal tónica

Obras consultadas

ANDERSEN, ROGER W. 1986. "El desarrollo de la morfología verbal en el español como segundo idioma." In Jürgen M. Meisel (ed.), *Adquisición del lenguaje/ Adquisção da linguagem*. 115–138. Frankfurt: Vervuert.

ANDERSEN, ROGER W. 1989. "La adquisición de la morfología verbal." *Lingüística* 1:90–112.

ANDERSEN, ROGER W. 1991. "Developmental sequences: The emergence of aspect marking in second language acquisition." In Thomas Huebner and Charles A. Ferguson (eds.), *Crosscurrents in Second Language Acquisition and Linguistic Theories*. 305–324. Amsterdam: John Benjamins.

ANDERSEN, ROGER W., AND YASUHIRO SHIRAI. 1994. "Discourse motivations for some cognitive acquisition principles." *Studies in Second Language Acquisition* 16:133–156.

ANDERSEN, ROGER W., AND YASUHIRO SHIRAI. 1996. "The primacy of aspect in first and second language acquisition: The pidgin-creole connection." In William C. Ritchie and Tej K. Bhatia (eds.), *Handbook of Second Language Acquisition*. 527–30. San Diego, CA: Academic Press.

BARDOVI-HARLIG, KATHLEEN. 1994. "Anecdote or evidence? Evaluating support for hypotheses concerning the development of tense and aspect." In Elaine E. Tarone, Susan M. Gass, and Andrew D. Cohen (eds.), *Research Methodology in Second-language Acquisition*. 41–60. Hillsdale, NJ: Lawrence Erlbaum.

BARDOVI-HARLIG, KATHLEEN. 1998. "Narrative structure and lexical aspect: Conspiring factors in second language acquisition of tense-aspect morphology." *Studies in Second Language Acquisition* 20:471–508.

BARDOVI-HARLIG, KATHLEEN. 2000. *Tense and Aspect in Second Language Acquisition: Form, Meaning, and Use*. Oxford: Blackwell Publishers.

BLYTH, CARL. 1997. "A constructivist approach to grammar: Teaching teachers to teach aspect." *Modern Language Journal* 81:50–66.

BULL, WILLIAM E. 1965. *Spanish for Teachers: Applied Linguistics*. NY: Ronald Press.

BUTT, JOHN, AND CARMEN BENJAMIN. 1988. *A New Reference Grammar of Modern Spanish*. London: Edward Arnold.

El habla culta de Caracas: Materiales para su estudio. 1979. Caracas: Universidad Central de Venezuela.

El habla culta de la ciudad de Buenos Aires: Materiales para su estudio. 1987. Buenos Aires: Universidad Nacional de Buenos Aires.

LAFFORD, BARBARA. 1996. "The development of tense/aspect relations in L2 Spanish narratives: Evidence to test competing theories." Paper read at SLRF '96 in Tucson, AZ.

LISKIN-GASPARRO, JUDITH. 1993. Talking about the Past: An Analysis of the Discourse of Intermediate High and Advanced Level Speakers of Spanish. Ph.D. dissertation, University of Texas at Austin.

LISKIN-GASPARRO, JUDITH. 2000. "The use of tense-aspect morphology in Spanish oral narratives: Exploring the perceptions of advanced learners." *Hispania* 83:830–844.

LUNN, PATRICIA V. 1985. "The aspectual lens." *Hispanic Linguistics* 2:49–61.

MARTÍN GAITE, CARMEN. 1955. *El balneario*. Barcelona: Ediciones Destino.

MIGUEL, ELENA DE. 1999. "El aspecto léxico." In Ignacio Bosque and Violeta Demonte (eds.), *Gramática descriptiva de la lengua española*. 2978–3060. Madrid: Espasa Calpe.

OZETE, OSCAR. 1988. "Focusing on the preterite and the imperfect." *Hispania* 71:687–691.

RAMSAY, VIOLETA. 1990. Developmental Stages in the Acquisition of the Perfective and the

Imperfective Aspects by Classroom L2 Learners of Spanish. Unpublished doctoral dissertation, University of Oregon, Eugene.

Ramsey, Marathon Montrose. 1956 [1894]. *A Textbook of Modern Spanish*. NY: Holt, Rinehart and Winston.

Salaberry, M. Rafael. 1997. The Development of Spanish Past Tense Aspect among Classroom Learners. Unpublished doctoral dissertation, Cornell University.

Salaberry, M. Rafael. 1999. "The development of past tense verbal morphology in classroom L2 Spanish." *Applied Linguistics* 20:151–178.

Salaberry, M. Rafael. 2000. *The Development of Past Tense Morphology in L2 Spanish*. Amsterdam: John Benjamins.

Santiago, Esmeralda. 1993. *When I Was Puerto Rican*. NY: Vintage Books.

Shirai, Yasuhiro, and Roger W. Andersen. 1995. "The acquisition of tense-aspect morphology." *Language* 71:743–762.

Silva-Corvalán, Carmen. 1983. "Tense and aspect in oral Spanish narrative: Context and meaning." *Language* 59:760–779.

Solé, Yolanda A., and Carlos A. Solé, 1977. *Modern Spanish Syntax*. Lexington, MA: D.C. Heath and Company.

Terrell, Tracy D., and Maruxa Salgués de Cargill. 1979. *Lingüística aplicada*. NY: John Wiley & Sons.

Vendler, Zeno. 1967. "Verbs and time." In Zeno Vendler (ed.), *Linguistics and Philosophy*. 97–121. Ithaca, NY: Cornell University Press.

Whitley, M. Stanley. 1986. *Spanish/English Contrasts*. Washington, D.C.: Georgetown University Press.

Capítulo 5

Los modos y las oraciones complejas

INTRODUCCIÓN: LOS MODOS Y LAS ORACIONES COMPLEJAS

Hay cuatro modos en español: el <u>indicativo</u>, el <u>condicional</u>, el <u>imperativo</u> y el <u>subjuntivo</u>. Los modos expresan las maneras en que se percibe la realidad y se viven las experiencias, o bien la manera en la que el hablante quiere que el oyente perciba la realidad y las experiencias. La realidad se basa en las experiencias que tenemos. Aquello que no se experimenta no forma parte de la realidad. Existen los mismos modos en inglés, pero no siempre se marcan de la misma manera. La Tabla 5.1 ofrece ejemplos de los cuatro modos con algunos ejemplos.

Tabla 5.1. Los modos en español	
Modo	*Ejemplo*
El indicativo	María <u>estudia</u> aquí.
El condicional	Dijo que <u>estudiaría</u> a las dos.
El imperativo	<u>Estudie</u> aquí. No estudie en casa.
El subjuntivo	Pido que <u>estudie</u> el libro.

El indicativo

El indicativo es el modo más común. Se usa generalmente para declarar o dar cuenta de la realidad (los hechos que uno conoce o en los que uno cree). El indicativo incluye formas verbales que indican el tiempo presente pasado y futuro.

    (1) <u>hablar</u>:   <u>Hablo</u> español.

        <u>comer</u>:   Ayer <u>comimos</u> a las dos.

        <u>vivir</u>:   <u>Vivirán</u> en California.

Los estudiantes suelen cometer errores al usar el indicativo debido a las varias desinencias para marcar el tiempo (presente, pasado y futuro), y los cambios del **radical** (por ejemplo, yo p<u>i</u>do, nosotros p<u>e</u>dimos; se s<u>ie</u>nta, se s<u>e</u>ntó).

radical

stem, root

El condicional

El modo condicional expresa una situación o acción no realizada y que tal vez nunca se realice. Puede expresar un evento hipotético:

    (2) Yo <u>iría</u> si tuviera dinero, pero no lo tengo.

Se puede usar el condicional también para expresar un evento que se proyecta desde un momento en el pasado:

    (3) Dijo que   me <u>llamaría</u> a las seis.[1]

        punto de   evento proyectado

        referencia

o para ser cortés (con algunos verbos auxiliares):

    (4) ¿Podría Ud. darme una libreta?

Los estudiantes suelen cometer errores morfológicos al unir el morfema del condicional (-<u>ía</u>) con la forma apropiada del radical, que es el infinitivo:

    (5) <u>hablar</u> + ía → hablaría

        <u>comer</u> + ía → comería

        <u>vivir</u> + ía   → viviría

---

[1] El condicional y el imperfecto (por ejemplo, <u>Dijo que me llamaba a las seis.</u>), pueden también describir un evento proyectado después del tiempo que caracteriza el verbo principal. En algunos lugares, como en Argentina, es más común usar el imperfecto que el condicional. Pero en otros, como en España, el condicional se usa para expresar más incertidumbre que el imperfecto.

Hay que mencionar las formas del condicional con las que cambia el radical. En estos casos el radical cambia del infinitivo a una forma nueva. Hay tres casos:

(a) o que exigen la omisión de la vocal temática que indica la clase de verbo (podría, querría);

(b) o que exigen la omisión de la vocal temática y además la adición de una -d- (saldría, vendría);

(c) o que exigen la omisión de una parte del radical (haría, diría).

A veces los estudiantes usan equivocadamente el condicional en lugar del imperfecto del indicativo para expresar una acción habitual (aspecto iterativo) en el pasado:

(6) Todos los domingos *iría/iba a la iglesia cuando era niño. *Every Sunday when he was a boy he would go to church.*

▶ Ejercicio 1: El condicional

Escriba un párrafo que describa lo que Ud. haría y diría si viera que un estudiante en su clase se estuviera copiando de otro estudiante durante un examen final. Enséñele el párrafo a su pareja para que corrija la gramática, sobre todo las formas verbales. Luego, compare el contenido con el suyo.

El imperativo

El imperativo es el modo que expresa mandatos directos.

(7) hablar: Hable Ud. español./No hable Ud. español.

comer: Coma Ud. más./No coma Ud. más.

vivir: Vivan Uds. aquí./No vivan Uds. aquí.

Los estudiantes cometen errores con los cambios del radical (por ejemplo, Venga acá.; Siéntese allí.). Hay que recordarles que el radical del imperativo se deriva de la primera persona (yo) del indicativo:

(8) venir: vengo → venga/vengan

sentar: siento → siéntese/siéntense

pedir: pido → pídaselo/pídanselo

La desinencia que marca el modo imperativo varía según la clase del verbo. Si se trata de un verbo en la primera conjugación -ar (por ejemplo, hablar), se usa una -e para marcar el modo imperativo. Si se trata de un verbo en la segunda o tercera conjugación -er o -ir (por ejemplo, comer y vivir), se marca con una -a.

(9) hablar: hablo → hable Ud.

comer: como → coma Ud.

vivir: vivo → viva Ud.

También es fácil confundir las formas de Ud. y tú:

(10)	Ud.	tú
	Vuelva Ud. siempre.	Vuelve siempre.
	No vuelva Ud. jamás.	No vuelvas.

La forma afirmativa de <u>tú</u> se deriva de la tercera persona singular del indicativo (<u>habla</u>, <u>come</u>, <u>vive</u>). La forma negativa se deriva de la segunda persona (<u>tú</u>) del modo subjuntivo, del cual hablamos más adelante.

Otro aspecto de las formas imperativas de <u>tú</u> son las formas simples afirmativas de ciertos verbos, las cuales son muy comunes (por ejemplo, <u>venir</u>, <u>poner</u>, <u>salir</u>, <u>tener</u>, <u>ir</u>, <u>decir</u>). Las formas imperativas de dichos verbos son muy cortas. Las formas negativas de dichos verbos siguen la regla de formación en base a las formas del subjuntivo:

(11) <u>venir</u>: Ven aquí.   (No vengas.)

 <u>poner</u>: Pon la pluma allí.   (No la pongas allí.)

 <u>salir</u>:   Sal ahora.   (No salgas.)

 <u>tener</u>: Ten el papel así.   (No lo tengas así.)

 <u>decir</u>: Di(me) el secreto.   (No me lo digas.)

Las formas del imperativo de primera persona plural (<u>nosotros/as</u>), se forman también en base al presente del subjuntivo. Puesto que el hablante que usa esta forma se incluye a sí mismo, la fuerza del mandato ocurre de forma <u>suavizada</u>:

(12) <u>Limpiemos</u> el salón.

▶ Ejercicio 2: El imperativo—Ud.

Escriba unas instrucciones elaboradas para realizar algo (por ejemplo, preparar un plato favorito suyo, navegar en barco de vela, conducir un carro). Haga uso de mandatos y trate al oyente de <u>Ud</u>. Incluya lo que se debe y no se debe hacer, haciendo lo posible por emplear muchos verbos diferentes.

▶ Ejercicio 3: El imperativo—tú

Ud. se va de viaje por un mes. Uno/a de sus amigos se ha brindado a mudarse a su casa o departamento durante su ausencia. Escríbale una lista de instrucciones, tratándolo/la de <u>tú</u>.

▶ Ejercicio 4: Búsqueda de los modos

Visite estas direcciones electrónicas y ubique tres frases que sirvan de ejemplo de usos interesantes de los modos indicativo, condicional e imperativo en español. Haga lo posible por encontrar usos diferentes.

<u>http://ciudadfutura.com/</u>
<u>http://www.mundolatino.com/</u>
<u>http://lanic.utexas.edu/</u>

▶ Ejercicio 5: Identificación de los modos

Lea la siguiente entrevista, subraye cada verbo e identifique el modo que representa: indicativo(I), condicional (C) e imperativo (IM) (de *El habla de la ciudad de Bogotá: Materiales para su estudio*, p. 193).

[La entrevistadora (E) le pregunta a la informante (X) en una entrevista de qué pueden conversar, y X le responde que quiere hablar de las relaciones de confianza que tienen en casa.]

E: Muy interesante todo, todo esto, los viajes dan mucha cultura y también ayudan muchísimo. ¿Sobre qué otro tópico le parece, doña X., que podríamos conversar o...sí, pues, avanzar un poco en esta...en esta relación tan interesante que me está haciendo de sus experiencias?

X: Bueno, E., a mí me gustaría también entrar en el tópico del hogar. Me parece muy interesante por esto: tú has notado desde que entraste aquí un ambiente de cordialidad.

E: Muchísimo.

X: ...un ambiente de confianza, de...nadie discrimina a nadie, a mí me tratan realmente como una hermana. Muchas veces te cuento que me confundo yo misma y les digo a las niñas: caminen, vamos donde su mamá, y resulta que es mi a...es mi mamá [risas].

E: A las propias hijas.

X: Sí, caminen niñas vamos donde su mamá, y su mamá es la mi...es la abuelita.

EL SUBJUNTIVO

El subjuntivo que expresa el modo en que el hablante percibe una acción o un evento no pertenece a la realidad o a su propia experiencia. Por ejemplo, el hablante usa el subjuntivo si desea imponerle sus deseos a otra persona, obligarlo a hacer algo en el futuro o si duda en la veracidad de algo. En inglés ya no se marca tanto esta actitud, así y todo no ha dejado de existir:

(13) *If I was/were rich...*

Las formas *was/were* en (13) son del subjuntivo, pero para mucha gente, las dos son igual de aceptable.

La morfología del subjuntivo

El subjuntivo en el tiempo presente se forma de la misma manera que se expresa el modo imperativo en la forma afirmativa para Ud. y Uds. Es decir, se usa la primera persona singular del indicativo, y se le cambia la vocal temática:

(14) caminar: camino $\rightarrow$ camine

beber: bebo $\rightarrow$ beba

venir vengo $\rightarrow$ venga

A partir de esta forma, se puede elaborar un paradigma de las desinencias de los otros pronombres personales:

(15) venir:

yo venga	nosotros/as vengamos
tú vengas	(vosotros/as vengáis)
Ud./él/ella venga	Uds./ellos/ellas vengan

Los estudiantes a veces cometen errores con los cambios del radical, sobre todo con los verbos de la tercera clase -ir:

(16) <u>sentir</u>

yo sienta	nosotros/as sintamos
tú sientas	(vosotros/as sintáis)
Ud./él/ella sienta	Uds./ellos/ellas sientan

(17) <u>dormir</u>

yo duerma	nosotros/as durmamos
tú duermas	(vosotros/as durmáis)
Ud./él/ella duerma	Uds./ellos/ellas duerman

u otros cambios ortográficos, especialmente con los verbos que terminan en -<u>gar</u>, -<u>car</u> y -<u>zar</u>:

(18) yo llegue

tú critiques

él minimice

El imperfecto del subjuntivo se forma partiendo de la tercera persona plural del pretérito del indicativo:

(19) <u>hablar</u>: hablaron → hablara

<u>comer</u>: comieron → comiera

<u>vivir</u>: vivieron → viviera

Los cambios del radical que ocurren en la tercera persona plural del pretérito del indicativo también se trasladan al imperfecto del subjuntivo:

(20) <u>sentir</u>: sintieron → sintiera

<u>pedir</u>: pidieron → pidiera

<u>dormir</u>: durmieron → durmiera

En (21) se ve el paradigma entero del imperfecto del subjuntivo:

(21) yo hablara   nosotros/as habláramos

tú hablaras   (vosotros/as hablárais)

Ud./él/ella hablara   Uds./ellos/ellas/hablaran

En ciertos dialectos, se usa la desinencia -<u>se</u> en vez de -<u>ra</u> para formar el imperfecto del subjuntivo:

(22) yo hablase

tú comieses

Ud. viviese

▶ *Ejercicio 6: La morfología del subjuntivo*

1. En pareja escriba un párrafo que describa lo que Uds. quisieran que haga otro par de estudiantes que se encuentran sentados al lado de Uds. en clase. Incluya por lo menos ocho verbos. Compare su propio párrafo con el de la persona que se sienta al lado de Ud. para ver cuántas semejantes ideas hay. Fíjese también en los usos del subjuntivo.

2. Escriban otro párrafo que describa lo que Uds. querían que sus padres hicieran cuando Uds. estaban en la escuela secundaria. Otra vez, incluyan por lo menos ocho verbos. Esta vez, comparen Ud. y su pareja los párrafos suyos con los de la otra pareja, para ver cuántas ideas semejantes hay. Corrijan los usos del subjuntivo, si hay errores.

EL USO DEL SUBJUNTIVO

La oración compleja

Antes de estudiar los usos del subjuntivo, es necesario examinar el contexto de la oración compleja en el cual casi todos los usos del subjuntivo aparecen. Una oración simple es aquélla que contiene sólo un verbo.

(23) María estudia poco.

Una oración compleja contiene más de un verbo; y una de las oraciones complementa o se subordina a la otra oración. Las oraciones en una oración compleja van unidas por medio de la coordinación (por ejemplo, con la conjunción coordinante <u>pero</u> o <u>y</u>) o la subordinación (por ejemplo, con la conjunción subordinante <u>que</u> o <u>aunque</u>).

(24) <u>Carolina estudia poco</u>   <u>y</u>   <u>Luis estudia mucho.</u>   COORDINACIÓN
          oración   coord.   oración

(25) <u>Carolina no quiere</u>   <u>que</u>   <u>Luis estudie mucho.</u>   SUBORDINACIÓN
          oración   subord.   oración

La diferencia entre la coordinación y la subordinación es que, con la coordinación, las dos oraciones son independientes aunque unidas por una conjunción coordinante (por ejemplo, <u>y</u>). En el caso de la subordinación, la segunda oración depende de la primera y tiene su propia función gramatical dentro de ella.

▶ *Ejercicio 7: La coordinación vs. la subordinación*
Para cada frase, indique si se trata de la coordinación o subordinación. También subraye cada conjunción que aparece.

> A veces estoy triste; otras, estoy contenta. Hoy, por ejemplo, perdí el libro que Juan me dejó. No dijo nada pero hubiera querido que me insultara. Todos los días tengo que recordar que Juan es la persona más simpática y feliz del mundo. Nunca le levanta la voz a nadie, por lo cual me pone más triste porque, aunque lo quiera, nunca podré ser como él. Sin embargo, me alegra que sea mi mejor amigo.

Presentamos el concepto de la oración compleja porque el uso del subjuntivo, con raras excepciones, está vinculado a la oración compleja.[2] Hasta la

---

[2] El subjuntivo se usa también en oraciones precedidas por adverbiales como <u>tal vez</u>, <u>acaso</u>, <u>ojalá</u> y <u>quizá(s)</u>. En estos casos, la oración no es compleja sino sencilla. También se ve el subjuntivo en oraciones con <u>el/la/los/las que</u> y <u>quien</u>, como: <u>Los (chicos) que cupieran en el coche, se iban.</u> *All those (kids) who would be able to fit in the car went along.* Aquí el hablante indica que no eran siempre los mismos chicos que se iban sino tal vez un número diferente cada vez. Se podría haber usado el modo indicativo, para indicar que eran los mismos chicos, como por ejemplo: <u>Los (chicos) que cabían en el coche, se iban.</u> El uso del modo subjuntivo expresa que la entidad a que se refiere es desconocida, no especificada o que tal vez no exista: <u>Quien quiere/quiera un postre, que pase por este lado.</u>

misma palabra 'subjuntivo' denota que normalmente hay una oración subordinada y unida a otra oración. En toda la oración compleja con subordinación, la primera oración se llama la matriz y a la segunda, la oración subordinada a la matriz:

(26) Daniel pide   que   su hermano lo visite.
     matriz   conjunción   oración subordinada

▶ *Ejercicio 8: La matriz y la oración subordinada*
Divida las oraciones siguientes según la matriz y la oración subordinada en
caso de que se trate de una oración compleja.
Modelo: Daniela pidió / que / su hermano la visitara.
        matriz   conj.   oración subordinada

1. Nos molesta que Uds. hagan tanto ruido.
2. Nos cayó encima una piedra del techo.
3. Tengo que decirte que tienes toda la razón.
4. Nos hace falta que Uds. llenen los formularios.
5. Tenía una casa que era pequeña pero muy linda.
6. Cuando se llenó el estadio, empezó el partido.
7. Si me haces el favor, te lo pago después.
8. Busco un ayudante que sepa tocar el piano.

Hay diferentes tipos de oraciones subordinadas, según su función en el enunciado. A continuación discutimos tres tipos de oraciones subordinadas que se
relacionan con el uso del subjuntivo: la nominal, la adjetiva y la adverbial.[3]

La oración subordinada nominal

Se puede reemplazar toda la oración subordinada con un sustantivo (por
ejemplo el gato o el pronombre esto) sin que la oración deje de tener sentido:

(27) Veo que hay un gato allí. → Veo el gato.
     Creo que hay muchos.   → Creo esto.

En cambio, las oraciones subordinadas en (28) no son nominales:

(28) Tengo un gato que tiene tres patas. → *Tengo un gato el gato.
     Compré el libro que era muy grande. → *Compré el libro esto.

En las oraciones nominales que requieren el uso del subjuntivo, el verbo de la
matriz tiene que implicar uno de tres significados: (a) imposición sobre otra
persona, animal o cosa; (b) duda o negación de una creencia;[4] o (c) expresión

---

[3] Fíjese que la palabra nominal se parece mucho a la palabra en inglés *noun*.
[4] Hay diferencias entre estas reglas según la intención del hablante. Por ejemplo, el uso del subjuntivo
con el verbo no creer depende del significado que el hablante quiera decir. Según De Mello (1990), si
quiere indicar el significado de dudar o negar un concepto, el hablante usa el subjuntivo después de
no creer: No creo que Carmen esté en casa. Pero si el hablante quiere expresar una creencia que tiene
otro, usa el indicativo: No creo que Fulano es un dios.

de reacción la veces emotiva. Los primeros dos significados expresan que lo que sigue no es parte de la realidad:

(29) Quiero que me <u>hagas</u> un favor. (imposición)

(30) Dudo que <u>llegue</u> mañana.   (duda)

(31) Me alegro que <u>puedas</u> venir.   (emoción)

El tercero puede denotar algo que es o no es parte de la realidad del hablante o del oyente. Es una categoría especial, en la que se da mucha variación entre el uso del subjuntivo o del indicativo:

(32) Me alegro que <u>hayas/has venido</u>.

Si el verbo de la matriz se refiere al pasado, el verbo de la oración subordinada debe concordar:

(33) No deseaban que los invitados <u>entraran</u> por esa puerta.

▶ *Ejercicio 9: La formación de una oración subordinada nominal*
En los siguientes ejemplos, una las oraciones simples para formar una oración compleja, de subordinación nominal. Se permite usar la conjunción subordinante que. Haga cualquier cambio a las dos oraciones que sea necesario.

Modelo: Yo quiero esto. Uds. tienen que venir ahora. → Yo quiero que Uds. vengan ahora.

1. Estoy triste. Se acaba el semestre.

2. Ya veo. María es la madre de Juana.

3. No lo creen. Paco saca notas más altas que Ramiro.

4. Siempre lo exigimos. Los socios del club tienen que llevar traje y corbata.

5. Me gustaba. Eras una persona muy graciosa.

6. Era imposible. Juan [no] podía llegar tan temprano.

7. ¡Qué alegría! Mis hijos vienen a visitarme en tres meses.

8. No puede ser. Se cae el techo de la casa de Ramón.

El ejemplo (29) muestra que el empleo del subjuntivo en lugar del imperativo da el efecto de suavizar un mandato, como se ve en el siguiente contraste:

(34) Tráigamelo ahora mismo.

(35) Le pido que me lo traiga ahora mismo.

Es importante señalarles a los estudiantes que se usan los mandatos en la forma imperativa sólo en ciertas condiciones de poder y que conviene más usar las formas más suavizadas del subjuntivo. El imperfecto del subjuntivo ofrece una forma todavía más formal y suavizada:

(36) Le agradecería que me lo trajera ahora mismo.

Las <u>expresiones impersonales</u> que también comunican una imposición, una emoción o bien la falta de realidad, igualmente exigen el uso del modo subjuntivo:

(37) Es necesario que me escribas ahora mismo.

(38) No es cierto que Juan juegue demasiado al fútbol.

(39) Fue una lástima que Alba se mudara de esta ciudad.

También debemos señalar el uso del subjuntivo después de <u>verbos de comunicación</u> (por ejemplo, <u>decir</u>, <u>contar</u>). Si el hablante está comunicando que alguien ha dado un mandato, debe usar el subjuntivo. Pero si está informando sobre un hecho, debe usar el indicativo:

(40) Dice que vengas a las dos. *He says you should come at two.*

(41) Dice que vienes a las dos. *He says you are coming at two.*[5]

La oración subordinada adjetiva

La oración adjetiva actúa como un adjetivo; es decir, describe una entidad. Por eso siempre está ligado a un sustantivo:[6]

(42) Es una persona <u>bonita</u>.

                    adjetivo

(43) Es una persona <u>que siempre está vestida muy elegantemente</u>.

                    oración subordinada adjetiva

Se usa el subjuntivo cuando la oración matriz expresa incertidumbre sobre la existencia de cierta entidad, o desconocimiento de la misma. Ocurre cuando la entidad no es parte de la realidad del hablante ni del oyente:

(44) Buscaba a un ayudante <u>que fuera inteligente y con facilidad de expresión</u>.

(45) Quisiera un coche antiguo <u>que tenga un motor nuevo</u>.

Pero en (46), el hablante sabe que el coche existe; por lo tanto, usa el indicativo:

(46) Tengo un coche antiguo que <u>tiene</u> un motor nuevo.

▶ *Ejercicio 10: La formación de una oración compleja con la subordinación adjetiva*

En los siguientes ejemplos, una las oraciones simples para formar una oración compleja de la subordinación adjetiva. Haga cualquier cambio a la oración que sea necesario asegurándose de incluir una oración subordinada.

Modelo: Busco un ayudante. El ayudante tiene que ser inteligente. → Busco un ayudante que sea inteligente. (Evite: Busco un ayudante inteligente.)

1. Quiero un bolígrafo. El bolígrafo debe tener tinta roja.

2. Me hacía falta una casa. La casa tenía que estar en el campo.

3. Creo que tiene una hermana. La hermana es muy guapa.

---

[5] De manera semejante, el uso del subjuntivo después de algunos verbos con dos sentidos o más (por ejemplo, <u>sentir</u> *to be sorry; to perceive*) puede aclarar el significado en particular (Bull 1965):

    (a) <u>Siente que te vayas.</u> *He is sorry you are going.*

    (b) <u>Siente que te vas.</u> *He perceives that you are going.*

[6] Cuando hablamos de oraciones subordinadas adjetivas con relación al modo subjuntivo, no nos referimos a las oraciones subordinadas adjetivas en función explicativa. Éstas son las que están separadas de su referente por medio de pausas o comas; por ejemplo, <u>Esa chica, la que está vestida de roja, es mi amiga</u>. La información que añade esa oración subordinada se considera adicional. Se trata de oraciones subordinadas adjetivas 'especificativas,' y se caracterizan por delimitar o restringir el sustantivo en cuestión; por ejemplo, <u>Esa chica que está vestida de roja es mi amiga</u>.

4. Es necesario que encuentres un carro. El carro tiene que ser muy rápido.

5. Mi hermano buscaba un maestro. Dijo que el maestro tenía que ayudarlo.

6. Vendí un paquete de galletas. Las galletas eran muy sabrosas.

7. Quiere comprar unos zapatos. Los zapatos tienen que tener tacones altos.

8. Su hermana buscaba un novio. Dicho hombre tenía que poseer un coche.

La oración subordinada adverbial

La oración subordinada adverbial actúa como un adverbial simple, en cuanto que describe las condiciones bajo las cuales se hace la acción del verbo (por ejemplo, <u>cuando</u>, <u>donde</u>, <u>como</u>).

(47) Salgo	<u>mañana</u>.	
	adverbial	
(48) Voy a salir	después que	<u>llegue Mariana</u>.
	conjunción adverbial	oración subordinada adverbial

Es preciso ver el subjuntivo siempre que el verbo de la matriz indique que la acción no se ha realizado todavía, como en (48). En este caso, el verbo de la matriz está marcado para el tiempo futuro, como en (47) y (48). Pero si la acción ya se ha realizado, o se trata de una acción habitual, no es necesario el modo subjuntivo:

(49) Todos los días salgo después que <u>llega</u> Mariana.

(50) Salí después que <u>llegó</u>.

Ciertos adverbiales, tales como <u>antes que</u>, <u>para que</u>, <u>sin que</u>, <u>a menos que/a no ser que</u>, <u>con tal que</u>, siempre requieren el subjuntivo porque denotan una acción no realizada con respecto al punto de referencia.

(51) Voy a hablar en voz muy alta para que Uds. me <u>oigan</u>.

(52) Lo escribí sin que se <u>diera cuenta</u>.

► *Ejercicio 11: La formación de oraciones complejas con subordinación adverbial*

En los siguientes ejemplos, una las oraciones simples para formar una oración compleja de subordinación adverbial. Haga cualquier cambio a la oración que sea necesario, asegurándose de incluir una oración subordinada. Utilice cualquiera de las siguientes conjunciones adverbiales: <u>antes que, sin que, para que, con tal que, a menos que/a no ser que, hasta que, cuando, donde, como, después que</u>. Se admite más de una respuesta.

Modelo: María va a esperar. Cuando llegue el cartero, ya no va a esperar.
→ María va a esperar hasta que llegue el cartero.

1. No voy a ir. Si Ramón va, yo iré.

2. Quieres acompañarlo. Él va a cualquier sitio.

3. Gritaba mucho. Si gritara mucho, los vecinos lo escucharían.

4. Primero va a venir Luci. Después, voy a limpiar la casa.

5. No quiero empezar la tarea. Voy a esperar porque los niños van a salir pronto.

6. Mis padres siempre viajaban al extranjero. Yo viajaba con ellos.

► *Ejercicio 12: Las oraciones subordinadas adverbiales:*
¿subjuntivo o indicativo?

Primero, escriba algunas frases empleando cualquiera de estas conjunciones adverbiales: en cuanto, después que, hasta que, para que, antes de que, cuando, donde. Luego, si hay una oración subordinada, subraye el verbo de la misma e identifique si el modo es subjuntivo o indicativo. Finalmente, explique la razón por la cual se usa el indicativo o el subjuntivo.

Otras perspectivas sobre el subjuntivo

Conviene mencionarles a los estudiantes que existen usos del subjuntivo que no caben dentro del esquema que acabamos de describir.[7] Por ejemplo, Guitart (1991) demuestra que el subjuntivo puede indicar información ya conocida por el oyente, por ejemplo:

(53) No me di cuenta que el bar estuviera cerrado definitivamente; es más, creo que está abierto.

El modo subjuntivo en (53) indica que otra persona tiene que haber mencionado o dado a entender que el bar se cerró. Para más información sobre estos usos del subjuntivo, véase Mejías-Bikandi (1994).

Se debe mencionar también que en algunas regiones, parece estar ocurriendo un cambio en el uso del subjuntivo. Por ejemplo, Blake (1983, 1985) observó que el uso del subjuntivo alternaba con el indicativo después de expresiones emotivas (Me alegro que hayas/has venido.) y expresiones de duda (dudo que, no creo que) en la Ciudad de México al igual que en España. En el español de Los Angeles, California, Ocampo (1990) encontró que el uso del subjuntivo entre los hispanohablantes de la segunda y tercera generación variaba mucho de acuerdo con ciertos contextos. Los hispanohablantes de tercera generación usaban el subjuntivo en sólo el 22 por ciento de los contextos variables (por ejemplo, No creo que nadie lo pueda/puede hacer.). En los contextos obligatorios (por ejemplo, Quiero que...) no encontró variabilidad alguna.

Basándose en sus estudios, Blake (1985) ofrece ciertas recomendaciones para la enseñanza del subjuntivo. El maestro debe hacer hincapié en los mandatos y oraciones adverbiales en las clases de estudiantes principiantes. Es necesario puesto que en el habla común son las estructuras que aparecen más frecuentemente que requieren el subjuntivo, por ejemplo las que expresan el significado de acciones sin realizar. Así logrará el maestro enfocarse en el sentido común del subjuntivo en ejemplos tales como:

(54) Cuando me gradúe, habrá un buen trabajo para mí.

(55) Quiero que me den un buen trabajo.

(56) Voy a estudiar mucho para que me den un buen trabajo. (Blake 1985:172)

---

[7] No abordamos aquí el uso periodístico del imperfecto del subjuntivo. Por ejemplo, Lunn (1989) señala el uso periodístico del subjuntivo para establecer la solidaridad entre los periodistas y su audiencia: (a) *La pareja, que se hiciera famosa por interpretar el papel de marido y mujer en "El pájaro espino" es en la vida real un matrimonio feliz.* (Lunn, 1989:254, citado de *Hola.*)

Según Lunn, el periodista asume que la audiencia ya conoce a la pareja y comunica esta presuposición por medio del modo subjuntivo.

LOS MODOS Y LA ASL

Los estudiantes suelen cometer errores con los cambios del radical y con las desinencias que expresan los diferentes modos. También suelen confundir la coordinación de tiempos al unir más de una oración en un mismo enunciado. Inclusive muchos estudiantes de nivel avanzado ignoran las expresiones que se suelen usar para unir oraciones. Esto les impide conseguir más cohesión y estructura entre todas las oraciones, y por consiguiente formar párrafos. Un sumario de los modos y sus funciones aparece en la Tabla 5.2.

El problema mayor de los modos ocurre con el uso del subjuntivo, ya que conlleva mucha información morfológica, sintáctica, semántica y pragmática. No es fácil captar los matices semánticos y pragmáticos que expresa el modo subjuntivo. Con respecto a las desinencias que marcan el modo subjuntivo, a menudo el estudiante sobregeneraliza todos los morfemas, reduciéndolos a uno, que muchas veces es -a; por ejemplo:

(57) Quieren que Marcos coma/*llega/sea/*salta/viva/corra.

Pero lo más común es que el estudiante ni siquiera use el subjuntivo; lo evita o sencillamente opta por el indicativo.

Tabla 5.2. Un resumen de los modos y sus funciones	
Modo	*Función—el hablante expresa:*
Indicativo	• la realidad o cómo desea representar la realidad (Ej.: <u>Marina llega temprano</u>.)
Condicional	• una acción hipotética o la falta de realidad (Ej.: <u>Marina llegaría temprano si pudiera</u>.) • un evento proyectado desde un momento en el pasado (Ej.: <u>Dijo que Marina llegaría esta noche</u>.) • la cortesía (Ej.: <u>¿Podría Ud. llegar temprano?</u>)
Imperativo	• un mandato directo si se usa <u>tú</u> y <u>Ud./Uds</u>. (Ej.: <u>Llegue Ud. a las dos</u>.) • un mandato de solidaridad para <u>nosotros/as</u> (Ej.: <u>Lleguemos a las dos</u>.)
Subjuntivo	• una acción/evento no perteneciente a la realidad o a la experiencia del hablante (Ej.: <u>No creo que Marina llegue esta noche</u>.) • (en oraciones subordinadas nominales) la imposición sobre otro; duda; o expresión emotiva (Ej.: <u>Quiero/Dudo/Me alegro de que Marina llegue hoy</u>.) • (en oraciones subordinadas adjetivas) una entidad desconocida o inexistente (Ej.: <u>Busco una persona que siempre llegue temprano</u>.) • (en oraciones subordinadas adverbiales) una acción no realizada (Ej.: <u>Lo voy a hacer cuando llegue Marina</u>.) • (presuposiciones de información ya conocida) (Ej.: <u>No me di cuenta que el bar estuviera cerrado</u>.)

(58) *Quiero tú ser más simpático. [Quiero que <u>seas</u> más simpático.]

(59) ¿A las dos? *No creo que viene a las dos.

Stokes (1988) encontró que los estudiantes suelen cometer más errores con las oraciones subordinadas adjetivas. Collentine (1995) señala que, en las primeras fases del interlenguaje, el estudiante no controla la sintaxis lo suficientemente bien para usar el subjuntivo. Para juntar dos eventos o más, el estudiante tiende a usar dos oraciones **yuxtapuestas:**

yuxtapuestas

juxtaposed, one right next to the other

(60) Carlos es cómico...me gusta.

u oraciones coordinadas:

(61) Me gusta Carlos porque es cómico.

Cuando sí junta oraciones, produce enunciados tales como

(62) *Juan quiere...yo voy. [Si Juan lo quiere, yo voy también.]

En fin, el problema principal para los estudiantes es que, si evitan la subordinación, no van a verse en la necesidad de usar el modo subjuntivo. Cuando Collentine les hacía una pregunta que exigía el uso del subjuntivo, los estudiantes solían evitarlo:

(63) [¿De qué se enoja Juan?] Juan se enoja porque María no lo escucha. [la respuesta es gramatical, y a la vez le permite al estudiante evitar el subjuntivo; por ejemplo, <u>Juan se enoja de que María no lo escuche.</u>]

Además de estos procesos de simplificación y sobregeneralización, otro problema es la falta de habilidad de formar oraciones complejas, lo cual les causa dificultad a la hora de producir el subjuntivo. El hecho de que el subjuntivo sea una forma verbal marcada, que se usa para mostrar una actitud especial por parte del hablante hacia algo que no pertenece a la realidad o para expresar una reacción emotiva es también problemático. El estudiante no lo va a escuchar con la misma frecuencia con la que escucha el indicativo, y cuando se topa con él, no va a captar inmediatamente el significado especial del mismo. Por eso le va a llevar más tiempo adquirirlo. El maestro debe darse a la tarea de repetir mucho las formas y las reglas de uso.

Leow (1993, 1995) estudió el efecto de *input* simplificado en una forma oral y escrita en la adquisición del pretérito perfecto del indicativo (por ejemplo, <u>hemos comido</u>) y del modo subjuntivo entre estudiantes de español de primero y segundo año en la universidad. Leow (1993) realizó un experimento usando pasajes extraídos de una revista en español. Clasificó los pasajes en cuatro condiciones: un pasaje simplificado o no-simplificado que contenía el tiempo del pretérito perfecto del indicativo y un pasaje simplificado o no simplificado que contenía el presente del subjuntivo. Abrevió aún más los pasajes y cambió algunos verbos para reflejar las formas verbales en las que quería enfocarse (el pretérito perfecto y el presente del subjuntivo). Los estudiantes, divididos en cuatro grupos, tomaron un examen antes y después de leer su pasaje indicado. Los resultados indicaron que la simplificación no tiene ningún efecto; es decir, no facilita el aprendizaje de dichas formas verbales en el *input* escrito. Tampoco encontró efecto alguno en la adquisición de una forma verbal u otra; los alumnos no aprendieron más el pretérito perfecto ni el subjuntivo. Ello sugiere que los estudiantes no prestan atención a las desinencias verbales cuando leen el *input*. También indica que los estudiantes más avanzados son más capaces que los principiantes de dirigir la atención a las formas verbales.

Para averiguar si existen técnicas de enseñanza que puedan afectar la adquisición del subjuntivo, Collentine (1998) se preguntó si el acercamiento de *input* estructurado, que enfoca la atención del estudiante en el *input*, tenía un efecto mayor en la adquisición del subjuntivo en oraciones adjetivas que el acercamiento del *output* forzado (véase el Capítulo 1 para más información sobre ambos). Descubrió que, al esforzarse a producir, el estudiante fija la atención en las formas de la L2. Creó tres grupos de estudiantes universitarios de español de segundo semestre. El grupo de *output* forzado usó el subjuntivo en tareas tales como llenar blancos y completar frases (por ejemplo, <u>Elena tiene unos zapatos que</u> _____.). Otro grupo, usando materiales de *input* estructurado, leyó sobre el subjuntivo e hizo ejercicios que fijaban la atención del estudiante en el significado expresado por medio del modo subjuntivo (por ejemplo, <u>¿Por qué no vamos a una discoteca que está [versus esté] cerca de la residencia</u>?). Un tercer grupo no estudió el subjuntivo sino otras estructuras lingüísticas. En base a los resultados de dos exámenes antes y después de estas lecciones, Collentine halló que no había mucha diferencia de efecto entre los dos tipos de acercamientos pedagógicos. Es decir, ambos acercamientos ayudaron a los estudiantes a aprender nuevos significados del subjuntivo, pero ninguno era superior al otro.[8]

▶ Ejercicio 13: El discurso de varios estudiantes de español como L2

Los siguientes ejemplos provienen de tres estudiantes no-nativas de español que quieren ser maestras de español. Han estudiado cuatro años en la universidad, y pasaron dos meses de verano en España o Latinoamérica. Los discursos fueron extraídos de un examen oral en el que cada estudiante tenía que dar consejos a una joven de quince años que deseaba casarse con su novio y tener una familia. El objetivo del ejercicio es (1) ver ejemplos del tipo de discurso que ocurre a menudo en el contexto de un examen oral, y (2) identificar y corregir los errores de gramática y de vocabulario, o de cualquier otra índole. Subraye los errores gramaticales y léxicos, y escriba la forma correcta encima de la palabra subrayada. De hallar errores de modo, explique brevemente en qué consiste el error. Hay mucha vacilación (*uh, um*) porque las estudiantes estaban algo nerviosas y la pregunta era difícil dado el nivel. No se moleste en corregir las vacilaciones, las auto-correcciones, ni las palabras repetidas (ej., <u>y...y</u>).

Ejemplo A: En mi opinión, Alicia, pienso que, sería mejor para ti si, *uh*, si esperas. Porque, eres muy joven, tiene tres años más de, colegio. Y *uh*, es muy difícil de, mantener una casa, y una familia, y, la escuela, *uh*, y todo. Y por es, y también, *um*, si no tienes mucho dinero, y tu enamorado no tienes mucho dinero, y necesito, necesitas dinero para vivir y, para pagar, *uh*, para pagar el, la electricidad, y para apartamento y todo. Y, ¿cuándo vas a estudiar? Pero, tú tienes todo el tiempo en el mundo para tener hijos. *Uh*, y, quieres una educación para, para sus hijos y, quiere, quieres ser, una, una modela para sus hijos, y, quieres que sus hijos tiene educa—tienen

---

[8] Se puede considerar también el tema del efecto mismo de cualquier tipo de *input* en la secuencia inherente de adquisición que discutimos anteriormente en el libro.

educación, si, y por eso, si, no, si nunca yu—usas esa, esos estudios para, más que nada, *uh*, serás un buen, *uh*, una buena modela, para sus hijos.

<u>Ejemplo B</u>: Bueno. Alicia, creo que, que, no es una buena idea que, que te casas ahorita, porque, estás demasiado joven. Y, creo que es más importante, *uh*, ir, a una, una univer—universidad, despué—*oh*, en vez de, de, estar casado. Porque, porque, bueno, estamos demasiado joven, por eso. Y, y él no puedes, pagar por, por todas las cosas en tu vida y, y, creo que, es necesario que él tiene más dinero, y todo para pagar por su vida. Y, porque, ya no, no pueden vivir con tus padres, o creo que no quieren, Uds. vivir con ellos. Creo que no es una vida, o una vida que, que, te gusta, por todo su vida. Y, *em*, está bien, ahora, si, si quiere salir de tu casa o algo pero, no será buena por toda su vida. Y, y, será mejor si, si, terminas la escuela y, y continúas hasta una universidad y, y si él te quiere o, si él te quieras mucho, bueno, esperas y, y, para ver si, qué pasa.

<u>Ejemplo C</u>: Bueno, *um*, yo pienso que deberían, esperar, porque, *um*, todavía necesitan, tienen, *uh*, necesitan acabar de escuela. Hay mucho tiempo que, si lo, si los dos, si los, si te quieren, si él te quiera, él te pueda pa—esperar. *Um*. Si—él no quiere esperar, y, él debía, debería respetar su deci—decisión. Si quieres esperar Ud., necesitas decirlo, decirle porque, *uh*, si te casas y no quieres, ¿cómo va a, *um*, a, cómo vas a saber que, que van a durar, *uh*, casados? Es, *um*, un hijo es mucho responsabi—lidad. *Um*, estar tan jóvenes, como Uds., va a ser, muy, muy duro. Van a—te vas a ser—la vida va a estar muy duro porque todavía necesitan, acabar la escuela. Y, y, hay mucho que pueden hacer, *uh*, antes que tener hijos. Tienes mucho tiempo [risa] para tener hijos. Y, *uh*, también pienso que, si te quiere, él pueda esperar.

Otra pregunta: ¿Cuál de las tres respuestas considera Ud. que sea la mejor? Explíquese.

LA COORDINACIÓN DE LOS TIEMPOS VERBALES

Muchas veces el estudiante se queda tan abrumado de información sobre el sistema verbal—la morfología del radical, las diferentes desinencias, los usos de los modos, el aspecto—que pierde de vista cómo se organiza el sistema entero. La discusión siguiente, inspirada en Bull (1965), se enfoca en la relación entre los puntos temporales y cómo se combinan.

Basándose en el momento en que habla el hablante, conocido como <u>el presente</u>, hay otros dos puntos de referencia, que son <u>el pasado</u> y <u>el futuro</u>. Todo evento que pasa tiene una relación con respecto al momento de hablar: o son simultáneos o son secuenciales. Lo que pasa en el entorno del hablante en el momento en que habla se considera una acción simultánea. Si una persona dice

(**64**) Diego está cantando en la clase.

se supone que se trata de una acción <u>simultánea</u> al momento del habla. En cambio, si alguien dice

(**65**) Diego cantó bien.

implica que es una acción <u>anterior</u> al momento del habla. Si alguien dice

(66) Mónica vendrá a vernos.

comunica un evento <u>posterior</u> al momento del habla.

De ahí, Bull formula la organización de los eventos simultáneos, pasados recientes, y futuros con referencia al momento del habla en un <u>**eje del presente**</u> (Figura 5.1).

eje
axis

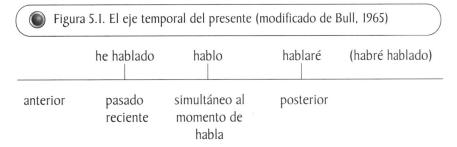

Figura 5.1. El eje temporal del presente (modificado de Bull, 1965)

	he hablado	hablo	hablaré	(habré hablado)
anterior	pasado reciente	simultáneo al momento de habla	posterior	

Nótese que el pretérito perfecto (<u>he hablado</u>) expresa un evento anterior al momento de hablar, pero reciente. Por ejemplo, no se dice

(67) ??Hace veinte años he hablado con Juan.

La forma del futuro perfecto del indicativo (<u>habré hablado</u>) se pone entre paréntesis para denotar la anticipación de una acción futura que puede realizarse. También, debemos señalar que muy a menudo se usa el tiempo presente para marcar eventos posteriores al momento presente para indicar lo que va a pasar en el futuro:

(68) Te llamo esta noche.

De hecho, Bull nota que frecuentemente el futuro del indicativo es una forma verbal especial (o marcada) para recalcar mayor fuerza o voluntad por parte del hablante:

(69) Te <u>llamaré</u> esta noche. [sin falta]

(70) No <u>pasarán</u>. [lema de los soldados republicanos durante la Guerra Civil en España]

Bull no habla del subjuntivo, pero de su esquema se puede derivar un eje también relacionado al presente entorno a dicho modo:

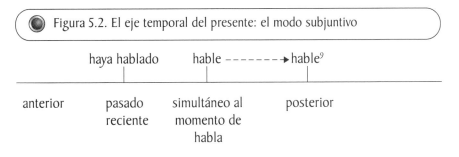

Figura 5.2. El eje temporal del presente: el modo subjuntivo

	haya hablado	hable - - - - - - ➔ hable[9]		
anterior	pasado reciente	simultáneo al momento de habla	posterior	

---

[9] El presente del subjuntivo también sirve para expresar una acción futura; no se usa una forma diferente en el habla común. Ejemplo: Quiero que me lo <u>traigas</u> mañana.

Para los momentos muy anteriores al momento presente, Bull propone otro eje del pasado. Haciendo algunas modificaciones a su esquema, podemos organizar un eje en el que los eventos, a pesar de estar orientados a un momento en el pasado, representan acciones anteriores al momento presente (Figura 5.3).

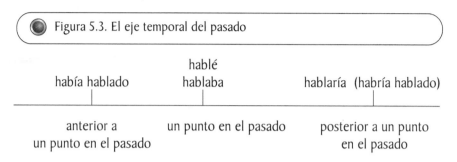

Figura 5.3. El eje temporal del pasado

hablé

había hablado   hablaba   hablaría (habría hablado)

anterior a   un punto en el pasado   posterior a un punto

un punto en el pasado   en el pasado

Bull muestra con el uso de estos ejes que todo lo que se dice en términos temporales se refiere a un punto determinado en el presente o el pasado. Se establece el segundo eje porque a veces el punto de referencia cambia del momento presente del habla a un momento pasado.

(71) Mónica dijo que Alba me vería después de la fiesta.

En estos casos hay un nuevo punto de referencia (dijo). Los eventos que iban a ocurrir después de dicho momento son posteriores; los que pasaron antes del momento del habla son anteriores.

(72) Juana había salido cuando Mónica dijo que Alba me vería después
              anterior   un punto del pasado   posterior
      de la fiesta.

El eje correspondiente al pasado del subjuntivo se ve en la Figura 5.4.

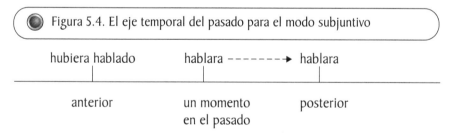

Figura 5.4. El eje temporal del pasado para el modo subjuntivo

hubiera hablado   hablara ------→ hablara

anterior   un momento   posterior

en el pasado

El propósito de todo esto es principalmente mostrar cómo se agrupan los diferentes tiempos verbales. Es decir, los tiempos verbales en cada eje suelen aparecer sólo con aquéllos que se encuentran en el mismo eje.

(73) Mara se sonríe porque le gusta mucho Carolina.

(74) Está contenta de que venga hoy.

(75) Me alegra que hayas venido.

(76) Dudo que lleguen más temprano.

(77) Estaba contento que vinieran.

(78) Creía que habían llegado más temprano.[10]

A veces los estudiantes comienzan a mezclar las formas después de estudiarlas, sobre todo al intentar expresar oraciones subordinadas. Probablemente el problema se origine en la falta de control morfológico, pero a veces es simplemente una confusión de los significados de las formas. He aquí tres ejemplos de estudiantes universitarios de segundo año.

(79) *Si una persona fuera pereza entonces <u>irán</u> problemas en el ambiente de trabajo...Si una persona solamente <u>trabajaría</u> entonces <u>irán</u> problemas. [Si una persona fuera perezosa entonces <u>habría</u> problemas en el entorno del trabajo...Si una persona solamente <u>trabajara</u>, entonces <u>habría</u> problemas.]

(80) *También las personas pueden realizar sus metas sin trabajando ochenta horas por semana. Luego <u>tendrían</u> éxito y <u>serían</u> muy feliz.

(81) *Recomendió que <u>trabaje</u> mucho.

El ejemplo (79) ilustra un problema que suele ocurrir con las oraciones subordinadas que comienzan con <u>si</u>, las cuales se llaman <u>oraciones condicionales</u>. Después de <u>si</u>, se puede usar las formas del indicativo o el imperfecto del subjuntivo (y no el presente del subjuntivo).

(82) Si tienes tiempo, <u>puedes</u> pasar por aquí.

(83) Si tenía tiempo, <u>pasaba</u> por allí.

(84) Si tuviera tiempo, <u>pasaría</u> por allí.

Estos ejemplos también muestran que hay que mantener la coordinación de tiempos según los ejes del presente o del pasado.

▶ *Ejercicio 14: La coordinación de tiempos verbales*

El párrafo siguiente, escrito por una estudiante que ha estudiado casi dos semestres de español en la universidad, contiene muchos errores verbales con respecto a la morfología y la coordinación de tiempos. Corríjalos, subrayando los verbos y escribiéndo encima de cada uno la forma verbal apropiada. Indique si pertenece al grupo de verbos del eje presente o del pasado. ¿Cuáles provienen del eje temporal equivocado? (ejemplo tomado de Bloom 2000)

Hola mi Mamá y Papá! Mi vida en U.T. he hecho perfecto. Siempre comía en el jardín detras de edificios en el campus. Yo hablado con algun muchacho todos los días. El cocinía mi pavo y maíz cuando yo tengo mucho dinero. Yo créyo al muchacho gusta me para mi dinero. A veces yo limpia la casa mientras estudio mi español. Yo quiero hable mucho una día, por eso no más tomando en la escuela. Mi mejor amigo es el muchacho que prepara la comida. Nosotros tenemos divertida. Salemos la semana pasado, y compramos muchas las cámeras. El muchacho es amable y guapo. Yo espero sus gustan mi amor. Hasta Pronto Mis Padres!

---

[10] Se pueden mezclar las formas de diferentes ejes para dar un significado diferente.
    (a) No creo que haya llegado a tiempo.
    (b) No creo que hubiera llegado a tiempo.
El ejemplo (a) mantiene los verbos del mismo eje (*I don't believe he has arrived on time.*). Pero el (b) expresa que la llegada de esa persona no puede ser una realidad (*I don't believe he would have (ever) arrived on time.*).

LAS CONJUNCIONES

Para conseguir un discurso más complejo y usar bien el modo subjuntivo, el estudiante tiene que dedicarle más tiempo a la estructura de las oraciones complejas. Un problema típico es el desconocimiento de conjunciones que le permiten juntar oraciones, salvo y y porque, las cuales usará con más frecuencia. Para formar oraciones subordinadas nominales y adjetivas, sólo le hace falta saber la conjunción y pronombre relativo que. Para las subordinadas adverbiales, las conjunciones posiblemente se pueden dividir según su función adverbial; por ejemplo:

(a) lugar: donde   Lo voy a poner donde tú me lo indiques.

(b) manera: como, según, conforme   Lo voy a preparar como tú quieras.

(c) tiempo:

- simultaneidad: mientras, a medida que   Voy de compras mientras estén en el cine.

- posterioridad: tan pronto como, cuando, en cuanto, una vez que, apenas   Queremos llevarle el postre una vez que nos permitan pasar.

El estudiante debe tener presente que, para usar el subjuntivo en la oración subordinada, el verbo de la matriz tiene que expresar una acción futura (por ejemplo, Lo haremos cuando lleguen.). También se usa el subjuntivo después de las conjunciones que siempre lo requieren (por ejemplo, antes de que, con tal que, etc.).

Si al estudiante no se le brinda la oportunidad de trabajar con oraciones complejas, lo más probable es que su sintaxis en la L2 no avance, resultándole difícil usar el subjuntivo.

▶ *Ejercicio 15: Las conjunciones y oraciones complejas*
Con las oraciones simples que aparecen a continuación, construya oraciones complejas, utilizando el modo apropiado para cada parte de la oración. Hay más de una manera correcta de producir una oración compleja gramatical, pero tal vez sea más fácil utilizar el adverbial ofrecido entre paréntesis. A veces es necesario cambiar el orden de las oraciones.

Modelo: Más tarde Uds. van a mirar la tele. En ese momento yo voy a comer.
           (cuando) → Cuando Uds. miren la tele, yo voy a comer.

1. Es mi hijo y tengo que seguirlo. No sabe por dónde va. (por donde)
2. Lo veo siempre. Aparece en la tienda. (siempre)
3. Las niñas salen a las seis. Solamente estas niñas estudian en el colegio mayor Juan XXIII. (que)
4. Manolo tiene que recogerme en la biblioteca. Yo se lo mando. (que)
5. Tomás me ha contado esto. No hay muchos libros en ese salón. (que)
6. No lo creo. ¿Se le perdieron los exámenes a la profesora? (que)
7. No van a estudiar en la universidad. Son muy flojos. (porque)
8. Quiero terminar esta tarea. Luego voy rápido con mis amigos a la fiesta. (antes)
9. Samuel es el hermano de Lupita. Es el hermano que habla tres lenguas. (que)
10. Me gustaría ir a Ixtapa. Pero en este momento no tengo dinero. (si)

REPASO

Los modos expresan la manera en la que el hablante percibe o experimenta la realidad (o la falta de realidad). Los cuatro modos en español son el indicativo, el condicional, el imperativo y el subjuntivo. El indicativo describe la realidad, y el condicional expresa un evento hipotético o proyectado. El imperativo indica un mandato directo si va dirigido a otra persona (tú,[11] Ud., Uds.), pero si el hablante se incluye a sí mismo (nosotros/as), se usa un mandato suavizado.

El subjuntivo indica si el hablante percibe una acción o evento como parte de la realidad o experiencia propia. Los usos del subjuntivo se pueden clasificar según el tipo de oración subordinada en la que aparezcan. En las oraciones subordinadas nominales, el verbo de la matriz debe comunicar uno de tres significados: la imposición, la duda o falta de una creencia, o una expresión emotiva. En las oraciones subordinadas adjetivas, el subjuntivo expresa que la entidad descrita no existe o es desconocida. El subjuntivo en oraciones subordinadas adverbiales denota una acción no realizada.

El subjuntivo es el modo que más dificultades le ocasionan al estudiante. Los estudiantes suelen confundir los cambios morfológicos, los usos diferentes según los varios contextos y los significados de realidad y no realidad. Además les hace falta el contexto sintáctico para usar oraciones subordinadas. Por todas esas razones el estudiante tarda mucho en adquirir el modo subjuntivo. No le queda más remedio que aprender esta información poco a poco, con mucha repetición.

Otro problema relacionado a las oraciones coordinadas y subordinadas es la coordinación de los tiempos verbales. A los estudiantes les puede resultar útil mantener por separados los tiempos de los ejes presente y pasado, a no ser que quieran dar un efecto especial. Es cierto que también entra el factor de la falta de habilidad para controlar la morfología verbal.

Los estudiantes tal vez puedan lograr una mayor consciencia de la subordinación si, en puntos determinados de su interlenguaje, el maestro comienza a introducir las conjunciones y la subordinación de oraciones.

Ejercicios finales

1. **Identificación de los modos.** Examine el siguiente discurso extraído de una entrevista a un médico, en la que da su opinión sobre lo que hace falta para solucionar los problemas del país. Subraye los verbos conjugados e identifique los modos que expresan. En los casos del subjuntivo, dé la razón por la que se usó dicho modo (de *El habla de la ciudad de Bogotá*, p. 124).

mejoradas
improvements

vacunación
vaccination

veredas
paths

inversión
investment

cupos
openings

bachillerato
high school diploma

Se necesita también...indicar campañas de salubridad o de medicina preventiva y buscar mecanismos no tradicionales como **mejoradas** del hogar, como personas vinculadas directamente con la comunidad que hagan la atención primaria, es decir, la preventiva, eh...los consejos útiles sobre alimentación, sobre **vacunación,** directamente en las comunidades, en los barrios, en los sitios de invasión, en las **veredas** y en los campos para que se sienta el efecto y, sobre todo, para que la **inversión** sea remunerativa en términos económicos, porque la creación de plazas o de **cupos** en las universidades o en las facultades de medicina, únicamente, traería beneficio dentro de unos...seis años si se considera que las personas están dispuestas a entrar después de **bachillerato**, o veinticuatro años si se considera el período total de educación de una persona para recibir el grado de médico; todo lo cual es muy lento y muy costoso. Es mejor afrontar la cosa, afrontar el problema en sus niveles más

---

[11] Se incluyen también las formas vosotros/as y vos.

elementales, como son precisamente el influir en la familia por intermedio de personas pertenecientes a la comunidad que tengan influencia en
ésta y logren cambiar la actitud respecto a los problemas de salud.

2. Buscar maneras de persuadir. Visite los enlaces mencionados en esta dirección de la red: http://globegate.utm.edu/spanish/span.html Busque anuncios que se ofrecen en los diferentes enlaces, y anote cinco maneras usadas por varias empresas de persuadir al cliente. Trate de incluir por lo menos un uso del modo imperativo y uno del modo subjuntivo. ¿Cuáles son las maneras de persuasión más comunes?

3. Unir oraciones con la subordinación. Basándose en la siguiente composición redacte una composición más compleja y elaborada por medio de conjunciones adverbiales de tiempo (por ejemplo, antes que, cuando, después que, hasta que, en cuanto, mientras) u otras conjunciones y utilizando el modo subjuntivo si lo considera necesario. Siéntase en libertad de agregar más detalles para conseguir un efecto más interesante.

> Ayer me desperté son la diez y media. Mi amiga fue a la universidad por clase de español a la once. Después ella fue a la biblioteca estudiar. Más tarde ella y yo compramos vestidos por la fiesta el fin de semana. Hoy yo estoy cansada. Pero trabajo a noche! Posible mi jefe no quiere me ir. Voy trabajar hasta otros trabajados llegan después. En el trabajar, voy a estudiar por un examen de economics. ¡Finalamente yo duermo en la coma!

4. Escoger el modo apropiado. Complete cada oración, empleando el modo que más convenga según el contexto. Señale entre paréntesis el tipo de modo que aparece en la oración subordinada (subjuntivo (S), indicativo (I), condicional (C), etc.) Dé la razón por la que usó dicho modo en cada caso. En algunos casos, hay más de un modo apropiado.

a. Es imposible que... .

b. ¡Qué extraño que... .

c. No le gustaba ir a la clase de español si... .

d. Me dijo Isabel que... .

e. Niego que... .

f. Vamos a matar a la próxima persona que... .

g. Cuando..., te haré un pastel de chocolate.

h. Se alegraron de que... .

i. Me parece que... .

j. Conozco a una señora que... .

k. Si..., les llevaría a la estación.

l. Mis abuelos no creían que... .

m. Era verdad que... .

n. Es absolutamente necesario que... .

o. Me han sugerido que... .

p. Ahora les mando lo siguiente:... .

q. Con tal que..., les doy el dinero.

r. Es imprescindible que... .

s. Buscaba una casa que... .

t. Nunca come cuando... .

5. Corregir una composición. La composición siguiente fue escrita por una estudiante universitaria de segundo año de español. La tarea fue escribir lo que recomendarían psicólogos especialistas en el área del estrés a un grupo de ejecutivos en una empresa grande. Corrija la composición, prestando atención a las formas verbales. Sea capaz también de explicar por qué corrigió cada forma verbal.

sacarse el aire
work very hard

> ¡Hola amigos! ¡Es increíble hoy que vivemos en un mundo con muchos estresses! Hoy, lo parece que no hay tiempo para relajante con sus amigos y su familia porque es muy importante que su sueldo sea muy grande para que pagar por todos las cosas que necesitan. Los estresses vienen en muchas formas diferentes. Por ejemplo, todas las personas tienen más de dieciséis años tratan **sacarse el aire** para que apoyar su familia,

velan

stay up all night

madrugan

get up early

pero a veces, no hay tiempo suficiente para trabajo y se gozan. En este pais, todos los personas tienen estresses pero en mi opinion, los mujeres tengan más que los hombres. Escucheme en esta punta. Los mujeres estan tratando trabajar y se crían los hijos a el tiempo mismo. En este paiz, lo es bien todavía si los hombres **velan** y no magragan [**madrugan**] porque la responsibilidas de mirando a los hijos es con la madre. Los estresses en su vida puedan ser dañido a su sana. Si Uds. quieren aliviar sus estresses, necesitan su tiempo pasaron con su familia y sus amigos. ¡Hagen los vacaciones! No traigen los beepers, faxes, televisiones o telefonos celulares. Yo se que Uds. estan agotados pero relejen. ¡Vivan un poco!

Términos importantes

el condicional

la conjunción (subordinante)

la coordinación

la desinencia

el eje

el imperativo

el indicativo

la matriz

el modo

la oración condicional

la oración subordinada (nominal, adjetiva, adverbial)

el radical

el subjuntivo

la subordinación

el verbo de comunicación

Obras consultadas

BELL, ANTHONY. 1980. "Mood in Spanish: A discussion of some recent proposals." *Hispania* 63:377–390.

BLAKE, ROBERT. 1983. "Mood selection among Spanish-speaking children, ages 4 to 12." *The Bilingual Review/La Revista Bilingüe* 10:21–32.

BLAKE, ROBERT. 1985. "From research to the classroom: Notes on the subjunctive." *Hispania* 68:166–173.

BLOOM, MELANIE. "Novice Spanish Learners' Preferences for and Perceptions of Error Correction." Unpublished Masters thesis, University of Texas at Austin.

BULL, WILLIAM. 1965. *Spanish for Teachers: Applied Linguistics.* New York: Ronald.

COLLENTINE, JOSEPH. 1995. "The development of complex syntax and mood selection abilities by intermediate-level learners of Spanish." *Hispania* 78(1):122–135.

COLLENTINE, JOSEPH. 1998. "Processing instruction and the subjunctive." *Hispania* 81(3):576–587.

COLLENTINE, JOSEPH. 2000. "The relationship between syntactic and morphological abilities in advanced FL learners of Spanish." In Ronald Leow and Cristina Sanz (eds.), *Spanish Applied Linguistics at the Turn of the Millennium.* 20–35. Somerville, MA: Cascadilla.

DE MELLO, GEORGE. 1990. *Español contemporáneo.* 2a. ed. Lanham, MD: University Press of America.

El habla de la ciudad de Bogotá: Materiales para su estudio. 2a ed. 1990. Bogotá: Instituto Caro y Cuervo.

GÓMES TORREGO, LEONARDO. 1999. *Gramática didáctica del español.* 5a ed. Madrid: Ediciones SM.

GUITART, JORGE. 1991. "The pragmatics of Spanish mood in compliments of knowledge and acquisition-of-knowledge predicates." In Suzanne Fleischman and Linda Waugh (eds.), *Discourse-pragmatics and the Verb: The Evidence from Romance.* 179–193. London: Routledge.

LEOW, RONALD. 1993. "To simplify or not to simplify: A look at intake." *Studies in Second Language Acquisition* 15:333–356.

LEOW, RONALD. 1995. "Modality and intake in second language acquisition." *Studies in Second Language Acquisition* 17:79–90.

LUNN, PATRICIA. 1989. "Spanish mood and the prototype of assertability." *Linguistics: An Interdisciplinary Journal of the Language Sciences* 27(4):687–702.

MEJÍAS-BIKANDI, ERRAPEL. 1994. "Assertion and speaker's intention: A pragmatically-based account of mood in Spanish." *Hispania* 77(4):892–902.

OCAMPO, FRANCISCO. 1990. "El subjuntivo en tres generaciones de hablantes bilingües." In John Bergen (ed.), *Spanish in the United States: Sociolinguistic Issues.* 39–48. Washington, D.C.: Georgetown University Press.

STOKES, JEFFREY. 1988. "Some factors in the acquisition of the present subjunctive in Spanish." *Hispania* 71:705–710.

STOKES, JEFFREY. 1990. "Some factors in the acquisition of the present subjunctive in Spanish: A re-analysis." *Hispania* 73: 805–806.

TAKAGAKI, TOSHIHIRO. 1984. "Subjunctive as a marker of subordination." *Hispania* 57:248–256.

TERRELL, TRACY, BERNARD BAYCROFT, AND CHARLES PERRONE. 1987. "The subjunctive in Spanish interlanguage: Accuracy and comprehensibility." In Bill VanPatten, Trisha Dvorak, and James Lee (eds.), *Foreign Language Learning: A Research Perspective.* 19–31. Cambridge, MA: Cambridge University Press.

TERRELL, TRACY, AND JOAN HOOPER. 1974. "A semantically-based analysis of mood in Spanish." *Hispania* 27:484–494.

TERRELL, TRACY, AND MARUXA SALGUÉS DE CARGILL. 1979. *Lingüística aplicada: A la enseñanza del español a anglohablantes.* New York: John Wiley & Sons, Inc.

Capítulo 6

Las palabras y su significado

INTRODUCCIÓN: LA MORFOLOGÍA

Puesto que el estudiante depende en gran parte de la morfología para producir palabras y sobre todo para entenderlas en forma oral y escrita, conviene presentar algunos conceptos sobre la morfología.

Como vimos en el Capítulo 1, un morfema es la parte más pequeña de una palabra que conlleva un significado. Por ejemplo, la palabra casas tiene dos morfemas:

(1) casa   -s
    radical   *morfema de pluralidad*

Casa es un morfema libre porque es una palabra independiente, mientras que -s es un morfema ligado, o sea, siempre tiene que estar conectado a un morfema libre. Vimos que, por lo menos al principio, el estudiante presta atención a los morfemas que tienen mayor valor comunicativo, o sea, los morfemas libres. Como hemos visto, los verbos contienen un radical y desinencias que indican modo, persona y número. Asimismo los sustantivos, adjetivos, pronombres y adverbiales se componen de un <u>radical</u> y <u>afijos</u>. Los afijos son morfemas ligados que se colocan antes o después del radical. Los afijos que aparecen antes del radical se llaman <u>prefijos</u>, como en:

(2) <u>im-</u>   <u>posible</u>
   prefijo   *radical*

Los afijos que aparecen después del radical se llaman sufijos, como en (1), donde la <u>-s</u> es el sufijo que indica pluralidad. La información que revelan los afijos es de suma importancia para entender el significado en general, y los estudiantes empiezan a prestarles más atención en la medida en que adquieren mayor competencia en la L2.

Hay dos tipos de afijos. Los prefijos y algunos sufijos son <u>derivacionales</u>; es decir, ayudan a crear palabras nuevas de la misma clase gramatical (por ejemplo, sustantivo, adjetivo) o de otra clase gramatical. Los demás sufijos son <u>flexionales</u>; o sea, reflejan información que a menudo se encuentra en otra parte de la oración. Los flexionales fueron presentados en los Capítulos 4 y 5 pero merecen mayor atención.

Los sufijos flexionales

Los sufijos flexionales aportan información que frecuentemente aparece en otra parte de la oración, pero no crean palabras nuevas. Por ejemplo, las desinencias verbales que indican <u>tiempo y aspecto (T/A)</u>, y las que indican <u>persona y número (P/N)</u>, son flexionales.

(3) <u>habl</u>   <u>á</u>   <u>ba</u>   <u>mos</u>
   radical   *vocal*   *T/A*   *P/N*
                  temática

El morfema <u>-mos</u> refleja la información en el pronombre <u>nosotros</u>, que puede o no ser expresado explícitamente. El morfema que indica el T/A, <u>-ba-</u>, da información relacionada al tiempo y aspecto verbal, en este caso, aspecto imperfectivo en el pasado.

Los sustantivos, pronombres y adjetivos también tienen sufijos flexionales. En los sustantivos el flexivo marca la forma plural, y en los pronombres y adjetivos, indica la <u>concordancia</u> de <u>número y género</u>.

(4) <u>casa</u>   <u>-s</u>   <u>bonit</u>   <u>-a-</u>   <u>-s</u>
   radical   *número*   *radical*   *género*   *número*

Si un sustantivo o adjetivo termina en consonante, por restricciones fonológicas (o sea, para evitar grupos consonánticos inaceptables), se añade una /-e-/ delante de la -s para indicar pluralidad:

(5) <u>flor</u>   <u>-es</u>   <u>azul</u>   <u>-es</u>
   radical   *número*   *radical*   *número*

Las palabras que terminan en -is y que tienen la misma forma en singular y plural constituyen una excepción:

(6) la nueva crisis   las nuevas crisis

A los alumnos anglohablantes les resulta difícil aplicar la regla de concordancia de número y género a la hora de producir oraciones en español. Como los morfemas que indican número y género en los modificadores no aportan información nueva, los estudiantes angloparlantes suelen usar el morfema menos marcado, o sea el masculino singular, en vez de la terminación femenina y/o plural. Aún los hablantes no-nativos con una competencia avanzada en el español suelen cometer errores de este tipo. En el siguiente ejemplo un estadounidense que ha vivido muchos años en Latinoamérica hace un comentario sobre la comida que le acaba de servir su esposa. Siendo ella una hablante nativa de español, le contesta a su marido tratando de corregirle la falta de concordancia de adjetivo y sustantivo:

sabroso
delicious

exquisito
delicious

(7) Estadounidense: La carne está **sabroso.**
    Esposa: No se dice "La carne está sabroso."
    Estadounidense: La carne está **exquisito.**[1]

El estadounidense asumió que su esposa le estaba corrigiendo la selección léxica. No se dio cuenta que el problema era la falta de concordancia entre la carne y sabroso por lo cual repite el mismo error al usar exquisito. Este tipo de error no impide la comprensión ni cambia el significado de la oración aunque deja saber claramente que el hablante no es nativo.

▶ *Para pensar y discutir 1:*
En vista de que se adquiere la concordancia de número y género con el tiempo, ¿recomendaría Ud. corregir la falta de concordancia en el habla de los alumnos del primer año de español? ¿Qué se debe de corregir más, los trabajos escritos o la producción oral? Explíquese.

▶ *Ejercicio 1: La formación del plural*
Produzca la forma plural de las siguientes frases sustantivas:
1. una calle estrecha
2. un análisis profundo
3. el ratón gris
4. un café caliente
5. la vez pasada
6. el paraguas roto

Los afijos derivativos

Los afijos derivativos, a diferencia de los sufijos flexionales, suelen tener un significado léxico propio y afectan, por lo menos parcialmente, el significado del radical. Por ejemplo, el prefijo anti-, que quiere decir contra, da un significado contrario al del radical: democrático > antidemocrático. Un afijo derivativo también puede cambiar la clase sintáctica de una palabra, convirtiendo,

---

[1] Le agradecemos este ejemplo a Frances Matos-Schultz.

por ejemplo, un adjetivo en un adverbio, <u>lento</u> > <u>lentamente</u>, o derivando un sustantivo de un verbo, <u>ilustrar</u> > <u>ilustración</u>. Muchos de los afijos derivativos tanto del español como del inglés originaron del latín y el griego, por lo que comparten una semejanza fonológica y semántica. Terrell y Salgués de Cargill (1979:112) mencionan muchos de los afijos parecidos en las dos lenguas:

(8) <u>Afijo</u>   <u>Español</u>   <u>Inglés</u>

PREFIJOS

Afijo	Español	Inglés
a-/*ab*-	anormal	*abnormal*
ad-	admitir	*admit*
ante-	antecedente	*antecedent*
anti-	antídoto	*antidote*
co-	cooperar	*cooperate*
contra-	contradecir	*contradict*
des-/*dis*-	descubrir	*discover*
en-	encontrar	*encounter*
im-	imposible	*impossible*
pos-/*post*-	posponer	*postpone*
pre-	preceder	*precede*
sobre-/*super*-	sobrehumano	*superhuman*
sub-	submarino	*submarine*

SUFIJOS

Afijo	Español	Inglés
-aje/-*age*	personaje	*personage*
-ante/-*ant*	abundante	*abundant*
-ario/-*ary*	adversario	*adversary*
-dor/-*tor*	orador	*orator*
-ente/-*ent*	accidente	*accident*
-ería/-*ery*	panadería	*bakery*
-ero/-*er*	panadero	*baker*
-mento/-*ment*	monumento	*monument*
-ura/-*ure*	figura	*figure*

Le es relativamente fácil a un anglohablante comprender la mayoría de los afijos del español sobre todo cuando aparecen por escrito.

La lengua española sigue evolucionando e incorporando nuevos términos que resultan de los avances tecnológicos, la difusión de la cultura popular (como la música rock, el cine) y la globalización. Aunque muchos de estos términos son préstamos de otras lenguas, principalmente del inglés, también surge vocabulario nuevo a base de los morfemas derivativos del español. Bookless (1994:15) explica, por ejemplo, que a fines del siglo XX, los prefijos favoritos eran: *eco-*, *neo-*, *bio-*, *euro-*, *multi-*, *micro-*, *macro-*, *hiper-* (citado en Stewart 1999:63). Algunos ejemplos son <u>hipermercado</u> (más grande que un <u>supermercado</u>), <u>ecoturismo</u>, <u>biodiversidad</u>, <u>multinacional</u>, <u>microbus</u>. Ejemplos

neologismos

neologisms, new words

del uso del sufijo para formar **neologismos** son los siguientes: *-ión*: <u>desforestación</u>, <u>digitalización</u>; *-tería*: <u>washatería</u> (común en los Estados Unidos y en México); *-al*: <u>medioambiental</u> (como en <u>degradación medioambiental</u> en vez de <u>degradación del medioambiente)</u>, *-ivo*: <u>instalaciones deportivas</u>, <u>una sociedad permisiva</u> (ejemplos de Stewart 1999:68–72).

▶ *Ejercicio 2: Los afijos derivacionales*
¿Cuántas palabras nuevas puede Ud. formar al añadir un afijo derivacional a las siguientes palabras?
Ejemplo: caja → cajero, cajista, cajeta, cajetilla, cajuela, cajón, cajoncito, encajar, desencajar, encajador, desencajador, descajamiento (Azevedo 1992:123)

1. casa	6. cesto
2. libro	7. frío
3. hijo	8. observar
4. papel	9. pan
5. bajar	10. hospedar

La composición

Mientras que la derivación consiste en adjuntar afijos a un radical, el proceso de composición es la formación de una entidad léxica nueva, normalmente una palabra nueva, en base a dos morfemas libres o más. A veces las palabras se juntan por medio de un guión: <u>méxico-americano</u>. A veces aparecen seguidas: <u>azul celeste</u>. Otras veces forman una palabra compuesta: <u>pasatiempos</u>, <u>pelirrojo</u>, <u>malgastar</u>, <u>hazmerreír</u>. La estructura compuesta más común en español es verbo + sustantivo. El proceso de composición sirve para introducir neologismos al léxico, como **salvapantallas.**

salvapantallas

screen saver

▶ *Ejercicio 3: Los procesos de derivación, flexión y composición*
Analice las siguientes palabras, identificando los morfemas que las integran y el proceso o los procesos de formación —derivación, flexión, composición.
Ejemplo: abrelatas → <u>abre + latas</u> formado por el proceso de composición

1. paracaídas	6. inconstitucional
2. engrandecimiento	7. desgraciadamente
3. oportunistas	8. aguafiestas
4. papelería	9. panadero
5. sabelotodo	10. preparaciones

▶ *Ejercicio 4: Identificación del radical*
Identifique el radical de las siguientes palabras.
Ejemplo: casita → casa

1. incohesivamente	6. enfermero
2. subterráneos	7. postgraduado
3. borrachonazos	8. seudointelectual
4. impensable	9. anticonstitucional
5. incertidumbre	10. precolombino

▶ *Ejercicio 5: Identifiación del radical y adivinación del significado de la palabra*

En el siguiente párrafo del libro *España: De la Restauración a la democracia, 1875–1980* identifique el radical de las palabras subrayadas. Adivine qué significan.

patrocinó
sponsored

encuesta
poll, survey

reivindicaciones
demands

patronos
employers

> En 1884, el gobierno [de España] **patrocinó** una **encuesta** sobre las condiciones de vida de la clase obrera. Sin duda era una señal de la <u>creciente</u> <u>preocupación</u> por la cuestión social, preocupación que es <u>reveladora</u> de las actitudes de la clase obrera. Se contemplaba la <u>pobreza</u> como el defecto de una sociedad <u>fundamentalmente</u> sana; y las **reivindicaciones** de las organizaciones obreras como una <u>interferencia</u> <u>ilegítima</u> en la libertad <u>individual</u> tanto de los **patronos** como de los obreros. (Carr 1988:65)

EL GÉNERO

La mayoría de los sustantivos en español tiene lo que se conoce como género inherente; con pocas excepciones no llevan una flexión para denotar género. Los únicos sustantivos que llevan formas femeninas y masculinas son los que se refieren a seres humanos y a ciertos animales, como se ve en (9).

(9) Forma masculina	Forma femenina
el norteamericano	la norteamericana
el alumno	la alumna
el profesor	la profesora
el abogado	la abogada
el gato	la gata

Sin embargo, no todos los sustantivos que se refieren a seres humanos llevan las dos formas ni cambian según el sexo de la persona:

(10) el artista	la artista
el dentista	la dentista
el estudiante	la estudiante
el modelo	la modelo
el testigo	la testigo
la víctima[2]	la víctima

Hasta cierto punto el fonema final de la palabra permite predecir la asignación genérica de ciertos sustantivos que tienen género inherente. Bull (1965:109) tabuló el género de casi 40,000 sustantivos, lo que le permitió encontrar las siguientes correspondencias (Tabla 6.1):

---

[2] Note que el artículo que acompaña <u>víctima</u> siempre es <u>la</u>, incluso cuando se refiere a un varón.

Tabla 6.1. Asociaciones entre género y el fonema final del sustantivo (Bull 1965:109)					
Palabras femininas		*Precisión*	**Palabras masculinas**		*Precisión*
-ión	condición, conexión	100%	-o	correo	99.7%
-sis, -itis	crisis, hepatitis	99.2%	-r	dólar, dolor	99.2%
-a	familia, cocina	98.9%	-l	papel, hotel	96.6%
-d	ciudad, realidad	97%	-n (pero no -ión)	algodón	96.3%
			-s (pero no -sis, -itis)	mes, cutis	92.7%
			-e	parque	89.2%

Se nota que en todos los casos menos -ión existen algunas excepciones. Por ejemplo, algunos sustantivos que terminan en -a son masculinos: el día, el mapa. También la mayoría de las palabras que terminan en -ma son de origen griego y son masculinas: el problema, el tema. Se nota también que los sustantivos que terminan en -e son en su mayoría masculinos, pero hay una lista importante de excepciones que incluye palabras de uso común: la clase, la leche, la suerte, la gente, la noche, la calle, etc. Algunos autores han recomendado memorizar un acrónimo como NORSEL (La Madrid, Bull y Briscoe 1974:104) o LONERS (Briscoe y La Madrid 1978:2) para recordar las terminaciones masculinas más comunes. Bull da estadísticas también sobre palabras que terminan en otras consonantes, como -b, -c, -ch, -f, etc., pero dichas palabras son pocas. Menciona que el género de los sustantivos que terminan en -z es muy variable y difícil de predecir: la vez, el ajedrez.

Algunos sustantivos cambian de significado según el género que se les asigna, tales como:

el capital (el dinero)	la capital (una ciudad)
el cura (un sacerdote)	la cura (un remedio)
el frente (de una batalla)	la frente (en la cabeza)
el orden (la secuencia)	la orden (un mandato o una organización política o religiosa)
el manzano (el árbol)	la manzana (la fruta)
el naranjo (el árbol)	la naranja (la fruta)

La clasificación genérica de algunos sustantivos puede variar según la región y clase social del nativo-hablante:

(11) el calor   la calor
     el casete   la casete
     el mar   la mar[3]
     el radio   la radio[4]
     el sartén   la sartén

---

[3] La forma feminina de mar se usa en contextos poéticos en los dialectos en que la forma estándar es el mar.

[4] En algunos dialectos el radio se refiere a la máquina y la radio se refiere a 'la radio emisora.'

Además, en el habla popular de algunas regiones hay una tendencia de "regularizar" los sustantivos masculinos de referente inanimado que terminan en -a: la problema, la pijama, la fantasma.

Otro tipo de variación ha surgido a raíz de la incorporación de mujeres profesionales a trabajos tradicionalmente desempeñados por hombres. Fontanella de Weinberg (1992:158) nota que hay vacilación "entre el uso del sustantivo con terminación en -o o -e (la abogado, la funcionario, la regente) y la creación del derivado femenino en -a (la abogada, la funcionaria, la regenta)." Otros casos de vacilación citados por Fontanella de Weinberg (1992:158) incluyen "la médico ~ la médica, la ingeniero ~ la ingeniera, la jefe ~ la jefa."

Otra complicación del sistema de género es el uso del artículo el frente a sustantivos que empiezan con /á/. Aunque el sustantivo tiene género femenino y los adjetivos que lo modifican toman una terminación femenina, se usa el artículo singular masculino por razones morfológicas arbitrarias: por ejemplo el aguafría, el hambre en contraste a mucha hambre.

En general, si el alumno aprende las terminaciones comunes de palabras femeninas y masculinas, le será más fácil determinar qué género asignarle a una palabra nueva, aunque no va a acertar siempre. Sin embargo, dicho tipo de error raras veces se presta para un malentendido o dificulta la comprensión por parte de los demás.

▶ *Ejercicio 6: El género*
Provea el artículo definido apropiado según el género del sustantivo e indique si sigue las reglas de correspondencia entre asignación genérica y fonema terminal.

1. papel	11. luz
2. biblioteca	12. sed
3. mujer	13. poeta
4. vaso	14. constitución
5. tema	15. coche
6. jardín	16. leche
7. redacción	17. honestidad
8. café	18. foto
9. psicosis	19. planeta
10. reloj	20. opinión

DIFERENCIAS SEMÁNTICAS

Cuando uno estudia un segundo idioma, no sólo hay que aprender un vocabulario nuevo, sino también una organización léxica nueva. Muchas veces los alumnos creen que cada palabra que aprenden en español tiene un equivalente exacto en inglés. Por ejemplo, al aprender la palabra almuerzo, puede que piense que es equivalente al concepto norteamericano de *lunch* y la usen en los mismos contextos y con el mismo significado que *lunch*.[5] A veces los

---

[5] La palabra *lunch* se refiere a una comida ligera que se come al mediodía mientras en la mayor parte del mundo hispánico es la comida principal del día que se come entre 1:00 y 2:00 de la tarde.

diccionarios bilingües fomentan este problema. Algunos diccionarios pequeños, por ejemplo, traducen la palabra *fan* en inglés de la siguiente manera, (1) abanico, (2) ventilador, (3) aficionado, por lo que no sorprende que el alumno escriba: Hace mucho calor. Necesito un aficionado. Otro error común es que el alumno no se dé cuenta que el diccionario indica la función gramatical de cada palabra; es decir, si se trata de un sustantivo, verbo, adjetivo. Como resultado, puede que escoja un sustantivo en vez de un verbo, para crear oraciones como: El avión mosca rápidamente en vez de El avión vuela rápidamente.

▶ *Ejercicio 7: El uso del diccionario*
Indique a qué error en el uso del diccionario obedecen las palabras subrayadas.

1. Ayer hice mucho ejercicio aeróbico y hoy me duele el becerro (*calf*).
2. Yo lata nadar.
3. No puedo estar de pie a mi vecino. Es una persona muy desagradable.
4. El jefe se enojó mucho y sopló su cima (*blew his top*).
5. Trabajé muchas horas ayer y conseguí cansada.
6. Carlos nunca dice la verdad. No creas lo que te dice porque siempre se echa (*lies*).
7. Debemos cara el futuro.
8. Él creció gordo/viejo.
9. Manuel fue espalda a su casa.
10. Voy a tomarlo fácil.

La connotación

matices
nuances

A menudo las palabras no llevan las mismas connotaciones, es decir los **matices** subjetivos secundarios, en las dos lenguas. Las connotaciones muchas veces varían enormemente entre diferentes nativo-hablantes de la lengua y según el contexto social (Stockwell, Bowen y Martin 1965:277). Azevedo (1992:244) observa que ciertas palabras llevan connotaciones negativas en ciertas partes de Hispanoamérica. En esas regiones se usan otros términos; evitan indio[6] en favor de indígena o campesino, y evitan madre[7] en favor de mamá. El significado connotativo puede variar no solamente de región a región, sino también según la época y las condiciones sociales. Por ejemplo, Azevedo (1992:245) señala que el término chicano llevaba connotaciones negativas hasta los años sesenta y que adquirió significados positivos cuando se empezó a relacionar con el orgullo étnico de los méxico-americanos. Hoy en día para un sector de la comunidad méxico-americana el término se refiere a una postura política radical.

▶ *Ejercicio 8: Diferencias connotativas entre el español y el inglés*
Identifique las razones por las cuales los siguientes pares de palabras ocasionan diferencias connotativas, parecidas a las de almuerzo/*lunch*.

---

[6] Esta palabra llegó a tener la connotación de bárbaro, incivilizado y por eso se ha reemplazado por otros términos.
[7] En algunos lugares la palabra madre se asocia con insultos al origen familiar de las personas.

1. balcón/*balcony*
2. perro/*dog*
3. finca/*farm*
4. mercado/*market*
5. mayor/*old*

▶ *Ejercicio 9: Diferencias connotativas en el español*

Identifique las razones por las cuales las siguientes pares de palabras en español ocasionan diferencias connotativas.

1. flaco/delgado
2. casa/hogar
3. campo/lo rural
4. inteligente/sabido

La denotación

Hay muy pocas palabras que contengan una equivalencia exacta o cuya extensión semántica sea idéntica en dos lenguas. Como bien lo expresan Terrell y Salgués de Cargill (1979:143), las percepciones del alumno a la hora de aprender el léxico del español son así:

> El estudiante supone que el vocabulario del español clasifica las realidades del mundo hispánico de acuerdo con las normas establecidas por su propio idioma y esta actitud se ve reforzada por el hecho de que las primeras palabras que el estudiante aprende en español tienen correspondencias casi exactas con palabras del inglés.

Según los autores, las primeras palabras básicas que aprende el alumno y que tienen una correspondencia exacta suelen ser excepciones. Incluso palabras comunes pueden tener un <u>valor denotativo</u> diferente. <u>El valor denotativo</u> o <u>la denotación</u> de una palabra se refiere a su significado básico. Stockwell, Bowen y Martin, (1965:271–272) observan que el sustantivo *work* en inglés, por ejemplo, no tiene una correspondencia exacta con el vocablo <u>trabajo</u> en español:

(12) <u>Inglés</u>	<u>Equivalente en español</u>
a. *He went out to look for work.*	Salió a buscar trabajo.
b. *This is Falla's last work.*	Ésta es la última obra de Falla.
c. *They are out of work.*	Están desempleados.
	o
	No tienen qué hacer.
d. *She gave the students some work.*	Ella puso deberes a los estudiantes.
	o
	Ella dio empleo a los estudiantes.

Queda claro que el contexto determina cuál de las interpretaciones de las oraciones (c) y (d) es la correcta.

Whitley (1986:330) demuestra gráficamente en la Figura 6.1 que las correspondencias léxicas del español y del inglés no suelen ser idénticas:

Figura 6.1. Correspondencias léxicas entre el inglés y el español (adaptado de Whitley 1986:330)

1. <u>Correspondencias simples</u>

    red————————— rojo   *broom*————————— escoba

    electricity————————— electricidad

2. <u>Correspondencias múltiples</u>

3. <u>Correspondencias 'zigzag'</u>

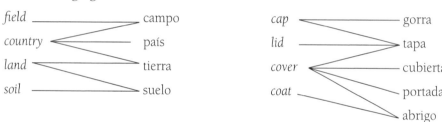

Mientras que las palabras en (1.) tienen una correspondencia exacta, las otras tienen correspondencias múltiples. Al alumno, le es más fácil usar palabras que tienen un solo referente correspondiente a dos palabras en inglés, como <u>escalera</u> que significa *stairs* y *ladder*. Es más difícil, en cambio, hacer distinciones léxicas que no existen en el inglés, como por ejemplo distinguir entre <u>rincón</u> y <u>esquina</u>. Otros ejemplos de palabras que tienen una correspondencia múltiple en español y corresponden a una sola palabra en inglés son <u>ir/venir</u>, <u>saber/conocer</u>, <u>dejar/salir</u>, <u>tomar/llevar</u>, <u>igual/mismo</u>, <u>pedir/preguntar</u>, <u>sentir/ sentirse</u> (Whitley 1986:331).

▶ *Ejercicio 10: Las diferencias decorativas*

1. Investigue el significado de algunas de las siguientes parejas de palabras en español prestando mucha atención al contexto en el que se usan. ¿Qué distinciones adicionales hay que no se encuentran en las palabras correspondientes del inglés?

    Ejemplo: saber/conocer

    <u>Conocer</u> significa *to know* en el sentido de *to be acquainted with* como en las siguientes oraciones:

    Conozco a Teresa.   vs. *Sé a Teresa.

    Conozco San Francisco. vs. *Sé San Francisco.

Saber significa *to have knowledge of something* o *to know how to do something* como en:

Sabe francés.   vs. *Conoce francés.

Sabe tocar bien el piano. vs. *Conoce tocar bien el piano.

    a. ir/venir

    b. dejar/salir (por ejemplo, dejar [lo allí]/ salir [de allí])

    c. tomar/llevar

    d. igual/mismo

    e. pedir/preguntar

    f. sentir/sentirse

¿De qué manera explicaría Ud. dichas distinciones a alumnos anglohablantes?

2. Determine las correspondencias léxicas denotivas entre el inglés y el español y luego dibuje un diagrama parecido al de la Figura 6.1 que demuestre gráficamente dichas correspondencias.

    a. *to put*

    b. *to meet*

    c. *clock*

    d. *light*

    e. *time*

Ser y estar

Un ejemplo claro de la falta de correspondencia al nivel denotativo es el uso de los verbos copulativos ser y estar, que corresponden al verbo *to be* en inglés. Representan una diferenciación semántica que se expresa con dos verbos distintos en español y con un verbo en inglés. Les resulta sumamente difícil a los anglohablantes hacer esas distinciones.

Hay varios contextos en los cuales solamente se puede usar ser y otros en los que solamente se usa estar. Solé y Solé (1977:266–268) resumen las diferencias entre ambos verbos en la Tabla 6.2. Lo más difícil para los anglohablantes es hacer las distinciones entre ser y estar cuando ocurren con adjetivales. En ese contexto ser se usa para describir una norma, mientras que estar representa un cambio de estado o una desviación de una norma desde la perspectiva del hablante. Por ejemplo, una persona que no se esperaba que ciertas montañas fueran tan altas como las son, puede exclamar al verlas, ¡Qué altas están las montañas! (Bull 1965:294). El uso de estar en este caso indica que el tamaño de las montañas no conforma con la norma o expectativa del hablante.

En los estudios que se han hecho sobre la adquisición del español como segunda lengua (véase Capítulo 2), resalta la existencia de una secuencia de adquisición tanto en la producción oral y escrita de ambos verbos (véase VanPatten 1985, 1987; Ryan 1991; Ryan y Lafford 1992; Guntermann 1992). VanPatten (1985, 1987) encontró el orden de adquisición de ser y estar que se ve en la Figura 6.2, repetida del Capítulo 2.

Los alumnos anglohablantes adquieren primero ser y lo sobregeneralizan a contextos que requieren estar. El uso de estar comienza en las estructuras del

Tabla 6.2. Ser y estar en contraste (adaptado de Solé y Solé 1977:266–268)

Ser	Estar
+ Sustantivos	

Ocurre con sustantivos y frases nominales.
 	
Ser de + sustantivo describe:
1. Posesión:
   Es de María.
2. La composición de algo:
   La casa es de ladrillos.
 	
Ser para + sustantivo describe:
1. El beneficiario de una acción:
   Los libros son para Juan.
2. La meta de algo o de un evento:
   Las fiestas son para descansar.
	No ocurre con sustantivos, excepto en algunas frases idiomáticas.

+ Adverbiales	

1. Con adverbiales de lugar expresa origen y el lugar de un evento:
   Es de Venezuela.
   La reunión es en el auditorio.
2. Con adverbios de tiempo expresa relaciones temporales:
   Son las siete.
   Mi cita es a las cuatro.
	1. Con adverbiales de lugar describe ubicación:
	   Está en Venezuela.
	2. Con adverbios de manera describe una condición:
	   Juan está mejor.
	   Está bien.

+ Adjetivales	

Describe la existencia de una cualidad; califica, caracteriza al sujeto de una manera atemporal:
   Es nervioso.
   Es impaciente.
   Es liberal.
   Es joven.
	Describe un estado en contraste con la misma condición o una condición contraria en una dimensión temporal previa:
	   Está nervioso. (*He is nervous [these days].*)
	   Está impaciente. (*He is being or acting impatient.*)
	   Está más liberal. (*He is or has become more liberal now.*)
	   Está joven. (*She is [looks and acts] young.*)

+ Participios	

Forma la voz pasiva:
   Fue expulsado del club.
	Describe un estado o el estado que resulta de una acción previa:
	   Está divorciado (estado resultante de 'se ha divorciado').
	   La tierra está rodeada de mares.

+ Gerundios	
No ocurre con gerundios.	Forma las construcciones progresivas: Está cantando.

Figura 6.2. Orden de adquisición de <u>ser</u> y <u>estar</u> (VanPatten 1987)

El comienzo de la adquisición ↓

   (i) Ausencia de <u>ser</u> o <u>estar</u>   *<u>Juan gordo</u>. (o simplemente <u>Gordo</u>.)

  (ii) Uso sobregeneralizado de <u>ser</u>   *<u>Juan es aquí</u>. (etapa que dura mucho tiempo)

 (iii) Ausencia de <u>estar</u> con adjetivos de condición   *<u>Juan bien</u>. (o <u>Bien</u>.)

 (iv) Uso de <u>estar</u> con el gerundio   *<u>Juan está comiendo</u>.

  (v) Uso de <u>estar</u> en lugar de <u>ser</u>   *<u>Juan está estudiante</u>.

 (vi) Uso de <u>estar</u> en lugar de <u>ser</u> con adverbiales locativos   <u>Juan está aquí</u>.

(vii) Uso de <u>estar</u> con adjetivos de condición   <u>Juan está bien</u>.

presente progresivo, en los que no se utiliza <u>ser</u>, y luego se extiende a otros contextos, primero con adverbiales locativos y luego con adjetivos de condición. Guntermann (1992:1302) señala que hay poca relación entre el orden de adquisición y las explicaciones que dan los libros de texto.

Al nivel sociolingüístico, es interesante notar que la competencia entre <u>ser</u> y <u>estar</u> ha existido a lo largo de los siglos. El uso de <u>estar</u> se ha extendido, asumiendo funciones que antes eran de <u>ser</u>. Dicho cambio lingüístico sigue en curso. Silva-Corvalán lo ha notado en el español de Los Angeles. La cita en (13) es de un hablante (R) de segunda generación en Los Angeles. Los usos nuevos de <u>estar</u> están en negrillo.

    (**13**) R: **Está** alta. Mide seis diez. **Está** muy alta la muchacha.
           C: ¿Cuánto mides tú?
           R: Seis uno.
           C: ¡Ella es más alta que tú!
                  […]
           R: Y **está** muy grande la, la muchacha; muy durita.
           C: ¿Y sus colores así?
           R: **Está** muy clara, como mi papá.

                                        Silva-Corvalán (1994:102)

Silva-Corvalán ha afirmado de que este cambio, es decir, el uso de <u>estar</u> en contextos en los que tradicionalmente se usa <u>ser</u>, no es resultado del contacto con el inglés. Más bien, el contacto con el inglés ha acelerado un cambio que ya estaba en curso. Otros estudios inclusive han constatado procesos parecidos en zonas monolingües. Por ejemplo, Gutiérrez (1992) ha encontrado un fenómeno parecido en Michoacán, México:

    (**14**) G: …la que me gustó mucho fue ésta…la de Rambo.
           M: ¿Rambo?
           G: Sí, **está** muy buena esta película.

De Jonge (1993) también ha encontrado en partes de México y Venezuela la extensión de <u>estar</u> a expresiones de edad, lo cual ocurre también en el suroeste de los Estados Unidos:

    (**15**) Juan **está** viejo/joven. (no indica un cambio de la norma)
           Cuando **estaba** niño, …

▶ *Ejercicio 11: La elección entre ser y estar*

En los siguientes contextos indique qué usar, ¿ser o estar? Explique cuál de las reglas de la Tabla 6.2 rigen en cada caso.

1. Juan Manuel ____ de España pero ahora vive en Venezuela.
2. Marisa _____ deprimida por los problemas económicos que tiene.
3. El Brasil _____ el país más grande de Sud América.
4. La fiesta _____ en el centro estudiantil.
5. Luisa _____ terminando el trabajo ahora mismo.
6. Este edificio _____ de cemento.
7. No hagas ruido. El niño _____ dormido.
8. ¿Podrías devolverle estos libros a tu hermana? _____ de ella.
9. ¿Dónde _____ Juan Carlos? Dijo que llegaría a las 5:00.
10. Estos ejercicios ____ para fortalecer los bíceps.

▶ *Ejercicio 12: Ser vs. estar en el discurso natural*

Analice el uso de ser y estar en los segmentos que siguen tomados de *El habla culta de Caracas* y *El habla culta de la ciudad de Buenos Aires*. Indique cuál de las reglas de la Tabla 6.2 es la que rige cada caso. ¿Hay usos novedosos?

1. …No **era** muy de la casa, **era** muy expresivo, muy cariñoso, muy… jovial, muy alegre… y tenía sus momentos también malos, tú sabes, de… bueno … se preocupaba y tal, se molestaba, pero en general **era** un hombre muy activo… muy… movido, **era** un hombre… no podía estar tranquilo, tenía que **estar** haciendo algo, de manera que él pensó en un momento dado lo … hacer, por ejemplo, un safari… al África, que **era** su locura y su pasión la **cacería** y tal, y no llegó a hacerlo…

   El habla culta de Caracas (1979:636)

cacería
hunting

2. …sin padre, porque el papá de él se murió cuando él tenía creo que un año o tres años, **estaba** muy chiquito…

   El habla culta de Caracas (1979:638)

está echando broma

it's not working properly

3. [¿Van a cambiar de carro?]
   B: Sí, Sí, porque éste **está echando broma.**
   A: ¿Qué carro piensan comprar?
   B: Uno que no **sea** [caro]…o sea, todos **están** caros…
   A: …no, de uso no hay duda.
   B: …hasta el Maverick, pues, **está** costando veintiocho mil **bolívares.**

   El habla culta de Caracas (1979:638)

bolívares

the currency of Venezuela

4. B: El Lolo **estaba** tan contento que vos […]
   A: Pobre Lolo. ¿Vos sabés que yo me alegré de haber ido medio temprano? Porque pensé: "Más tarde seguro que vienen a visitarlo, que hay gente; en cambio a esta hora **estaba** solo." Pero no, lo vi animado.
   B: Bueno, hace un rato… hace un rato llamó Lala diciendo de que— **estaba** muy bien…

   El habla culta de la ciudad de Buenos Aires (1987:134)

EL LÉXICO Y LA ASL

Al hablar de la adquisición del vocabulario es necesario distinguir entre vocabulario receptivo y vocabulario productivo. Tanto los nativo-hablantes de una lengua como los que aprenden una segunda lengua, tienen un vocabulario receptivo mucho más extenso que su vocabulario productivo. Es decir, son capaces de reconocer el significado de palabras escritas o habladas que no necesariamente forman parte del vocabulario productivo. Por ejemplo, un anglohablante puede reconocer el término discontinuación en español y reconocerlo como el equivalente de *discontinuation* en inglés, a pesar de que no es muy probable que use dicho término al hablar o al escribir. Como el español y el inglés comparten un número relativamente alto de **cognados,** le resulta más fácil al anglohablante adquirir vocabulario en español que en una lengua como el japonés en que no hay muchos cognados, sobre todo al nivel receptivo. Nation (1990) recomienda varias maneras rápidas y eficaces de enseñar cantidades grandes de vocabulario receptivo a alumnos de una segunda lengua a través de asociaciones de palabras con su significado. Para ello, usa listas de palabras y tarjetas de vocabulario. Algunos especialistas (véase Celce-Murcia y Olshtain 2000:76) creen que los conocimientos receptivos de vocabulario representan el primer paso hacia el uso productivo.

cognados
cognates

Existen varias estrategias para expandir los conocimientos de vocabulario. Por un lado, las palabras se pueden agrupar o asociar con ciertos temas. Por ejemplo, en un texto sobre el artista Picasso, es probable que aparezcan palabras como pintor, escultor, escultura, exhibición, museo, etc. De igual manera, ciertos **actos de habla,** como pedir disculpas, contestar el teléfono, se asocian con vocabulario y frases relativamente invariables. Por ejemplo, para pedir disculpas se dice "Perdón," "Discúlpeme," "Con permiso," "Lo siento mucho," "Siento mucho no haber podido ir a la reunión," dependiendo de la situacion.[8] Los alumnos de una segunda lengua empiezan relacionando los significados de palabras de la primera lengua con palabras de la segunda lengua. Al pedir disculpas, a lo mejor empiezan usando la expresión perdón en los mismos contextos en que es apropiado en inglés. Luego, desarrollan gradualmente conexiones semánticas en la segunda lengua (Coady 1993:15) y aprenden en qué contextos son apropiados las diferentes maneras de pedir disculpas en español. Tratamos los actos de habla con mayor lujo de detalle en el Capítulo 7.

actos de habla
speech acts

Los alumnos recurren a otro tipo de estrategias cuando no saben una palabra en la segunda lengua. Liskin-Gasparro (1996:320−321) dividió en dos clases las estrategias que usaban ciertos alumnos al nivel intermedio y avanzado al verse en dificultades para expresarse en español: estrategias basadas en la primera o tercera lengua y estrategias basadas en la segunda lengua. Ello se ve en la Figura 6.3. Liskin-Gasparro encontró que los hablantes con menos dominio del español usan más estrategias basadas en la primera o en una tercera lengua.

---

[8] Se usa "Perdón" o "Discúlpeme" para interrumpir a alguien si uno quiere hacerle una pregunta. Se dice "Con permiso," cuando uno quiere pasar y alguien está en el camino o al despedirse. Si uno le ha pisado el pie a alguien, se dice "Lo siento mucho."

Figura 6.3. Estrategias comunicativas de hablantes del español como segunda lengua

Estrategias de realización[9]; estrategias de préstamo[10] (basadas en la 1ª o 3ª lengua)

1. <u>Transliteración</u>: Recodificar de otra lengua una palabra que no existe en español (por ejemplo, <u>casto</u> basado en la palabra *cast* de inglés); el uso de cognados falsos (por ejemplo, <u>ropa</u> cuando se quiere decir <u>soga</u>.[11])
2. <u>Alternación de códigos</u>: El uso de una palabra del inglés o una tercera lengua sin tratar de traducirla o acomodarla al español fonológica o morfológicamente: "Estuvimos en... Haight-Ashbury, donde todos los *hippies* están" (Liskin-Gasparro 1996:320).
3. <u>Pedir ayuda</u>: Pedirle ayuda al interlocutor de una manera directa: "¿Cómo se dice *envelope* en español?" o pedir ayuda de una manera indirecta: "No sé cómo se dice..."

Estrategias de parafraseo (basadas en la 2ª lengua)

1. <u>Aproximación</u>: El hablante usa un término en español inapropiado pero relacionado semánticamente a la palabra deseada. Puede ser una generalización (<u>formar</u> en vez de <u>moldear</u>) o un sinónimo cercano.
2. <u>Circunlocución/Descripción</u>: El uso del español para describir una palabra que no tiene en su vocabulario. Por ejemplo, si un angloparlante no sabe la palabra <u>linterna</u>[12] en español y le hace falta una, dice: "Necesito una pequeña luz portátil que funcione con baterías."
3. <u>Reconstrucción del mensaje</u>: El hablante empieza la oración de nuevo, tratando de buscar otra manera de expresar lo mismo, "Era muy muy... *um*... éste... no sé la palabra... nos cansó mucho." (Liskin-Gasparro 1996:321).
4. <u>La invención de palabras</u>: El hablante inventa una palabra basada en el español: <u>durado</u> de <u>duro/a</u>, para expresar *hardened*.

Estrategias de esquivamiento del mensaje[13]

<u>Evitar o esquivar el mensaje</u>: El hablante evita hablar sobre el tema o esquiva el mensaje en medio de una oración o un pensamiento. Se pierde el significado del mensaje. En el siguiente ejemplo una alumna describe la comida que tenía cuando vivía en España: "Hay pollo y... las palabras de la comida están por allí, no me acuerdo." (Liskin-Gasparro 1996:321)

Liskin-Gasparro encontró que los hablantes con menos dominio del español usan más las estrategias basadas en la primera o en una tercera lengua, mientras que los hablantes más avanzados optan por las estrategias basadas en la segunda lengua.

Se ha calculado que la primera tarea del alumno es aprender las 2,000 a 3,000 palabras que constituyen el vocabulario básico de una lengua. Celce-Murcia y Olshtain (2000:79) definen las categorías semánticas principales así:

mensurables
measurable

- Números cardinales y ordinales (del 1 al 1,000)—con referencia a direcciones, números de teléfono, fechas y conceptos comunes **mensurables** como la edad, la estatura, el peso, el tiempo, la distancia, el dinero, la cantidad
- Comidas comunes
- Los días de la semana, los meses, las estaciones
- La ropa
- Utensilios de cocina como los cubiertos
- Las partes del cuerpo

---

[9] achievement strategies   [10] borrowing strategies   [11] rope   [12] flashlight
[13] avoidance strategies

- Los muebles
- Las relaciones familiares
- Los colores
- Los tamaños y las formas (círculo, cuadrado)
- Evaluaciones positivas y negativas
- Ciudades, países, continentes
- Océanos, lagos, ríos, montañas
- Animales comunes
- Ocupaciones comunes
- Acciones, actividades, experiencias comunes

Estas categorías son las que se encuentran en los libros de texto para principiantes. Después de aprender este vocabulario básico, la adquisición de
vocabulario suele ser muy personal, ajustándose a los intereses y actividades
personales de cada alumno. Todavía se sabe muy poco sobre cómo se
aprende vocabulario en una segunda lengua y cuáles son las mejores estrategias desde una perspectiva pedagógica. Es posible que las estrategias que
funcionen mejor sean hasta cierto punto idiosincráticas, diferentes para cada
individuo.

Celce-Murcia y Olshtain (2000:95) presentan una lista de preguntas que
deben de hacerse los maestros antes de enseñar vocablos nuevos, las cuales
hemos adaptado a la enseñanza de español:

- ¿Existe alguna palabra equivalente en inglés?
- ¿Existe parecidos entre el uso y la distribución de las palabras en inglés y en
  español?
- ¿Presenta el nuevo vocablo dificultades morfosintácticas (por ejemplo, ras-
  cacielos es la forma singular y plural)?
- ¿Presenta problemas de pronunciación?
- ¿Suele colocarse normalmente con otras palabras?
- ¿Es el producto de un proceso de composición (por ejemplo, salvapan-
  tallas)?
- ¿Existen usos idiomáticos o metafóricos de la palabra que son comunes y
  útiles?
- ¿En qué contextos ocurre frecuentemente?

▶ *Para pensar y discutir 2:*

1. Analice sus propias experiencias en cuanto a la adquisición del vocabulario
   de una segunda lengua. ¿Qué estrategias le han funcionado mejor? ¿Se
   parecen a las que han usado otros alumnos?
2. ¿Cómo usa Ud. el diccionario en su segunda lengua? ¿Prefiere usar un diccionario bilingüe o monolingüe y por qué? ¿Qué problemas encuentra Ud.
   con los diccionarios? ¿Qué estrategias les recomendaría a otros alumnos?

▶ *Ejercicio 13: Las estrategias comunicativas*

Identifique las siguientes estrategias comunicativas según la categorización de
Liskin-Gasparro (los ejemplos provienen de Liskin-Gasparro 1996: 326–330).

1. Hay muchas… ¿cómo se llaman los árboles con las frutas naranjas?…
   sandías, cantalopias.
2. Ellos comen mucho… mucho… *meat* [*laugh*], y a mí…

3. La dueña de la tienda… *um*… nos dijo que había un barco grandísimo… no sé cómo se llama… de militares. [La palabra que busca es <u>marineros</u>.]

4. Y era muy divertido porque *um*… ellos no… dan *tours* a ninguna persona.

5. Un día, por ejemplo, un… un… bueno, no sé si dice campesino, un señor que vive cerca de nosotros que tiene caballos.

REPASO

La morfología básica de una palabra consiste en un <u>radical</u>, al cual se adjuntan <u>afijos</u> (<u>prefijos</u> y <u>sufijos</u>). Las palabras independientes son <u>morfemas libres</u>, mientras que los afijos son <u>morfemas ligados</u>. Hay varios procesos de formación de palabras: <u>la flexión</u>, que modifica las características gramaticales de una palabra mediante la adición de sufijos gramaticales; la <u>derivación</u>, que da origen a palabras mediante afijos léxicos que afectan el significado del radical; y <u>la composición</u>, que da origen a una entidad léxica nueva en base a dos o más morfemas libres.

La mayoría de los sustantivos en español tiene <u>género</u> inherente y es posible predecir, hasta cierto punto, su asignación genérica según el fonema final de la palabra. Existe cierta variación regional en la clasificación genérica de algunos sustantivos, sobre todo los que se refieren a labores tradicionalmente desempeñadas por hombres.

Es importante que los alumnos se den cuenta de que las <u>connotaciones</u> de una palabra en español y su equivalente en inglés suelen variar. También hay diferencias al nivel <u>denotativo</u> entre las dos lenguas. Por lo general no hay una correspondencia exacta entre las palabras de una lengua y otra. Al anglohablante le resulta difícil hacer distinciones léxicas que no existen en inglés; por ejemplo, <u>ser/estar</u>, <u>saber/conocer</u>, etc.

Después de aprender un léxico básico de 2,000 a 3,000 palabras, la adquisición del léxico en un segundo idioma suele variar de alumno a alumno, según los intereses personales. <u>El vocabulario receptivo</u> siempre es más extenso que <u>el vocabulario productivo</u>. Los alumnos recurren a varias estrategias para producir palabras desconocidas. Algunas estrategias se basan en la primera lengua, como pedirle ayuda al interlocutor, y otras se basan en la segunda lengua, como <u>la circunlocución</u>.

Ejercicios finales

1. **La concordancia de número y género.** Grabe una conversación libre entre alumnos del segundo o tercer año de español. Analice (a) el número y el porcentaje de errores de concordancia de número y (b) el porcentaje de errores de concordancia de género que cometen. ¿Qué tipo de concordancia es más difícil de adquirir? ¿Por qué?

2. **El género y las profesiones.** El masculino de ciertas profesiones es: <u>médico</u>, <u>presidente</u>, <u>músico</u>, <u>matemático</u>, <u>abogado</u>. Entreviste a varios nativo-hablantes de español de diferentes países y pregunte qué términos usan para designar a mujeres en esas u otras profesiones. Identifique variaciones en el uso de términos según países.

3. **La ASL en relación al léxico.** Examine un cuento o un ensayo que ya ha escrito un alumno del segundo año de español. ¿Encuentra Ud. errores relacionados a la selección del léxico? ¿Qué haría para ayudar al alumno a evitar ese tipo de errores?

4. Búsqueda en el Internet. Determine qué palabras se usan en español para referirse al Internet. ¿Son palabras prestadas del inglés o derivadas del español? ¿Nota algunas palabras compuestas?

http://www.yupi.com/
http://biwe.cesat.es/
http://www.ciudadfutura.com/

http://www.elpais.es/
http://www.arte-latino.com/
http://www.cnnespanol.com/

Términos importantes

la acentuación
el afijo
la circunlocución
la derivación

la flexión
el género
el morfema
el morfema derivativo

el morfema libre
el morfema ligado
los neologismos
el prefijo

el sufijo
el vocabulario productivo
el vocabulario receptivo

Obras consultadas

Azevedo, Milton. 1992. *Introducción a la lingüística española*. Englewood Cliffs, NJ: Prentice Hall.

Bookless, Tom. 1994. "Can Spanish take the strain? The neological pressures facing contemporary Spanish." *ACIS* 7(2): 8–9.

Briscoe, Laurel, and Enrique LaMadrid. 1978. *Lectura y lengua: Curso intermedio*. Boston: Houghton Mifflin.

Bull, William E. 1965. *Spanish for Teachers: Applied Linguistics*. New York: Ronald Press.

Butt, John, and Carmen Benjamin. 1988. *A New Reference Grammar of Modern Spanish*. London: Edward Arnold.

Carr, Raymond. 1988. *España: de la Restauración a la democracia, 1875–1980*. Barcelona: Ariel.

Celce-Murcia, Marianne, and Elite Olshtain. 2000. *Discourse and Context in Language Teaching: A Guide for Language Teachers*. Cambridge: Cambridge University Press.

Coady, James. 1993. "Research on ESL/EFL vocabulary acquisition: Putting it in context." In Thomas Huckin, Margot Haynes, and James Coady (eds.), *Second Language Reading and Vocabulary Learning*. 3–23. Norwood, New York: Ablex.

De Jonge, Bob. 1993. "Pragmatismo y gramaticalización en el cambio lingüístico: *ser* y *estar* en expresiones de edad." *Nueva Revista de Filología Española* XLI:99–126.

Fontanella de Weinberg, María Beatriz. 1992. *El español de América*. Madrid: Editorial Mapfre.

Guerrero Ramos, G. 1995. *Neologismos en el español actual*. Madrid: Arco Libros.

Guntermann, Gail. 1992. "An analysis of interlanguage development over time: Part II, *ser* and *estar*." *Hispania* 75: 1294–1303.

Gutiérrez, Manuel J. 1992. "The extension of *estar*: A linguistic change in progress in the Spanish of Morelia, Mexico." *Hispanic Linguistics* 5: 109–141.

Hatch, Evelyn, and Cheryl Brown. 1995. *Vocabulary, Semantics, and Language Education*. New York: Cambridge University Press.

El habla culta de Caracas: Materiales para su estudio. 1979. Caracas: Universidad Central de Venezuela.

El habla culta de la ciudad de Buenos Aires: Materiales para su estudio. 1987. Buenos Aires: Universidad Nacional de Buenos Aires.

LaMadrid, Enrique, William Bull, and Laurel Briscoe. 1974. *Communicating in Spanish*. Boston: Houghton Mifflin.

Liskin-Gasparro, Judith. 1996. "Circumlocution, communication strategies, and the ACTFL proficiency guidelines: An analysis of student discourse." *Foreign Language Annals* 29:317–330.

Nation, I.S. P. 1990. *Teaching and Learning Vocabulary*. Boston: Heinle & Heinle.

RAMSEY, MARATHON MONTROSE. 1956 [1894]. *A Textbook of Modern Spanish*. New York: Holt, Rinehart and Winston.

RYAN, JOHN. 1991. *Ser* and *estar*: Acquisition of Lexical Meaning in a Natural Environment. M.A. Thesis. Arizona State University.

RYAN, JOHN, AND BARBARA LAFFORD. 1992. "Acquisition of lexical meaning in a study abroad environment: *Ser* and *estar* and the Granada experience." *Hispania* 75(3): 714–722.

SILVA-CORVALÁN, CARMEN. 1994. *Language Contact and Change: Spanish in Los Angeles*. Oxford: Oxford University Press.

SOLÉ, YOLANDA A., AND CARLOS A. SOLÉ. 1977. *Modern Spanish Syntax*. Lexington, MA: D.C. Heath and Company.

STEWART, MIRANDA. 1999. *The Spanish Language Today*. London: Routledge.

STOCKWELL, ROBERT P., J. DONALD BOWEN, AND JOHN W. MARTIN. 1965. *The Grammatical Structures of English and Spanish*. Chicago: University of Chicago Press.

TERRELL, TRACY D., AND MARUXA SALGUÉS DE CARGILL. 1979. *Lingüística aplicada*. New York: John Wiley & Sons.

VANPATTEN, BILL. 1985. "The acquisition of *ser* and *estar* by adult learners of Spanish: A preliminary investigation of transitional stages of competence." *Hispania* 68: 399–406.

VANPATTEN, BILL. 1987. "Classroom learners' acquisition of *ser* and *estar*: Accounting for developmental patterns." In Bill VanPatten, Trisha Dvorak, and James Lee (eds.), *Foreign Language Learning: A Research Perspective*. 61–75. Cambridge: Newbury House.

WHITLEY, M. STANLEY. 1986. *Spanish/English Contrasts*. Washington, D.C.: Georgetown University Press.

Capítulo 7

La pragmática

CONTENIDO DEL CAPÍTULO 7:

- Introducción: ¿Qué es la pragmática?
- Los actos de habla—*Ejercicio 1*
- La implicatura—*Ejercicios 2–3*
- La cortesía verbal—*Ejercicios 4–5*
- El sistema deíctico—*Ejercicios 6–7*
- La pragmática y la ASL
- Repaso
  - Ejercicios finales
  - Términos importantes
  - Obras consultadas

INTRODUCCIÓN: ¿QUÉ ES LA PRAGMÁTICA?

Este capítulo presenta un área de la lingüística conocida como <u>la pragmática</u>, que es de suma importancia para entender el español como un sistema comunicativo. Los estudios sobre la pragmática examinan el uso de la lengua por parte de los hablantes en interacciones diversas que varían de acuerdo con la situación particular del habla, como por ejemplo, la interacción entre un cliente y un camarero en un restaurante. Los estudios pragmáticos también se ocupan de cómo un oyente entiende los enunciados de un hablante. Los investigadores en este campo de estudio lingüístico procuran comprender cómo los significados se originan en las intenciones del hablante según el contexto en que ocurren, cómo se comunican dichos significados y cómo los entienden los oyentes. En relación al campo de la ASL, se pretende descubrir las maneras en las que el estudiante entiende y maneja las situaciones de habla en el español (por ejemplo, cómo pide disculpas, cómo pide un favor), y cómo codifica sus propias intenciones y actitudes. Ello conlleva un estudio de la realización lingüística de varios <u>actos de habla</u>, el uso de <u>la **cortesía**</u> en el español y maneras de hacer que el estudiante tenga mayor consciencia de la pragmática.

cortesía
politeness

La pragmática tiene que ver con el uso de la lengua de acuerdo con el contexto social, cognitivo y cultural. Por ejemplo, el enunciado:

(1) ¿Qué tal si nos vamos a un club en la calle Seis?

probablemente se entiende como una sugerencia, o como una respuesta a la pregunta:

(2) ¿Qué hacemos esta noche?

Pero si el contexto anterior a (1) fue una conversación entre una pareja en la que uno de ellos dijo:

(3) ¿Por qué no quieres casarte conmigo?

podríamos entender que (1) representa un desvío de la línea de la conversación, una manera de evitar una negación directa o el comienzo de una discusión. Por lo tanto el contexto social de la interacción, la relación entre los participantes, y lo que se considera apropiado en cada cultura, entre otros factores, tienen un vínculo estrecho con la realización lingüística de un mensaje y la interpretación que se haga de dicha realización. En las siguientes secciones, describimos estos conceptos con mayor lujo de detalle.

LOS ACTOS DE HABLA

El acto de habla se refiere a la función de un enunciado; por ejemplo, una sugerencia, una disculpa, una petición, como se ve en la Tabla 7.1.

Vimos que (1) puede tener varias interpretaciones según la intención del hablante, la interpretación por parte del oyente y demás factores como el contexto de la conversación. Esto muestra que no es cierto que cada enunciado exprese sólo un acto de habla, ni vice versa, que cada acto de habla se realice con una forma única. Tampoco es cierto que cada acto de habla se realice de una forma única. Además, al tratarse de un estudiante de una L2, la interpretación depende aún más de la lengua y la cultura propia. La comunicación

Tabla 7.1. Ejemplos de actos de habla	
Acto de habla	*Ejemplo*
mandato	Venga ahora mismo.
petición	¿Podría Ud. decirme dónde queda el correo?
sugerencia	¿Por qué no estudias con Marisa?
disculpa	Lo siento muchísimo.
rechazo	No me conviene acompañarte ahora.
desafío	Sé que puedes escribir algo mejor que esto.
despedida	Hasta luego.

de un acto de habla puede ser diferente en la L2 de la L1, lo cual puede llegar a generar problemas en la interacción. Por ejemplo, en inglés entendemos la pregunta

(4) *Can I have a glass of water?*

como una petición. Pero si se dice lo siguiente en español:

(5) #¿Puedo tener un vaso de agua? [La almohadilla # significa que el enunciado no es apropiado en términos pragmáticos pero sí en términos de gramática.]

se entiende que el hablante está pidiendo permiso para él mismo coger el vaso y llenarlo de agua. Como vemos, cada cultura tiene sus propias maneras de realización gramatical y semántica de acuerdo con varios actos de habla.

Un acto de habla puede ser expresado de muchas maneras, dependiendo del contexto social. Por ejemplo, un estudiante universitario que quiera que otra persona le firme un formulario puede expresar su petición de las siguientes maneras:

(6) [a otro amigo íntimo]   Oye, fírmame esto, anda.

(7) [a su madre]   ¿Me firmas esto?

(8) [a su profesor]   ¿Podría Ud. firmarme esto?

(9) [al presidente de la universidad]   Tenga Ud. la bondad de firmar este formulario, por favor.

Vemos así que las formas más formales (y muchas veces, las que denotan más cortesía) requieren de un habla más elaborada, y de una gramática algo más compleja. A menudo, los principiantes se concentran tanto en tratar de dominar la gramática y en producir las formas correctas de las palabras que se olvidan de buscar la forma apropiada a la hora de hablar. O bien no saben construir la frase que quieren comunicar. Es así como, al hablar con su profesor, puede que el principiante diga:

(10) #Firma, por favor.

Aunque el estudiante quiera producir un enunciado más apropiado según las reglas de la pragmática que ha aprendido en su L1, no siempre va a lograrlo, por lo menos hasta que haya llegado a cierto nivel de competencia gramatical. En el ejemplo (10), lo que sucede es que el estudiante estaba concentrándose tanto en el vocabulario y en su intención en general que falto prestarle atención a la forma gramatical y a las maneras de atenuar (suavizar) el enunciado.

Mencionamos aquí dos estudios que han examinado la adquisición de actos de habla por estudiantes que aprendían el español como L2. Le Pair (1996) investigó la realización de peticiones por parte de estudiantes holandeses de español como L2 y de hablantes nativos de España. Encontró que muchos más nativos preferían el uso de estrategias directas, como los mandatos no suavizados y sugerencias (¿Por qué no...?). Le Pair sugiere que los mandatos son demasiado directos para los estudiantes, quienes, desde la perspectiva holandesa, pueden interpretar las sugerencias como una irritación o queja. También encontró que los estudiantes preferían usar fórmulas de posibilidad o habilidad de realizar la acción solicitada (¿Puedes...? ¿Es posible que...?) En cambio, los hablantes nativos de español preferían usar estrategias que hacen hincapié en la voluntad de actuar (¿Quieres ayudarme...?).

Otro estudio sobre la transferencia de estrategias de la L1 (inglés) a la L2 (español) para realizar sugerencias es Koike (1995). Muchas veces las sugerencias se realizan de maneras diferentes en las dos lenguas, como se ve aquí:

(11) ¿No has pensado en leer este libro?

(12) *Haven't you thought about reading this book?*

(13) #¿Has pensado en leer este libro?

(14) *Have you thought about reading this book?*

Entre estas opciones, para comunicar una sugerencia, hay que usar la forma negativa, como en (11). El enunciado (13), sin negación, expresa una solicitud de información a la que se responde con un sencillo sí o no. Sin embargo, para el hablante de inglés, el equivalente de (11) que se ve en (12) comunica mucha más fuerza que en español, y puede ser entendido como un reproche. Koike encontró que muchos estudiantes de español entendieron mal muchas de las sugerencias en español que no contenían las fórmulas como ¿Por qué no...? o ¿Qué tal...?

Estos estudios indican que existen diferencias interculturales de los actos de habla que les pueden resultar problemáticos a los estudiantes de la L2. Refuerzan la necesidad de prestar atención a la pragmática en la enseñanza y aprendizaje del español como L2.[1]

Las diferencias entre la manera de llevar a cabo varios actos de habla en español e inglés pueden resultar en malentendidos por parte de los nativohablantes con los que interactúan los estudiantes de la L2. Gorden (1974) ha detallado varios conflictos culturales entre familias bogotanas y sus huéspedes estadounidenses que vivían con ellos mientras estudiaban en Colombia. Describió, por ejemplo, los malentendidos que resultaban cuando los estadounidenses daban las gracias, dando la impresión de no estar agradecidos por los favores que los colombianos les habían hecho. El autor da dos ejemplos concretos:

(15) ... y la llevamos a un picnic en Zipaquirá, fuimos a la Catedral de Sal, la llevamos al mercado para sacar fotos y luego fuimos a mostrarle la Villa de Leiva, que es un viaje largo y por eso nos quedamos la noche en Villa. Cuando volvimos a casa, lo único que dijo era "gracias."

(16) Estaba interesado en ver algunos de los lugares turísticos de Bogotá, y fuimos a Monserrate en el teleférico, fuimos por el museo de la Quinta de Bolívar a la Catedral, la Plaza de Bolívar, y la Plaza de la Constitución y aún al mercado al cual nunca iríamos, pero lo quería ver. Fuimos a almorzar a la Casa Vieja y regresamos a casa a las siete. Cuando llegamos a casa, sólo dijo "gracias" y que estaba cansado y se fue a su dormitorio.

Gorden postula que los estadounidenses no se habían dado cuenta de que su manera de dar las gracias era descortés en el español de Bogotá porque

---

[1] Entre los estudios sobre los actos de habla en el español se encuentran Garcia (1992, 1993, 1996), Nelson y Hall (1999) y Koike (1998).

habían transferido del inglés *"Thanks a lot. I had a good time"* y les parecía suficiente para expresar su agradecimiento. Sin embargo, en Bogotá uno dice solamente 'gracias' si alguien le ha hecho un favor de poca importancia que ha requerido poco esfuerzo. Es necesario dar un agradecimiento más elaborado por un favor más grande. Otra parte del problema es que las familias creían que los estadounidenses daban las gracias sin sentir suficiente agradecimiento. Incluso, una señora contrasta al estadounidense que vivía en su casa con los estadounidenses típicos:

(17) ... no era un norteamericano típico en ese sentido. Tenía muy buenos modales. Era bien educado. Por ejemplo, lo invitamos a un partido de fútbol, luego fuimos a nadar al Club Militar y después a cenar a La Chesa. Estaba muy agradecido. Dijo: "¡Qué buena excursión! ¡Fue sumamente interesante para mí! Fue muy amable de su parte el haberme invitado. Es el día más especial que he tenido aquí en Bogotá. Muchísimas gracias por todo."

Gorden describió otro malentendido que ocurría cuando los estadounidenses se despedían de sus familias o amigos colombianos. Los colombianos que entrevistó no entendían el uso del <u>adiós</u> por parte de los estadounidenses. Estos estadounidenses lo entendían como el equivalente de *goodbye* y después de haber pasado un buen rato con un grupo de personas, decían simplemente <u>adiós</u> a secas antes de irse. Para los colombianos, eso no era suficiente. Lo consideraban muy frío pues no era acompañado por una frase como <u>mucho gusto de verte</u>, <u>que estés muy bien</u> o <u>saludos por tu casa</u>. Este tipo de malentendido puede parecer trivial, pero causa interpretaciones erróneas de las intenciones o motivaciones del extranjero.

Mientras uno debe de estar consciente de que existen diferencias pragmáticas entre el español y el inglés, también es importante tomar en cuenta la variación en la manera de realizar los actos de habla en diferentes partes del mundo hispanohablante. Palencia (1998) realizó uno de los pocos estudios sobre la variación pragmática del español, enfocándose en las peticiones que ocurrían en los centros de información en un hospital en Quito, Ecuador y otro en Madrid, España. Palencia encontró que los **pedidos** en Quito eran más indirectos y deferentes que los pedidos en una situación parecida en Madrid. Por ejemplo, el pedido para usar el teléfono en Madrid era muy directo e informal:

pedidos
requests

(18) ¿Me dejas el teléfono?

En contraste, en Quito la misma petición se hacía usando fórmulas más indirectas, deferentes, y formales; o sea, dirigiéndose al empleado con <u>Ud</u>. en vez de <u>tú</u>:

(19) Buenas tardes. Tenga la bondad de prestarme el teléfono.

(20) Señorita, puedo molestarle con el teléfono.

(21) Señorita, buenos días. ¿Me podría prestar un ratito su teléfono?

Palencia nota que en Madrid no se usan formas deferenciales ni expresiones como <u>por favor</u> o <u>gracias</u> en las interacciones que ocurren entre cliente y empleado cuando se pide o agradece un servicio que se considera parte del trabajo. A la vez, el uso de formas deferenciales como <u>tenga la bondad</u> se

cursi
affected

considera '**cursi**' en Madrid mientras que en Quito y en otras partes de América Latina son expresiones comunes de cortesía. Palencia nota que muchos latinoamericanos se quejan del trato menos cortés y más brusco de los españoles. Una chilena que entrevistó comenta:

(22) Encuentro que el español es muy brusco, muy directo... Nosotros somos más rebuscados, más diplomáticos en el sentido para no ofender a nadie... Es muy chocante para el suramericano el encontrar que un español no te pida <u>por favor</u> o no te diga <u>gracias</u> cuanto tú le has hecho un favor. (p. 75)

Estas diferencias culturales entre países hispanohablantes complican aún más la tarea de los estudiantes de la L2, pues deben estar conscientes no solamente de las diferencias que existen entre el inglés y el español en la manera de realizar los actos de habla sino también en las diferencias que existen en el mundo hispanohablante. Refuerzan la necesidad de prestar atención a la pragmática en la enseñanza y el aprendizaje del español como L2.

▶ Ejercicio 1: El acto de habla

Identifique el acto de habla que expresa el hablante B en cada situación. Las opciones son: petición, desafío, disculpa, despedida, sugerencia, rechazo.

1. [Un estudiante A en la universidad habla con una amiga B.]
   A: Ay, Dios mío, no sé qué hacer. El próximo domingo es el cumpleaños de mi madre y quisiera comprarle algo muy especial pero no tengo plata.
   B: ¿No te gustaría darle algo hecho por ti mismo?

2. [Una chica A habla a un chico B después de clase.]
   A: Oye, Paco, tenemos media hora antes de la próxima clase. ¿Nos vamos al bar a tomar un café? ¿Quieres?
   B: Fíjate que dejé la moto mal estacionada y si no me apuro y la muevo de lugar, me van a dar una multa. Me voy corriendo ahora mismo porque está un poco lejos.

3. [Un taxista A le habla a un pasajero B.]
   A: Aquí está su hotel.
   B: ¿Me da un recibo?

4. [Una cliente A le habla a la gerente B de un banco.]
   A: Entonces Ud. puede ver que han cometido un error muy grave con mi cuenta.
   B: No sabe cuánto lamento todo esto, y le aseguro que yo personalmente me encargo de arreglar el problema.

5. [Un chico A le habla a su amiga B.]
   A: Mira, aquí tengo la nueva pelota de béisbol que me regaló mi hermano.
   B: A que no la puedes tirar más lejos que yo.

LA IMPLICATURA

Se puede observar a partir del Ejercicio 1 que es común expresar un acto de habla de una manera indirecta. Por ejemplo, podemos distinguir entre dos maneras de expresar una orden—una directa y la otra indirecta.

(23) Hágalo ahora mismo.

(24) Me gustaría que hiciera esto bien rápido.

Pero a menudo el hablante nativo deja que el oyente infiera el significado que quiere comunicar:

(25) Sería bueno que se hiciera esto ahora mismo.

Este fenómeno, que se llama <u>implicatura</u>, es una manera de expresarse indirectamente, normalmente para suavizar la fuerza del mensaje. Grice (1975) propone que, cuando interactuamos con otras personas, lo habitual es que los participantes sigan el <u>Principio de Cooperación</u>, según el cual asumimos que todos queremos ser agradables y cooperadores al hablarnos en una conversación. Por eso, buscamos maneras de mostrar que respetamos a la otra persona, y evitamos ser demasiado fuertes e imponentes al hablar.

Las implicaturas requieren de cierto dominio de la lengua, lo cual representa un problema para los estudiantes, sobre todo los principiantes. A veces a los estudiantes les cuesta entender lo que el nativo trata de implicar e inclusive hablar con implicaturas. En Koike (1989) se descubrió que, mientras más complicado y delicado sea el mensaje que el estudiante desee expresar, más tiende a usar las formas sencillas de los actos de habla. Les resultó fácil a los estudiantes pedir un vaso de agua con expresiones corteses y suaves. Pero al tener que pedirle a un amigo que está de visita en su casa que se mude del sillón donde se ha sentado porque es un sillón especial, reservado sólo para su padre, los estudiantes tendieron a dar órdenes directas:

(26) #Levanta, por favor.
(27) #Salga rápido.

Aún más, usaron actos de habla que difícilmente usarían en inglés en la misma situación. Otra dificultad de las implicaturas para los estudiantes de una L2 es que se basan en gran parte en experiencias y conocimientos compartidos entre los interlocutores. Si dos estudiantes estadounidenses están conversando en un país extranjero, por ejemplo, es probable que usen más implicaturas el uno con el otro porque pueden asumir que han vivido ciertas experiencias similares y que comparten cierta información en común. Pero al conversar con una persona desconocida o de otro país y otra cultura diferente, el estadounidense suele asumir menos, por la cual le va a costar más a la otra persona entender las implicaturas. Kasper (1998:190) señala que los hablantes no-nativos se ven obligados a menudo a expresar explícitamente sus intenciones, motivaciones y lógica porque no pueden asumir la existencia de experiencias e información compartidas. Primero tienen que establecer puntos en común con los hablantes de la L1.

No proponemos decir que el estudiante deba expresarlo todo de una manera indirecta, porque esto puede irritar a los oyentes y llevarlos a pensar que el estudiante está siempre dando vueltas al hablar. Pero en una situación en la que el estudiante desee atenuar la fuerza del mensaje para ser más cortés, o comunicar, por ejemplo, el humor, la ironía o el sarcasmo, este recurso lingüístico le puede resultar útil.

Se recomienda también practicar la producción de los actos de habla comenzando con las formas más sencillas y directas y progresando a las más difíciles en términos de complejidad cognitiva y lingüística, y tal vez de cortesía. Por ejemplo, se puede practicar la expresión de un enunciado, pasando luego a la creación de formas cada vez más elaboradas e indirectas:

(28) Venga acá.

(29) ¿No le molestaría acercarse más?

(30) Se ve que aquí hay un espacio.

▶ *Ejercicio 2: Para entender la implicatura*

Lea los siguientes segmentos de varios diálogos y describa lo que está diciendo la persona en los enunciados subrayados. Luego indique si el hablante está tratando de comunicar humor, cortesía, sarcasmo o vacilación, y dé razones para su interpretación. Es posible que cada cual entienda las frases a su propia manera, lo cual pasa con frecuencia en las implicaturas. De ahí surgen los malentendidos. Los tres primeros ejemplos provienen de El *habla culta de Caracas*, pp. 362, 366.

1. [A y B, casados, hablan de la localización estratégica de Bélgica en Europa.]
   A: Por eso se le llama la Esquina de...la Esquina de Europa: en realidad, está en todas partes. Bélgica está en...a...a dos horas en tren de París, está...a una hora de...Luxemburgo, está a dos horas de Suiza, está...a horas de Holanda...
   B: Bueno, yo creo que de Suiza es un poco más lejos.
   A: ¿Más de...más de dos horas?
   B: Sí, yo creo que sí, porque...
   A: ¿En *jet* (yet)?
   B: ...tienen que atravesar...
   A: ¿En *jet*?
   B: ...Francia [risas]. Ah, bueno, en *jet* es otra cosa [risas].
   Encuestadora: En un **Mirage**.
   A: En *jet*...en *jet*, debe estar a media hora, en *jet* debe estar a media hora.
   B: A...y en el...en **Concorde**...en **Concorde** es cinco, pero...

Mirage

a type of jet

Concorde

supersonic jet

afrancesado

someone who adopts French manners, styles, and customs

2. [Los casados A y B hablan de París.]
   A: Sí, a mí me entusiasma esa ciudad...yo me siento...y no es que sea un **afrancesado**: yo no soy un afrancesado. Este...yo entiendo que París es una ciudad que está en el mundo, que, por desgracia, o para...salvaguarda de la ciudad, está...entre los franceses, pero...es una...una parte del mundo...es bellísima, es bellísima.

3. [Los casados A y B hablan de la comida francesa.]
   A: ...me dicen que los mejores restoranes de Francia están en las afueras de Lyons, y en un pueblito que se llama Viennes, al sur de Francia...
   B: ...sí...
   A: ...donde está un restorán que se llama...
   B: ...Le Tyrannique...
   A: Le Tyrannique...Ése dicen que es muy bueno. A mí me gusta mucho la comida.
   B: A pesar de que no aparenta, ¿verdad?
   A: ...por eso soy...flaco...

4. [Dos amigas A y B hablan sobre el problema que tiene B con unos vecinos que hacen mucho ruido.][2]
   A: Oye—encuentro que tienes que hablar con ellos.

---

[2]Le agradecemos a Theodore Jobe este ejemplo.

B: Es que, sa—, estaba pensando en eso. Pero, me acuerdo que hace tiempo, cuando, vivía en el en, en el otro edificio...

A: Mmha

B: ...que andábamos con la misma historia con los vecinos de abajo.

▶ *Ejercicio 3: Para no usar la implicatura*

Usando los mismos ejemplos subrayados del Ejercicio 2, escriba otra respuesta en substitución de la que está subrayada en cada ejemplo, pero exprese el mensaje directamente, sin usar la implicatura.

LA CORTESÍA VERBAL

La cortesía verbal es un fenómeno muy importante en el trato social en todas las culturas, pero las maneras de realizarla en términos lingüísticos pueden ser bastante diferentes, lo cual da origen a problemas de interacción intercultural. Por ejemplo, debido a que en español la cortesía se puede expresar con diferentes palabras, **gestos,** o en situaciones diferentes al inglés, el hablante nativo de español puede pensar que el estudiante e inclusive, todas las personas de la misma cultura que el estudiante, carecen de **buenos modales** y vice versa. En un estudio comparativo sobre la diferencia de percepciones sobre el conocimiento cultural y la lengua entre nativos del español y estudiantes del español para los negocios, Phillipp (1995) encontró que la mayoría de los nativos (de México) en su estudio preferían usar la perspectiva del oyente al hacer una petición (¿Me puede Ud. proporcionar...?) mientras que los estudiantes anglohablantes favorecían peticiones hechas desde la perspectiva del hablante (Me gustaría ver... o Es necesario que *veo...). Otro detalle que encontró es que, al pedir disculpas por haber ocasionado un accidente menor la mayoría de los nativos ofreció explicaciones de la ofensa, a menudo atribuyendo la causa a una fuerza mayor, como

gestos
gestures

buenos modales
good manners

(31) Fue un accidente.

(32) No fue mi intención.

En cambio, la mayoría de los estudiantes brindó ayuda u ofreció un remedio:

(33) Deja limpiarlo. [Déjame.]

(34) Usaré esos. Yo puede leerles. [Puedo leer con ellos (anteojos).]

A veces la diferencia entre la expresión de cortesía por parte de los nativos y los no-nativos es la que mencionamos anteriormente—la falta de habilidad gramatical por parte del estudiante y su incapacidad de seguir las reglas de cortesía verbal. No es que el estudiante opine que dichas reglas son innecesarias sino que se concentra tanto en producir correctamente el vocabulario y la gramática que opta por las formas más sencillas y directas posibles. O puede ser que nunca haya aprendido las formas pertinentes. Por eso, se entiende fácilmente que el estudiante con frecuencia emplea mandatos directos en lugar de formas más suaves e indirectas, a veces tratando de atenuar el mensaje por medio de una entonación apelativa o interrogativa (es decir, con una voz ascendiente al final de la frase):

(35) Dame un recibo?

Cabe entonces la pregunta, ¿a qué se deben los problemas de comunicación oral de cortesía? El problema es bastante complejo, y podemos abordarlo desde varias perspectivas:

(a) La transferencia. Lo más común es que el estudiante simplemente transfiera su conocimiento pragmático de la L1 a la L2. El problema es que a veces las reglas pragmáticas y el comportamiento que suele acompañarlas no son siempre iguales en las dos lenguas. Por ejemplo, como menciona Kasper (1998), puede ser que un acto de habla se realice de una manera más directa en la L2 que en la L1, o vice versa.

(b) La marcadez. Mencionamos en el Capítulo 2 de que muchos estudiantes tienden a usar las formas no marcadas al tratar de hablar en la L2. Lo mismo puede suceder si el estudiante se ve en la necesidad de expresar algo difícil debido a la dificultad misma de la forma lingüística o porque representa un acto ofensivo para la otra persona. En esta última situación, como mencionamos anteriormente, el estudiante tiende a usar el imperativo, que es la directiva (un enunciado que el hablante expresa para hacer que la otra persona haga algo) menos marcada; por ejemplo,

(36) Dame una Coca-Cola.

El problema es, por supuesto, que esta forma, desprovista de atenuantes, no comunica cortesía verbal. Hay otras formas de expresar la misma directiva que son más marcadas, por ejemplo

aseverativa
assertion

(37) Me hace falta tomar una Coca-Cola.   **(aseverativa)**
(38) ¿Por qué no me trae una Coca-Cola?   (sugerencia)
(39) ¿Me podría Ud. traer una Coca-Cola?   (petición)

alusión
hint

(40) Lo que daría por una Coca-Cola en este momento. **(alusión)**

Claro que, sin un contexto más concreto, es difícil identificar con certeza cada enunciado según el acto de habla. Por ejemplo, un mesero en un restaurante no va a entender el (38) como una sugerencia sino como una petición o un mandato. Pero si supiéramos cuál es el contexto apropiado para hacer las identificaciones que aparecen al lado de los ejemplos, quedaría obvio que las formas son más marcadas en el sentido que son cada una más complejas en términos de la forma verbal (presente del indicativo vs. condicional), la forma sintáctica (mandato, declaración, interrogación) y la forma directa de expresar la intención (declarar la intención vs. hacer una alusión).

(c) La sobregeneralización. El estudiante puede pensar equivocadamente que se puede usar la misma forma en situaciones diferentes sin sufrir ningún efecto. Por ejemplo, puede creer que es apropiado comenzar una conversación informal muy larga con un mesero en un restaurante elegante, tal como lo haría con sus amigos para así mostrar amabilidad

(Hola, ¿tú tienes Coca-Cola? Me gusta la Coca-Cola, y hoy hace mucho calor afuera. En mi ciudad no hace mucho calor como aquí, pero, *wow*, es muy caliente, y quiero tomar un refresco. ¿Tú vas mucho a la playa? etc.).

(d) La falta de conocimiento sobre cómo se realiza una expresión en la L2. La pregunta que surge es cómo enseñar las reglas de cortesía a los estudiantes, o por lo menos ayudarlos a fijarse en dichos usos del español. Vimos que la expresión apropiada de un acto de habla depende del conocimiento lingüístico de la L2, de las normas pragmáticas de la cultura de la L2, de la habilidad de entender el contexto, comprender a los hablantes, y usar la forma apropiada de expresión. Concentrarse exclusivamente en la enseñanza del conocimiento lingüístico dejaría al estudiante con cierta incapacidad de usar la lengua. ¿Pero cómo puede lograr el maestro enseñar las normas pragmáticas y la habilidad de entender un contexto dado? Dijimos antes que la pragmática tiene que ver con el uso de la lengua en relación a su contexto. Debido a la falta de un contexto auténtico en el salón de clase y en ausencia de por lo menos dos hablantes nativos que interactúen, ¿cómo se puede lograr que los estudiantes aprendan, por ejemplo, las expresiones de cortesía verbal y su uso apropiado en la L2? Koike (1989) propone enseñar la cortesía verbal por medio de videos. Por ejemplo, después de mirar algunos episodios de la telenovela educacional *Destinos* que ilustren varios actos de habla y de cortesía verbal, se les puede pedir a los estudiantes que hagan algunos ejercicios diseñados con el fin de resaltar dichos elementos (Pearson 2001).

Como señala Kasper (1998), no se sabe todavía si un estudiante de una L2 es capaz de lograr una competencia pragmática nativa en la lengua estudiada. Pero con la práctica, parece que puede conscientizarse de las diferencias pragmáticas y llegar a comunicarse en la L2 de una manera más global y funcional.

▶ *Ejercicio 4: La cortesía verbal y los actos de habla*

Con su pareja, discuta cómo reaccionaría Ud. a los siguientes enunciados en los contextos indicados. Ninguno de estos casos se dicen en son de broma. ¿Diría Ud. que el enunciado representa una expresión apropiada y cortés? Explíquese.

1. Ud. habla con un compañero de clase en frente del edificio de lenguas extranjeras. De repente, se les acerca un joven desconocido y les dice, "Oye, me da fuego."

2. Ud. espera el autobús y una mujer desconocida que también espera el autobús le dice, "¿Sería Ud. tan amable de darme la hora?"

3. Ud. acaba de conocer a su nuevo/a compañero/a de cuarto. Después de charlar un rato, él/ella le pregunta, "Mira, ¿no quieres prestarme tu despertador? Se me olvidó el mío, y tengo una clase mañana más temprano que tú."

4. Ud. le pregunta a su amigo si el profesor García es muy bueno. Le contesta, "Si te gusta pasar horas y horas en la biblioteca."

5. Ud. está comiendo tapas con otros dos amigos en un bar. Pidieron un plato de queso manchego para acompañar las copas de vino. A cada uno le tocaba comer cuatro trocitos de queso, pero a Ud. le apetecía comer sólo dos. Un amigo le comenta a Ud., "Ya me comí mis cuatro pedazos, pero tú no. El problema es tuyo."

6. Un colega ha venido a cenar a su casa. Está Ud. tan ocupado/a que le pide a su colega que corte unos vegetales. Su colega le dice, "¿Cómo quieres que los corte si no me das con qué cortarlos?"

▶ *Ejercicio 5: Para practicar la cortesía y los actos de habla*

Primero, con su pareja, practique la realización de las siguientes situaciones, haciendo todo lo posible para que quede de una manera realista. Escoja cada uno de Uds. uno de los papeles y represéntalo ante la clase. Finalmente, desde la perspectiva del maestro, discuta las ventajas y desventajas de hacer este tipo de representación como modo de practicar las reglas pragmáticas.

1. A: Ud. invitó a cenar a su casa a su jefe y su esposa. Quiere preparar una receta especial que sólo un/a amigo/a suyo/a tiene. No le queda más remedio que llamar a su amigo/a, pero el problema es que él/ella siempre quiere ir a su casa a comer y Ud. no quiere invitarlo/la esta vez porque quiere dedicarles ese tiempo sólo a sus invitados.

   B: Ud. recibe una llamada de un/a amigo/a para pedirle su receta especial, pero hace tiempo que él/ella no lo/la invita a cenar a su casa y Ud. cree que debería invitarlo/la a Ud. esta vez.

2. A: Ud. espera el autobús y de repente se le pone una persona atractiva a su lado. Ud. quiere conocerlo/la pero nota que lleva un anillo. Así y todo, Ud. decide comenzar a hablarle para conocerlo/la mejor.

   B: Ud. acaba de llegar a este país y ve a una persona algo extraña que lo/la mira continuamente. Ud. tiene miedo de hablar con personas desconocidas porque ha oído mucho sobre los estadounidenses locos y a veces violentos.

3. A: Un amigo suyo lo/la ha ofendido mucho a Ud. y por eso no tiene ganas de volver a hablarle, pero cree que debería saludarlo al encontrarse con esa persona. ¿Pero qué le va a decir?

   B: Ud. cree que su amigo/a se ha ofendido por algo que Ud. ha dicho, pero Ud. no está seguro/a y nadie le ha comentado nada. Ud. tiene ganas de hablarle al verlo/la de nuevo en la universidad.

4. A: Para su cumpleaños, la dueña del lugar donde Ud. vive le ha preparado un pastel especial. Ud. prueba un pedazo y lo encuentra realmente horrible.

   B: Ud. se ha pasado toda la mañana haciendo un pastel especial para el/la joven que vive en su casa. Ud. cree que él/ella siempre come muy poco porque es tímido/a y que esta vez va a insistir en sentarse a comer juntos para festejar la ocasión.

5. A: Su mejor amigo/a y Ud. han intentado ser miembros de un club especial en la facultad. Ha sido siempre su sueño formar parte de este grupo. Acaban de avisarles que sólo lo la van a admitir a Ud. en el club. ¿Qué le va a decir a su amigo/a?

   B: Su mejor amigo/a y Ud. han intentado ser miembros de un club especial en su facultad. Ha sido siempre su sueño formar parte de este grupo. Sólo admitieron a su amigo/a y no a Ud. Ud. se siente indignado a y cree que, para mantener la amistad, su amigo/a debería rechazar la invitación al grupo.

EL SISTEMA DEÍCTICO

La <u>deixis</u>, una palabra de origen griego, quiere decir 'apuntar' o 'señalar.' Se usa para referirse al sistema deíctico de cualquier lengua, el cual tiene que ver

Tabla 7.2. Los adjetivos (y pronombres) demostrativos y la deixis espacial en español			
aquí/acá	*ahí*	*allí/allá*
1a persona *(cerca del hablante)*	*2a persona* *(cerca del oyente)*	*3a persona* *(lejos del oyente/hablante)*
este, esta, estos, estas	ese, esa, esos, esas	aquel, aquella, aquellos, aquellas
(éste, ésta, éstos, éstas)	(ése, ésa, ésos, ésas)	(aquél, aquélla, aquéllos, aquéllas)

con las maneras en que las lenguas codifican o gramaticalizan ciertos rasgos del contexto del enunciado (Levinson 1983:54). El sistema deíctico siempre parte de la perspectiva egocéntrica del hablante, es decir, el yo. Según Fillmore (1975), hay tres categorías de deixis—espacial, temporal y personal.

(a) <u>espacial</u>: aquí/acá (el lugar del hablante—yo, nosotros/as); ahí (el lugar del oyente—tú, Ud., Uds.); allí/allá (el lugar de otras personas o referentes—él, ella, ellos/as)

(b) <u>temporal</u>: ahora (el momento en el que habla el hablante); ayer (antes del momento en el que habla el hablante); mañana (después del momento en el que habla el hablante)

(c) <u>personal</u>: yo, nosotros/as (los que hablan o en nombre de quién se habla); tú, Ud., vosotros/as, Uds. (los que escuchan); él, ella, ellos/as (los referentes que no están hablando ni participando de la conversación).

Por medio de esa perspectiva egocéntrica, el hablante puede dar a entender cuán lejos o cerca se encuentran los otros referentes; por ejemplo,

(41) Estas flores (que están aquí) en este parque son lindísimas.

(42) Esas flores (que están ahí) son un poco feas.

(43) A aquella chica (que está allí) le hablo siempre.

Los ejemplos (41) a (43) demuestran que los adjetivos (y pronombres) demostrativos corresponden a la deixis espacial.

Tabla 7.3. Los adjetivos (y pronombres) demostrativos y la deixis espacial en inglés			
here	*there*	*over there/way out there*
this, these	*that, those*	*that, those*

La deixis espacial es la que le ocasiona más dificultades al estudiante debido básicamente a que se realiza de maneras diferentes en las dos lenguas. Primero, como se ve en las Tablas 7.2 y 7.3, hay cinco adverbiales locativos—<u>aquí</u>, <u>acá</u>, <u>ahí</u>, <u>allí</u> y <u>allá</u>[3]—que corresponden a dos o a lo sumo tres locativos

---

[3] No se incluye aquí el muy infrecuente adverbial <u>acullá</u>.

adverbiales en inglés: *here, there, out there/way out there*. Es por eso que el sistema del español es más complejo. Además hay muchos más adjetivos y pronombres demostrativos en español que especifican la relación espacial que existe entre el hablante y el referente.

También, los pronombres se pueden usar para revelar la actitud que el hablante tiene hacia el referente:

(44) [al hablar en voz alta de un modo despreciante de una persona que está muy cerca] No me hables de aquélla.

Los verbos ir y venir también corresponden a la deixis espacial. Básicamente, se usa ir cuando el hablante desea indicar movimiento del lugar donde están él y el oyente (ej. 45 y 46), como en inglés:

(45) Voy al supermercado esta noche.

(46) Vamos a la cafetería.

Se usa venir cuando el hablante desea indicar movimiento hacia donde está el hablante al momento de hablar, también como en inglés:

(47) Viene aquí para hablarme por la tarde.

Pero para expresar el movimiento hacia el oyente, se suele usar ir, a diferencia del inglés:

(48) [al hablar por teléfono] Va a verte a las tres, así es que tienes que esperar.

De la misma manera funcionan los verbos llevar y traer. Se suele usar llevar cuando se mueve algo del lugar donde están el hablante y el oyente hacia otro lugar:

(49) No quiero llevar tantas maletas en el viaje.

(50) ¿Quieres que te lleve al teatro?

y traer cuando se mueve algo hacia donde está o va a estar el hablante:

(51) Esta noche me traes unas flores lindas.

(52) Tráeme un vaso de agua, por favor.

Pero para expresar el movimiento hacia el oyente, se usa llevar:[4]

(53) Te los llevo a tu casa.

Es interesante notar que, cuando se trata de lenguas en contacto (por ejemplo, el español y el inglés) entre las cuales existen diferencias deícticas, el sistema deíctico da lugar a diferentes realizaciones. Por ejemplo, en español, cuando alguien toca a la puerta, se contesta:

(54) ¡Ya voy!

---

[4] No queremos decir que esta regla es diferente del inglés porque las reglas para *bring* y *take* son bastante variables, por lo menos en el inglés de los Estados Unidos.

En inglés, se dice

(55) *I'm coming!*

lo cual muestra que en inglés se toma la perspectiva del oyente, mientras que en español se toma la perspectiva del hablante mismo para realizar este acto de habla. Sin embargo, en algunas regiones de los Estados Unidos donde existen comunidades grandes de hispanohablantes nacidos en el país que tienen un contacto fuerte con el inglés (por ejemplo, el estado de Texas), se oye el uso del sistema deíctico del inglés en espanol:

(56) ¡Ya vengo!

El mismo fenómeno se encuentra en la variedad de español que se habla en Barcelona, donde hay un contacto fuerte entre el castellano y el catalán. Cuando tocan a la puerta, se oye en catalán

(57) ¡Ja vinc! (*I'm coming!*)

Y en el español catalán de Barcelona, se oye (Vann 1996):

(58) ¡Ya vengo!

Otra muestra de diferencias deícticas está en los siguientes ejemplos del castellano, catalán, y del español catalán de Barcelona, extraídos de una conversación entre una hablante nativa del español catalán en Barcelona y un estadounidense en los Estados Unidos. La hablante nativa dijo (59):[5]

(59) (español catalán) ¿Sabes que mi madre está <u>aquí</u> en tu país?
(60) (castellano) ¿Sabes que mi madre está <u>ahí</u> en tu país?
(61) (catalán) ¿Saps que la meva mare és <u>aquí</u> al teu país?

Es obvia la influencia del sistema deíctico del catalán en (59). Los ejemplos (57) al (61) ilustran por lo tanto la transferencia de un sistema deíctico de una lengua a otra, dando origen a una realización diferente en el español de cada región.

▶ *Ejercicio 6: El sistema espacial*

Trace una serie de dibujos que muestren a un hablante, un oyente y un tercer referente, y que ilustren el sistema espacial deíctico español de la Tabla 7.2. Escriba los adverbiales locativos y demostrativos en español y en inglés que corresponden a cada dibujo. Después, redacte una frase relacionada a cada dibujo.

▶ *Ejercicio 7: Identificación de la perspectiva deíctica*

Subraye en cada frase los elementos que indiquen la perspectiva deíctica (espacial, temporal o personal). Identifique cuál es la perspectiva que se connota con respecto al hablante (es decir, 1a., 2a., o 3a. persona, o cercanía/distancia).

Modelo: <u>Ellos</u> están <u>allí</u>.
        Ellos = 3a. persona; allí = 3a. persona, lejos del hablante

---

[5] Le agradecemos a Robert Vann este ejemplo.

1. Tú dices que quieres estudiar mañana, pero nosotros queremos estudiar ahora.

2. La mesa que está ahí está hecha de metal.

3. Ahora le traigo una cerveza.

4. Aquel chico es de Madrid, pero éste es de Salamanca.

5. Ven aquí; no te vayas.

6. El pájaro voló hacia allá.

7. Venimos de San Sebastián.

8. Vamos a San Sebastián.

9. [hablando en clase] Voy a tu casa esta tarde.

10. ¿Quieres traer ese libro a la conferencia?

11. ¿Quieres llevar ese libro a la conferencia?

12. Queremos llevar estos regalos a Colombia.

LA PRAGMÁTICA Y LA ASL

Igual que la adquisición de otros elementos de la lengua, tales como la gramática, la sintaxis, la morfología, la fonología y la semántica, la competencia pragmática en la L2 se desarrolla por fases en el interlenguaje. Aunque el estudiante ya sabe conceptos pragmáticos de su L1, dichos conceptos/conocimientos no se transfieren directamente para producir o entender formas de una manera apropiada. Tampoco le es siempre fácil al estudiante transferirlos, aún cuando resultarían en el enunciado apropiado. Hay varias razones para ello, como ya se ha señalado antes en este capítulo.

En realidad, hay pocos estudios sobre el desarrollo de la competencia pragmática de la L2. La mayor parte de los estudios se relacionan a cómo los estudiantes de varios niveles usan la lengua para expresar ciertos actos de habla en un momento dado. El estudio de Koike (1989) mencionado anteriormente encontró que los estudiantes de español de varios niveles mostraban diferentes habilidades para comunicar actos de habla apropiados para los contextos que se presentaron. Los estudiantes de niveles más bajos no lograban suavizar muy bien sus enunciados en contextos bastante delicados, y expresaban su directiva de una manera demasiado directa. Así se reveló que la competencia gramatical no avanza al mismo paso que la pragmática. Sólo a los niveles más avanzados es cuando los estudiantes pueden comunicar su mensaje de modo apropiado para el contexto, logrando también prestar atención a detalles lingüísticos. Por ejemplo, el uso de modalidades como el condicional (<u>podría</u>), de fórmulas lingüísticos (<u>lo siento</u>, <u>por favor</u>) y de elaboración (...<u>porque mi esposo no podía llevarme al sitio indicado y no quería pedirles ese favor a mis amigas</u>), son detalles que ayudan a atenuar un mensaje pero que también requieren de un dominio de la lengua superior al de un principiante.

Más aún, en gran parte la pragmática requiere <u>la co-construcción de significado</u> por parte del hablante y del oyente. Es decir, puede que un hablante intente comunicar una disculpa. Pero si el oyente no comparte la misma información lingüística, sociocultural, de vivencia **experimental** o la misma perspectiva, puede que interprete el mensaje como un rechazo. La competencia pragmática se adquiere con *input*, práctica con la producción y la comprensión, experiencia con diferentes situaciones, un conocimiento de las normas socioculturales y pragmáticas de la L2, y ayuda del maestro.

experimental
experiential

REPASO

En este capítulo vimos que la pragmática es un área bastante amplia de la lingüística que se ocupa del uso de la lengua según el contexto dado. La pragmática es el estudio de las intenciones del hablante, cómo las expresa, y cómo las entiende el oyente. No hay función que se exprese sólo de una manera, y las opciones que se escogen para comunicar cierta función revelan la actitud del hablante hacia el tema, el oyente, el contexto, etc.

En la pragmática las áreas de estudio de mayor relevancia para el maestro y el estudiante de español son, en nuestra opinión, los actos de habla, la implicatura, la cortesía verbal y la deixis espacial. El estudiante de español debe contar con la oportunidad de observar cómo se realizan los actos de habla en español, y aprender toda una variedad de opciones que le permitan también producir actos de habla según las normas de cortesía verbal del español. Una de esas opciones es el uso de la implicatura, que le permite al hablante expresar mensajes de una manera más indirecta. Con respecto a la deixis espacial, el estudiante debe ver la diferencia entre el sistema deíctico español y el inglés y saber las correspondientes codificaciones de los dos sistemas.

Ejercicios finales

1. La implicatura. Busque en una revista o un periódico en español algunos anuncios que usen la implicatura y otros que no. Indique por qué cree Ud. que el mensaje fue expresado de tal manera.

2. Un diálogo. Invente un diálogo con un compañero de clase en que se plantee un problema y se ofrezca una solución, tal como se ve en el Ejercicio 5. Luego, represéntenlo ante la clase para que deduzcan cuál fue el problema inicial y la solución.

3. De parte de los estudiantes. Observe los ejemplos de actos de habla producidos por estudiantes de español de varios niveles. Fíjese en los errores pragmáticos (no tanto en los gramaticales) e indique lo que Ud. le sugeriría a cada estudiante para mejorar la expresión pragmática.[6]

a. Situación: Ud. nota que el enfermero en el hospital donde se encuentra su hermano hace mal su trabajo. Cuando entra al cuarto de su hermano, ¿qué le dice Ud.?
Respuesta del estudiante: "Necesito la medicina! Más pronto!"

b. Ud. quiere pasar entre medio de dos personas que están charlando. ¿Qué les dice?
Respuesta del estudiante: "Perdóname."

c. Después de ir a una fiesta con un buen amigo, Ud. se entera que su amigo se había ofendido por algo que Ud. había dicho. ¿Qué le dice?
Respuesta del estudiante: "¿Qué problema tienes?"

d. Ud. está en la biblioteca y le hace falta una pluma. Una amiga se da cuenta y le ofrece una pluma. ¿Qué le dice Ud?
Respuesta de la estudiante: "Muchísimas gracias. Tú es muy amable. No sé qué hago sin tú."

e. Ud. comienza a manejar su carro cuando de repente choca con el carro estacionado de una vecina anciana que Ud. no conoce muy bien. Ella sale de su casa. ¿Qué le dice Ud. a ella?
Respuesta de la estudiante: "Perdóname."

f. Ud. está cenando y quisiera más pan, que se encuentra al lado de su amiga. ¿Qué le dice?
Respuesta del estudiante: "Amiga, ¿puede pasar *the bread* el pan?"

g. Ud. acaba de firmar los papeles en la recepción de un hotel para hospedarse allí dos noches. ¿Qué le dice el recepcionista?
Respuesta del estudiante: "¿Desea la llave de tu habitación?"

h. Alguien toca a la puerta. ¿Qué le dice?
Respuesta del estudiante: "Estoy veniendo."

4. La variación en los actos de habla. Las siguientes conversaciones ocurrieron en dos panaderías—la primera en Alicante, España y la

---

[6] Les agradecemos mucho a Lynn Pearson y Caryn Witten estos ejemplos de parte de sus alumnos.

segunda en México, D.F. Analice las diferencias
en la manera en que el cliente (C) y el empleado
(E) realizan los actos de habla diferentes en los
dos contextos. Se supone que en los dos casos el
cliente y el empleado tienen la misma relación.
Los ejemplos son de Schwenter (1993):

a. <u>Alicante</u>
   C: Hola.
   E: Hola, ¿qué quieres?
   C: Ponme dos barras de pan y un paquete de
      galletas de chocolate.
   E: [Se lo entrega.] Aquí tienes. ¿Algo más?
   C: No, nada. Dime cuánto es.
   E: Son 150 pesetas.
   C: [Le da el dinero.] Aquí tienes.

E: Vale, gracias.
C: Hasta luego.
E: Adiós.

b. <u>México, D.F.</u>
   E: Buenas tardes.
   C: Buenas tardes.
   E: ¿En qué le puedo servir?
   C: ¿Podría darme Ud. una docena de tortas,
      por favor?
   E: Como no señorita. [Se las entrega.] Aquí
      tiene. ¿Quisiera otra cosa?
   C: No gracias, esto será todo.
   E: Muy bien, son 3500 pesos.
   C: [Le da el dinero.] Aquí tiene Ud.
   E: Gracias, que tenga Ud. buenas tardes.
   C: Igualmente, hasta luego.

Términos importantes

los actos de habla	la disculpa	la petición
la cortesía	la implicatura	el Principio de Cooperación
la deixis	el malentendido	el rechazo
el desafío	el mandato	la sugerencia
la despedida	el pedido	

Obras consultadas

AUSTIN, JOHN. 1962. *How to Do Things with Words.*
Cambridge, MA: Harvard University Press.

BLUM-KULKA, SHOSHANA, JULIANE HOUSE, AND
GABRIELE KASPER. (EDS.). 1989. *Cross-cultural
Pragmatics: Requests and Apologies.* Norwood,
NJ: Ablex.

BLUM-KULKA, SHOSHANA, AND GABRIELE KASPER.
1993. *Interlanguage Pragmatics.* New York:
Oxford University Press.

COHEN, ANDREW. 1996. "Speech acts." In Sandra
McKay and Nancy Hornberger (eds.), *Sociolin-
guistics and Language Teaching.* 383–420.
New York: Cambridge University Press.

ESCANDELL-VIDAL, VICTORIA. 1993. *Introducción a
la pragmática.* Barcelona: Anthropos.

FILLMORE, CHARLES. 1975. "Santa Cruz lectures
on deixis," 1971. Mimeo, Indiana University Linguistics Club.

GARCÍA, CARMEN. 1992. "Refusing an invitation:
A case study of Peruvian style." *Hispanic Linguistics* 5:207–243.

GARCÍA, CARMEN. 1993. "Making a request and re-
sponding to it: A case study of Peruvian Spanish
speakers." *Journal of Pragmatics* 19:127–152.

GARCÍA, CARMEN. 1996. "Teaching speech act performance: Declining an invitation." *Hispania*
79(2):267–277.

GASS, SUSAN, AND JOYCE NEU (EDS.). 1995. *Speech
Acts Across Cultures.* Berlin: Mouton de Gruyter.

GORDEN, RAYMOND L. 1974. *Living in Latin
America.* Lincolnwood, IL: National Textbook
Company.

GREEN, GEORGIA. 1989. *Pragmatics and Natural
Language Understanding.* Hillsdale, NJ: Lawrence
Erlbaum Associates.

GRICE, H. PAUL. 1975. "Logic and conversation."
In Peter Cole and Jerry Morgan (eds.), *Syntax
and Semantics 3: Speech Acts.* 41–58. New York:
Academic Press.

HALL, JOAN. 1993. "The role of oral practices in
the accomplishment of our everyday lives: The
sociocultural dimension of interaction with

implications for the learning of another language." *Applied Linguistics* 14:145–166.

HAVERKATE, HENK. 1994. *La cortesía verbal. Estudio pragmalingüístico*. Madrid: Gredos.

HAVERKATE, HENK, GIJS MULDER, AND CAROLINA FRAILE MALDONADO (EDS.). 1998. *La pragmática lingüística del español: Recientes desarrollos*. A special edition of *Diálogos hispánicos* 22.

KASPER, GABRIELE. 1998. "Interlanguage pragmatics." In Heidi Byrnes (ed.), *Learning Foreign and Second Languages*. 183–208. New York: Modern Language Association of America.

KASPER, GABRIELE, AND KENNETH ROSE. 1999. "Pragmatics and SLA." *Annual Review of Applied Linguistics* 19:81–104.

KLEE, CAROL A. 1988. "Communication as an organizing principle in the National Standards: Sociolinguistic aspects of Spanish language teaching." *Hispania* 8l: 321–333.

KOIKE, DALE. 1989. "Pragmatic competence and adult L2 acquisition: Speech acts and L2 acquisition." *Modern Language Journal* 73(3):279–289.

KOIKE, DALE. 1992. *Language and Social Relationship in Brazilian Portuguese: The Pragmatics of Politeness*. Austin, TX: The University of Texas Press.

KOIKE, DALE. 1994. "Negation in Spanish and English suggestions and requests: Mitigating effects?" *Journal of Pragmatics* 21:513–526.

KOIKE, DALE. 1995. "Transfer of pragmatic competence and suggestions in Spanish foreign language learning." In Susan Gass and Joyce Neu (eds.), *Speech Acts Across Cultures*. 257–281. Berlin: Mouton de Gruyter.

KOIKE, DALE. 1998. "La sugerencia en español: Una perspectiva comparativa." In Henk Haverkate, Gijs Mulder, and Carolina Fraile Maldonado (eds.), *La pragmática lingüística del español: Recientes desarrollos*. A special edition of *Diálogos hispánicos* 22:211–235.

LE PAIR, ROB. 1996. "Spanish request strategies: A cross-cultural analysis from an intercultural perspective." *Language Sciences* 18:651–670.

LEVINSON, STEPHEN. 1983. *Pragmatics*. Cambridge: Cambridge University.

MEY, JACOB. 1993. *Pragmatics: An Introduction*. Oxford: Blackwell.

NELSON, GAYLE, AND CHRISTOPHER HALL. 1999. "Complimenting in Mexican Spanish: Developing grammatical and pragmatic competence." *Spanish Applied Linguistics* 3(1):91–122.

PALENCIA, MARÍA E. 1998. "Pragmatic variation: Ecuadorian Spanish versus Peninsular Spanish." *Spanish Applied Linguistics* 2:71–106.

PEARSON, LYNN. 2001. "Pragmatics in Foreign Language Teaching: The Effects of Instruction on L2 Learners' Acquisition of Spanish Expressions of Gratitude, Apologies, and Directives." Unpublished doctoral dissertation, University of Texas at Austin.

PHILLIPP, JOHN PAUL. 1995. "Cultural Knowledge and Language Acquired by Students of Business Spanish: A Comparative Study of Perceptions." Unpublished Master's thesis, University of Texas at Austin.

SCHWENTER, SCOTT. 1993. "Diferenciación dialectal por medio de pronombres: una comparación del uso de *tú* y *usted* en España y México." *Nueva revista de filología hispánica* XLI:127–149.

SEARLE, JOHN. 1969. *Speech Acts*. Cambridge: Cambridge University Press.

SEARLE, JOHN. 1975. "Indirect speech Acts." In Peter Cole and Jerry Morgan (eds.), *Syntax and Semantics Vol 3: Speech Acts*. 59–82. New York: Academic Press.

VANN, ROBERT. 1996. "Pragmatic and Cultural Aspects of an Emergent Language Variety: The Construction of Catalan Spanish Deictic Expressions." Unpublished doctoral dissertation, University of Texas at Austin.

VERSCHUEREN, JEF. 1999. *Understanding Pragmatics*. New York: Oxford University Press.

VERSCHUEREN, JEF, JAN-ÖLA OSTMAN, AND JAN BLOMMAERT. 1995. *Handbook of Pragmatics*. Amsterdam: John Benjamins.

Capítulo 8

Lengua y sociedad en el mundo hispanohablante

INTRODUCCIÓN: LENGUA Y SOCIEDAD

En este capítulo exploramos varios conceptos en torno a la relación entre lengua y sociedad en el mundo hispanohablante. Empezamos con un examen del concepto de <u>dialecto</u> vs. <u>lengua</u>, analizando cómo 'el dialecto castellano' llegó a ser conocido como 'la lengua española.' Este desarrollo demuestra claramente la importancia de factores sociales y políticos en la definición de ambos términos.

Analizamos brevemente algunas de las diferencias entre el español hablado en varias partes del mundo. Después veremos los factores variables que pueden afectar el cambio lingüístico, tales como el estatus social de los hablantes, las diferencias socioeconómicas, la edad, el sexo y los niveles de educación. Finalmente, examinaremos el español en situaciones bilingües con un enfoque especial en el español en los Estados Unidos.

¿EL ESPAÑOL O EL CASTELLANO?

a.C.

antes de Cristo (b.c.)

d.C.

después de Cristo (a.d.)

vasco

Basque

prerrománica

before the Roman conquest

En muchas partes del mundo hispanoparlante se usa el término <u>castellano</u> para referirse a la lengua española. Este término tiene sus raíces en la historia de la península ibérica. Los romanos llegaron a lo que hoy en día es España y Portugal en 218 **a.C.** y en muy poco tiempo impusieron el latín en casi toda la península. Sin embargo, a través de los siglos el latín hablado llegó a fragmentarse en varios dialectos. Hacia el siglo VIII **d.C.**, había cinco grupos lingüísticos principales en la península ibérica oriundos del latín: <u>el gallego-portugués</u>, <u>el asturiano-leonés</u>, <u>el castellano</u>, <u>el aragonés</u> y <u>el catalán</u>. Además de estos dialectos, se hablaba <u>el **vasco**</u> en el norte de España, la única lengua **prerrománica** que ha sobrevivido hasta el presente.

En 711 d.C. <u>los moros</u> provenientes de África conquistaron casi toda la península ibérica. La resistencia contra ellos empezó en el norte de España (Asturias) y duró hasta 1492 cuando los Reyes Católicos, Fernando e Isabel, lograron expulsarlos de Granada, el último bastión moro que quedaba. El reino que tuvo el papel más importante en <u>la Reconquista</u> de la península fue Castilla, y por eso logró implantar su dialecto en todo el sur de España, la región que hoy en día es Andalucía. El poder político de Castilla le dio un estatus especial al dialecto castellano que llegó a ser la lengua de la administración y de la cultura del nuevo reino unificado. En 1492 Nebrija publicó la primera gramática del 'español' con el título *Gramática castellana*. En ese mismo año el castellano empezó a extenderse hacia las Américas. Para fines del siglo XV, el castellano era el dialecto más importante en la península ibérica.

No obstante, a pesar de varios intentos de suprimir oficialmente otras variedades regionales a través de los siglos, han sobrevivido algunas de ellas, e inclusive hoy en día han asumido un estatus oficial. Los más importantes son el gallego, el vasco y el catalán. En la Figura 8.1 seaven las lenguas y los dialectos que se hablan en España en el siglo XXI.

En resumen, por razones políticas el dialecto castellano llegó a ser identificado con la nación española y por eso llegó a ser denominado <u>español</u>. Sin

Figura 8.1. Lenguas y dialectos de España (Mar-Molinero 1997:47)

embargo, en España[1] y en muchos países latinoamericanos todavía se dice 'castellano' al referirse a la lengua española. Ambos términos son correctos y en este capítulo usaremos los dos sin distinción.

▶ *Para pensar y discutir 1:*

1. ¿Cuáles son las implicaciones políticas del uso de los términos 'español' vs. 'castellano'? ¿Cuál de estos términos preferiría Ud. usar al enseñar una clase de lengua? ¿Por qué?

2. Normalmente, cuando una nación conquista a otra, trata de imponer su lengua en el pueblo conquistado. ¿Cuáles son las razones para ello? ¿Cuáles son las posibles consecuencias? Dé ejemplos de dicha política que Ud. conozca.

LENGUA Y DIALECTO

latín vulgar

vulgar (spoken) Latin

El castellano originalmente era un dialecto del **latín vulgar** que para fines del siglo XV había alcanzado el estatus de lengua. Todas las lenguas tienen sus raíces en un dialecto hablado, pero pasan a convertirse en lengua a través de un proceso de <u>estandarización</u>, o sea con la creación de libros de gramática y diccionarios, el surgimiento de una lengua escrita y una tradición literaria, combinado con el uso del dialecto en contextos oficiales dentro del gobierno y en la educación. Max Weinreich, un lingüista reconocido, afirmó que

---

[1] La Constitución actual de España afirma: "el castellano es la lengua española oficial de España."

"Una lengua es un dialecto con un ejército y una armada." Con esto quería decir que un dialecto llega a ser una lengua debido a una confluencia de factores históricos, políticos, económicos y sociales; su estatus de lengua poco tiene que ver con sus propiedades lingüísticas inherentes.

Cuando se habla de los dialectos del español, se hace referencia a variedades de la lengua que se diferencian entre sí al nivel fonológico, léxico, semántico, morfológico y/o sintáctico. Podemos hablar de dialectos regionales del español, como el castellano de Madrid o el andaluz de Sevilla en España, o el castellano de México D.F. y el castellano de Buenos Aires. También hay diferencias entre el español de diferentes grupos sociales dentro del mismo contexto geográfico; podemos hablar del español de la clase media de Sevilla que es diferente al español de la clase obrera; estas diferencias resultan en dialectos sociales o **sociolectos.** Examinemos a continuación los dos tipos de diferencias.

sociolectos

sociolect, a variety of language that is characteristic of a specific social class

comunidad de habla

speech community

La comunidad de habla

Otro concepto importante en el estudio de lengua y sociedad es el de **comunidad de habla.** Los miembros de una comunidad de habla no sólo comparten un mismo dialecto o variedad lingüística sino también las mismas normas lingüísticas. Esto quiere decir que juzgan e interpretan de modo semejante las variables que permiten diferenciar a los hablantes de su propio dialecto o del sociolecto de los hablantes de otras variedades. Saben qué variables son prestigiosas dentro de la comunidad y cuáles no lo son. Por ejemplo, si un angloparlante estadounidense escucha la expresión "*I ain't got none*," sabe que se trata de una gramática no estándar, y que posiblemente el hablante no tenga un nivel de instrucción muy alto o alternativamente esté bromeando o tratando de establecer solidaridad (Saville-Troike 1998:5).

En comunidades de habla bilingüe los miembros seleccionan diferentes lenguas según la situación en que se encuentren. Saben qué código o combinación de códigos son apropiados en ciertos contextos. En las comunidades hispanohablantes en los Estados Unidos los individuos bilingües pueden ser miembros de más de una comunidad de habla; o sea, pueden ser miembros de la comunidad hispanohablante y también de la comunidad angloparlante. Normalmente una de las comunidades es la primaria para el individuo y la otra es la secundaria; es decir, es la comunidad en la que interactúa con menos frecuencia.

▶ *Para pensar y discutir 2:*

1. ¿Por qué existen diferencias dialectales? ¿A qué se deben? ¿Cuáles son algunas de las posibles causas? Identifique algunas de las variedades de inglés y español. ¿Cuáles son algunas de las características de dichas variedades?

2. ¿Por qué se ven estigmatizados algunos dialectos? Dé ejemplos de tales dialectos.

3. ¿Conoce Ud. algunas diferencias regionales del español? ¿A qué nivel lingüístico se presentan: fonológico, morfológico, sintáctico, léxico, pragmático, no-verbal? Dé algunos ejemplos específicos. Trate de incluir no sólo ejemplos léxicos sino diferencias en por lo menos uno de los demás niveles.

4. ¿A qué comunidad(es) de habla pertenece Ud.? ¿Cómo sabe Ud. que se tratan de comunidades de habla?

DIFERENCIAS REGIONALES

Diferencias fonológicas: El seseo

Al tratar de diferenciar entre las variedades regionales del español, solemos enfocarnos en las diferencias fonológicas. Por ejemplo, en España hay una diferenciación clara entre el castellano del norte donde hay una distinción entre el fonema /θ/ que se pronuncia de una manera parecida al *th* de inglés en palabras como <u>gracias</u> o <u>cazar</u>, y el fonema /s/. O sea, las palabras <u>caza</u> y <u>casa</u> tienen una pronunciación distinta. En Andalucía en cambio estos dos fonemas se han **nivelado** y sólo se usa el fonema /s/.[2] O sea, las palabras <u>caza</u> y <u>casa</u> se pronuncian de la misma manera. La falta de diferenciación entre los dos fonemas se llama <u>seseo</u>. En Latinoamérica la característica más prevaleciente es el seseo; todo el mundo en Latinoamérica sesea. Hay varias teorías que tratan de explicar dicho fenómeno.[3] Por un lado se cree que durante el período de formación de América Latina, la mayoría de los colonizadores provenían de Andalucía y, por lo tanto, la variedad andaluza se impuso en las colonias españolas. Otra teoría más reciente da importancia a la **koinización**. Hablantes de distintos dialectos peninsulares llegaron al Nuevo Mundo, algunos con seseo y otros que mantenían la distinción entre /s/ y /θ/. En el proceso de formación de una <u>koiné</u>, o sea un dialecto nuevo formado como resultado del contacto de distintos dialectos, generalmente ocurren procesos de simplificación y reducción. Beatriz Fontanella de Weinberg (1992:47) lo explica de esta manera:

> En la koinización americana resulta muy fácilmente explicable el triunfo de los rasgos simplificadores del andaluz, si tenemos en cuenta, por una parte, el peso demográfico y social de los hablantes de ese origen y, por otra parte, que en un proceso de koinización, es decir, de conformación de una nueva variedad a partir de las diferentes en contacto, resultaba mucho más factible el avance de procesos simplificadores que lo contrario; es decir, era más fácil para los hablantes que poseían determinadas oposiciones perderlas que para quienes no las tenían adquirirlas [...]

En fin, el nuevo dialecto que se formó en América Latina posee muchas de las características del español andaluz que era el dialecto más simplificado de la península.

Diferencias fonéticas: La aspiración y elisión de /s/

Otra distinción dialectal importante se da entre los <u>dialectos conservadores</u> del español, como el castellano del norte, y los <u>dialectos radicales</u>, como el andaluz, en los que los cambios fonéticos andan más adelantados. Por ejemplo, en los dialectos radicales hay <u>aspiración</u> (/h/) y **elisión** (/Ø/) de la /s/ cuando está en posición final de sílaba. En vez de decir <u>los chicos</u>, en Andalucía se dice <u>loh chicoh</u> o <u>lo chico</u>. La aspiración y elisión de /s/ se encuentra en varios dialectos latinoamericanos, sobre todo en los del Caribe y en las costas del continente. Sin embargo, hay otros dialectos latinoamericanos donde no se encuentra ni aspiración ni elisión, como en la región andina de Sudamérica o en México D.F. Al contrario, se ha descrito estas últimas zonas como "un mar

nivelado

when two similar sounds are pronounced in the same way and are no longer distinguishable

koinización

dialect leveling, i.e. when two different dialects become more similar

elisión

deletion

---

[2] En algunas partes de Andalucía estos dos fonemas se han nivelado en el fonema /θ/.

[3] Véase Lipski (1994:34–62) para una explicación detallada de estas teorías.

	[s]	[h]	[ø]
Tabla 8.1. La realización de /s/ en varias ciudades			
San Juan de Puerto Rico (todos)	10%	44%	47%
Panamá (todos)	14%	36%	50%
Cartagena, Colombia	28%	38%	36%
Santo Domingo, República Dominicana (semialfabetos)	4%	0%	96%
Santo Domingo, República Dominicana (hombres universitarios)	13%	3%	84%
Santo Domingo, República Dominicana (mujeres universitarias)	27%	6%	68%
Bahía Blanca, Argentina (primario incompleto)	32%	0%	68%
Bahía Blanca, Argentina (universitarios)	82%	0%	18%

Adoptado de Fontanella de Weinberg (1992:137)

de eses." Como se puede apreciar en la Tabla 8.1, hay una gran variación regional en torno a la pronunciación de la /s/. Vemos pues que la elisión de la /s/ está más avanzada en la República Dominicana donde los hablantes **semialfabetos** eliden la /s/ en el 96 por ciento de los casos. Hay menos elisión en Bahía Blanca, Argentina, donde los universitarios usan la variante sibilante [s] en el 82 por ciento de los casos. Vemos también que hay diferencias en el porcentaje de elisión según el nivel educacional; los universitarios eliden menos que los semialfabetos en la República Dominicana y menos que los que no han terminado sus estudios primarios en Bahía Blanca. También, sabemos que en la República Dominicana hay diferencias profundas de pronunciación entre hombres y mujeres universitarios; las mujeres eliden menos que los hombres. Examinemos más a fondo las diferencias relacionadas a factores sociales más adelante.

semialfabetos
semiliterate

Diferencias fonéticas: El trueque de /r/ y /l/

En general, en los dialectos radicales las consonantes en posición final de la sílaba tienden a ser más débiles y sufrir cambios de varios tipos. Por ejemplo, en partes de Andalucía es común el **trueque** de /r/ y /l/ cuando antecede a una consonante; se dice arma en vez de alma. Este fenómeno se encuentra también en Puerto Rico pero al revés; se reemplaza /r/ con /l/ antes de una consonante. Por eso, algunos puertorriqueños dicen Puelto Rico o "ábreme la puelta." Lo que sabemos de los dialectos radicales del español, sea el andaluz, o los dialectos del Caribe, es que han llevado el proceso natural de cambio fonológico un paso más allá que los dialectos conservadores.

trueque
exchange

Diferencias gramaticales

Además de las diferencias fonéticas y fonológicas, hay que destacar dos diferencias gramaticales principales entre el castellano de España y el de

Latinoamérica. La primera es el uso de <u>vosotros</u>. En ninguna parte de Latinoamérica se usa el pronombre <u>vosotros</u>; se usa <u>ustedes</u> como segunda persona plural, sea una relación formal o informal, profesional o íntima. La segunda diferencia es el voseo, o sea el uso del pronombre <u>vos</u> en vez de <u>tú</u> ya mencionado en el Capítulo 3. Es sorprendente que no se enseñe el voseo en los EE.UU. a pesar de que su uso se extiende por toda Latinoamérica. Se usa en Centroamérica, en partes de México, Colombia, Perú, Ecuador, Bolivia, Chile, Venezuela, Paraguay y en casi toda Argentina y el Uruguay. Páez (1981) señala que solamente hay tres naciones, Cuba, Puerto Rico y la República Dominicana, donde el tuteo es característica de todas las clases sociales y todas las regiones de la nación. Según reporta, el 47 por ciento de la población hispanoaméricana en Latinoamérica tiene contacto con el voseo.

Diferencias lexicales

arcaísmos
archaic words

También hay diferencias de léxico entre ambos continentes y entre los mismos dialectos hispanoamericanos. Algunas palabras que se usan en Hispanoamérica se consideran **arcaísmos** en España; o sea, son palabras que se usaban en la época colonial pero que ya han perdido su vigencia en la península.

Preferencia latinoamericana	Preferencia peninsular contemporánea
calentura	fiebre
frazada	manta
pararse	ponerse de pie
recibirse	tomar un título, graduarse

Hay muchísimas otras diferencias entre el léxico peninsular (España) y el hispanoamericano. Las dos formas son correctas pero usar alguna de ellas en el contexto equivocado puede sonar raro, como decir *lift* (una palabra común en Inglaterra) en vez de *elevator* en los Estados Unidos.

Preferencia hispanoamericana	Preferencia peninsular
carro	coche
manejar	conducir
oficina	despacho
enojarse	enfadarse
computadora	ordenador
papa	patata
departamento, apartamento	piso
chancho	puerco, cerdo
pelear	reñir

Incluso dentro de América Latina hay diferencias léxicas de región a región. Por ejemplo, mientras que en España se dice <u>autobús</u>, en México se dice <u>camión</u>, en Puerto Rico <u>guagua</u>, en el Perú <u>ómnibus</u> y en Argentina <u>colectivo</u>.

puna
a desolate plateau in the higher Andes

Hay palabras indígenas que han entrado en el vocabulario de todos los dialectos del español, como <u>canoa</u>, <u>cacique</u>, <u>tabaco</u>, <u>tiburón</u>, <u>yuca</u>, <u>tomate</u>, <u>chocolate</u>, <u>cóndor</u>, <u>alpaca</u>, **puna**, <u>poncho</u>, etc. Pero también hay palabras indígenas que marcan diferencias entre los dialectos latinoamericanos. Aquí encontramos contrastes entre el dialecto mexicano y el peruano:

Preferencia mexicana	Preferencia peruana
elote	choclo
aguacate	palta
cacahuate	maní
chile	ají

En el español de los Estados Unidos hay diferencias dialectales en las zonas del suroeste, como Nuevo México, donde hay una población hispanohablante que data de la época de la colonización española en el siglo XVI que ahora ha entrado en contacto con inmigrantes más recientes de México. Bills y Vigil (1988) discuten las siguientes diferencias en el léxico de los dos dialectos. El primero, que llaman 'el español tradicional,' se encuentra en la zona montañosa al este de Nuevo México, mientras que el segundo, el español mexicano, se encuentra en el valle del Río Grande.

Español 'tradicional'	Español mexicano	Traducción al inglés
cute	abrigo	*overcoat*
cavador	azadón	*hoe*
jerga	alfombra	*rug*
nodriza	enfermera	*nurse*
faja	cinto	*belt*
empeloto	encuerado	*naked*
balún	globo	*balloon*
ganso, gallina de la tierra, torque	guajalote	*turkey*
camalta	cama	*bed*

Se nota que algunos de los términos del español tradicional de Nuevo México se deben al contacto con el inglés, como <u>torque</u> (*turkey*) o <u>balún</u> (*balloon*) mientras que otros son arcaísmos, como <u>faja</u>, lo cual existe a raíz del aislamiento de esta zona durante la época colonial.

En resumen, las diferencias regionales se encuentran a todos los niveles lingüísticos—el fonológico, el sintáctico y el léxico.

▶ *Para pensar y discutir 3:*
¿Qué dialecto regional del español debiera Ud. enseñarles a sus alumnos? ¿Sería mejor en cambio enseñarles un dialecto 'pan-hispánico' (es decir un dialecto 'genérico' en el que se trate de suprimir rasgos considerados particulares a una región específica)? Al contestar esta pregunta, tome en cuenta factores como la región de los Estados Unidos donde Ud. piensa enseñar y el dialecto con el que van a tener más contacto los alumnos.

LA ESTRATIFICACIÓN SOCIAL

Otra fuente de variación lingüística es la <u>estratificación social</u> de los hablantes. Hay por lo menos cuatro variables sociales con posible carácter diferenciador: la edad, el sexo, la clase social y el nivel de instrucción.

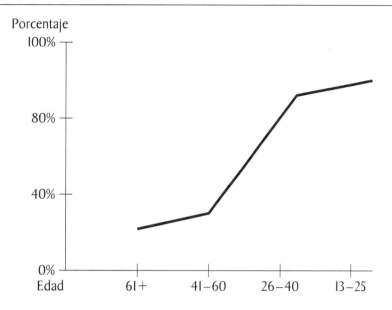

Figura 8.2. Correlación entre la variante deslateralizada [y] y la edad en Covarrubias (Burgos, España) (Silva-Corvalán 1989:166)

La edad

En los estudios de los cambios lingüísticos en curso hay una clara diferenciación entre generaciones. Por ejemplo, en el norte de España en la ciudad de Covarrubias (Burgos) se ha analizado la difusión del yeísmo. El yeísmo ocurre cuando el fonema palatal lateral sonoro /λ/, como en la palabra calle o lluvia, y el fonema palatal fricativo sonoro /y/, como en la palabra ya, se reducen a un solo fonema /y/. Donde hay yeísmo, las palabras calló y cayó se pronuncian de la misma manera. El yeísmo es la norma general en casi toda Hispanoamérica (con excepción de la región andina y Paraguay), en Andalucía, Galicia y el centro de España. En Covarrubias, sin embargo, todavía hay diferenciación entre /y/ y /λ/, sobre todo en el habla de personas mayores. En un estudio (Chapman et al. 1983), reportado por Silva-Corvalán (1989), la distribución de las variantes según la edad indica claramente que el uso de la variante lateral aumenta con la edad del hablante, como se ve en la Figura 8.2. Mientras que los mayores de cuarenta años todavía mantienen la palatal lateral /λ/, los menores de cuarenta años prefieren la variante [y].

▶ *Para pensar y discutir 4:*
¿Se le ocurren a Ud. algunas diferencias entre el habla de personas mayores y el habla de personas jóvenes en el dialecto de español o inglés que habla Ud.? Por ejemplo, ¿de qué manera se diferencian el lenguaje de Ud. y el de sus padres o abuelos? ¿Las diferencias se dan al nivel léxico, fonético/fonológico, sintáctico o en todos?

La clase social

Otra variable social relacionada con la variación lingüística es la clase social. El nivel de escolaridad, el salario y la profesión de los individuos son los principales índices de esta variable extralingüística. Ya hemos visto que en los dialectos 'radicales' del español, las investigaciones sociolingüísticas han encontrado más elisión en el habla de las clases bajas que en las clases medias y más elisión en las clases medias que en las altas. Esto se nota claramente en los datos que presenta Lafford (1986) con respecto a la aspiración y elisión de la /s/ en Cartagena, Colombia:

Tabla 8.2. Retención, aspiración y elisión de /s/ por diferentes clases sociales en el estilo espontáneo en Cartagena, Colombia (adaptado de Lafford 1986:59)			
Clase	[s]	[h]	[ø]
alta	26%	37%	37%
media-alta	19%	38%	43%
media	22%	34%	44%
media-baja	16%	33%	51%
baja	17%	36%	48%

Lafford destaca la correlación entre el uso de elisión **[ø]** y una baja posición socioeconómica y una correlación moderada entre el uso preferente de **[s]** y una alta posición social (clase media, media-alta y alta). Por lo tanto, la variante **[s]** es una variante prestigiosa que indica una alta posición socioeconómica, mientras que la elisión se considera una variante estigmatizada, marcadora de una posición social baja.

El sexo

Otra variable social que frecuentemente ocasiona la variación lingüística es el sexo. La diferencia entre el habla de hombres y de mujeres tal vez es más aparente al nivel del léxico: "la mujer puede usar un cupo de diminutivos que no se concede al hombre, su repertorio de adjetivos no es exactamente el mismo, tampoco puede servirse de las mismas imágenes o expresiones, etc." (Cortés 1986:14). Por ejemplo, es más común encontrar palabras, tales como divino o ¡corazón!, o ciertos prefijos como super- (super-simpático) en el habla de las mujeres. Pero también hay diferencias de pronunciación. Según estudios lingüísticos en varios países occidentales, la pronunciación de la mujer suele ser más cuidadosa, o sea, menos propensa que el hombre a usar las variantes estigmatizadas. Por ejemplo, en los dialectos donde se encuentra la elisión de la /s/, las mujeres suelen elidir menos que los hombres de la misma edad y del mismo grupo social. Salvador (1977) ha comprobado que en las aldeas de Vertientes y Tarifa en el Noreste de la provincia de Granada los hombres han adoptado una serie de rasgos fonéticos propios del dialecto andaluz, como la aspiración de /s/, el yeísmo y el trueque de /l/ y /r/. Las mujeres, en cambio, "permanecen fieles a la pronunciación tradicional, castellana" (p. 147). El hecho de que las mujeres tengan una pronunciación más cuidadosa y conforme a la norma estándar se encuentra no sólo en el mundo hispanohablante sino también en otros países occidentales.

▶ *Para pensar y discutir 5:*

Antes de leer la próxima sección, piense en algunas explicaciones posibles de las diferencias en el comportamiento lingüístico entre hombres y mujeres. ¿A qué se debe el hecho de que las mujeres tiendan hacia una pronunciación más cuidadosa que los hombres?

Los sociolingüistas no han podido explicar bien este fenómeno. La teoría más citada es que la mujer en la sociedad occidental moderna está más consciente del estatus que el hombre y por eso reconoce más la significación social de las variables lingüísticas. Se suelen dar dos razones para explicar esa mayor conciencia social/lingüística de la mujer. Primero, la mujer tradicionalmente se ha encargado del cuidado de los hijos y la transmisión de la cultura y por lo tanto está más consciente de la importancia de la transmisión de la norma culta a sus hijos. Segundo, la posición social de la mujer en nuestra sociedad ha sido menos segura que la del hombre. Por eso, le ha sido más necesario a la mujer establecer su estatus lingüísticamente y ser consciente de la importancia de ese tipo de señal. También, en las sociedades occidentales el habla de la clase obrera tiene connotaciones de masculinidad.

Sin embargo, Holmes (2001) alega que hay otros factores que podrían explicar las diferencias entre el habla de hombres y de mujeres. Uno de ellos es la manera en que los investigadores determinan la clase social de la mujer. Muchas veces usan como criterio principal la ocupación del esposo. Sin embargo, es posible que una mujer tenga más años de instrucción que su marido o que tenga un trabajo más prestigioso. En estos casos, es de esperarse que la mujer use un lenguaje más estándar que el de su esposo, no tanto por razones de género, sino por razones de estatus social.

Otro factor es la influencia misma del entrevistador (Holmes 2001). Por lo general, la mujer coopera más como conversacionalista que el hombre; por lo tanto, se acomoda más al dialecto más estándar del entrevistador. Un hombre de la clase obrera podría reaccionar contra el habla del académico que realiza la entrevista y demostrar distancia por medio de un mayor uso de formas vernaculares. Además, si el entrevistador es hombre, como ha ocurrido en varios estudios, es probable que la entrevista le resulte más cómoda y menos formal a los hombres que a las mujeres. En ese contexto no asombra que el hombre use más formas vernaculares que la mujer.

En resumen, el sexo es un factor importante a la hora de explicar diferencias lingüísticas, pero casi siempre interactúa con otros factores sociales y contextuales.

▶ *Para pensar y discutir 6:*
¿Se le ocurren otras diferencias entre el habla femenina y masculina en español o inglés? ¿A qué nivel lingüístico se hallan: fonológico, morfológico, sintáctico, léxico, pragmático, no-verbal? Dé algunos ejemplos específicos. ¿A qué se deben estas diferencias?

La educación

El nivel de educación o de instrucción es una variable sociolingüística muy importante. Se ha demostrado que las personas con más años de instrucción hacen mayor uso de las variantes consideradas de mayor prestigio, las de la norma estándar o **norma culta**. En muchos estudios sociolingüísticos, como el de Lafford, esta variable se figura entre los factores integrantes de la clase social, ya que normalmente existe una relación directa entre educación, profesión, clase social y estatus. Esta relación, sin embargo, es más complicada en sociedades bilingües en las que la educación se imparte en sólo una de las

norma culta
the educated norm

dos lenguas, como ocurre en muchas partes de los Estados Unidos. Los hispanohablantes en los Estados Unidos cuya instrucción ha sido principalmente o exclusivamente en inglés aprenden a hablar y a escribir un inglés 'culto.' Sin embargo, muchas veces no tienen ni la oportunidad ni la necesidad de aprender un español estándar y por lo tanto hablan un español limitado a los registros informales, por ejemplo, las conversaciones en la familia o entre amigos.[4]

▶ *Para pensar y discutir 7:*
En preparación para la próxima sección, conteste estas preguntas.

    ¿Qué factores relacionados al contexto (por ejemplo, el lugar, la hora del día, los participantes en la interacción, etc.) pueden influir en la producción lingüística de una persona? Analice su propia conducta lingüística. ¿Qué factores contextuales le influyen más en su habla? Primero, haga una lista de todas las variables sociales/extralingüísticas que puedan tener algún efecto en su habla. Luego, analice por qué ciertos factores influyen más que otros.

FACTORES CONTEXTUALES

Otro tipo de variación es producto de <u>factores contextuales</u>; entiéndase, los diversos factores que contribuyen a la creación de mayor o menor grado de formalidad en una interacción. Silva-Corvalán (1989:88) ha identificado los siguientes componentes del contexto situacional como posibles influyentes en una interacción:

(**a**) <u>El escenario</u>, el cual incluye los espectadores, el lugar y el tiempo. Por ejemplo, las interacciones entre clientes y empleados que tienen lugar en un 'McDonalds' al mediodía probablemente son muy diferentes a las que toman lugar en el contexto de un restaurante elegante a las 9:00 de la noche. Silva-Corvalán nota (1989:87): "Así como el uso de un bañador es apropiado en la playa o en la piscina, pero inapropiado a la hora de cenar, así también ciertos usos lingüísticos apropiados en algunas circunstancias resultan inapropiados en otras." El lugar de la interacción e incluso la hora en que ocurre ayudan a definir el nivel de formalidad que se espera en el lenguaje.

(**b**) <u>El próposito de la interacción</u>. El tipo de actividad de habla—bien sea una conversación, una clase, un sermón, un discurso, un juego—determina el tipo de lenguaje a usarse. Asimismo, el tema influye en el lenguaje.Un tema gracioso normalmente se expresará con un lenguaje más informal que un tema sumamente serio.

(**c**) <u>Los participantes</u>. Se incluye en esta categoría los rasgos de los individuos integrantes de cierta categoría social, tales como el sexo, la edad, la ocupación, la clase social y la etnia. Aparte de estas categorías cuya influencia en la variación social ya hemos discutido, también hay que tomar en cuenta las características del individuo cómo individuo. Ello

---

[4] Además, el acceso al español estándar depende de la clase social de la familia. Si los familiares y amigos no son de la clase media, es probable que el español que hablen no sea el estándar.

incluye tanto los rasgos más estables como la personalidad, la apariencia física, el estilo de vida, como los menos estables, tales como las emociones, las actitudes y los **estados de ánimo**. Finalmente, se incluyen las relaciones entre los participantes en la interacción, tanto las relaciones interpersonales que pueden ser de amistad, conocimiento, simpatía, admiración, como las relaciones de papel y categoría social que incluyen el poder social, el estatus social, nivel de pertenencia al grupo, etc.

La Figura 8.3 resume las categorías relacionadas con el contexto de la interacción lingüística. Estas categorías determinan en gran parte el nivel de formalidad del lenguaje de la interacción en un continuo entre dos extremos: estilo formal (habla cuidada) versus **estilo vernáculo**. Durante una entrevista, por ejemplo, el lenguaje suele ser relativamente formal, por lo que los hablantes se cuidan a la hora de pronunciar (en el Caribe disminuye la

estados de ánimo
mood

estilo vernáculo
vernacular, casual
speech

 Figura 8.3. Componentes del contexto situacional de la interacción lingüística
(Silva-Corvalán 2001:117)

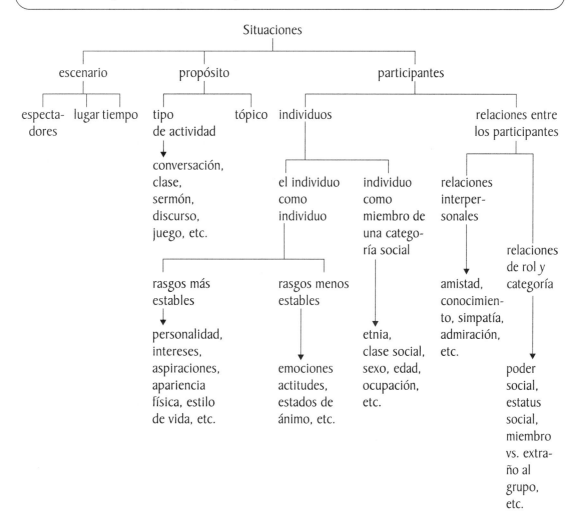

Tabla 8.3. Retención, aspiración y elisión de /s/ en cuatro estilos de habla en Cartagena, Colombia (adaptado de Lafford 1986:56)			
	[s]	[h]	[ø]
Estilo espontáneo	20%	35%	45%
Estilo semiformal	28%	39%	33%
Lectura	66%	17%	16%
Lista de palabras	87%	5%	8%

aspiración y la elisión de /s/), de seleccionar el léxico (el uso de palabras más cultas), e incluso de usar la sintaxis. Sin embargo, en los estudios sociolingüísticos la meta es lograr que el hablante use el estilo vernáculo, es decir, el habla más informal de la vida diaria. Según Labov, un sociolingüista que en la década de los años 60 estableció la metodología del campo, este estilo se puede conseguir en una entrevista si se abordan temas que provoquen una reacción emocional por parte del hablante, como por ejemplo, preguntarle si se ha encontrado alguna vez en peligro de muerte. Al responder, el hablante normalmente se acuerda de la emoción del momento y por lo tanto habla de una manera menos cuidada y más natural. Típicamente los estudios sociolingüísticos incluyen varios estilos contextuales que representan diferentes grados de formalidad. Lafford (1986), por ejemplo, en su estudio en Cartagena, Colombia analizó la realización de /s/ en cuatro contextos diferentes. El contexto más informal era el estilo espontáneo (o el habla vernácula), luego el estilo semiformal que es típico de una entrevista con un desconocido. También les pidió a los participantes en el estudio que leyeran un texto que incluía muchas realizaciones de /s/ y finalmente que leyeran una lista de palabras. Se supone que si el individuo presta mayor grado de atención a su forma de hablar, su habla corresponde a un estilo de mayor formalidad.[5] Leer una lista de palabras requiere más atención al habla que leer un texto. Esto se nota claramente en los datos de Lafford, resumidos en la Tabla 8.3. En el estilo espontáneo hay mucha más elisión de /s/ que en los demás estilos, sobre todo los estilos de lectura, en los que se suele retener /s/.

Algunos sociolingüistas distinguen entre los términos estilo y registro. Sin embargo, la distinción entre ambos términos no siempre es tan clara y muchos sociolingüistas los usan indistintivamente. Quienes hacen una distinción opinan que los estilos tienen que ver con distintos niveles de formalidad o atención al habla, como ya hemos visto, mientras que los registros consisten en el lenguaje asociado con ciertos grupos de personas o situaciones específicas, como el lenguaje de los políticos, el de los mecánicos, el de los abogados, etc. En este libro no distinguimos entre ambos términos.

---

[5] En el Capítulo 2 vimos cómo Elaine Tarone ha aplicado el concepto de la variación contextual a la adquisición de segundas lenguas.

CONTEXTOS BILINGÜES

Es importante reconocer que en varias partes del mundo hispanohablante se habla el castellano aparte de otra lengua regional—el catalán en Cataluña, el gallego en Galicia, el vasco en el País Vasco, el quechua en la región andina del Ecuador, Perú y Bolivia, el guaraní en Paraguay y el inglés en los Estados Unidos. En las zonas bilingües los hablantes, a través del uso de una lengua en vez de la otra, pueden indicar un cambio de estilo. Ello se ve, por ejemplo, en el uso del inglés y español en la conversación que sigue a continuación entre dos puertorriqueños residentes de Nueva York durante los años 60. En esa época, antes de la invención de la computadora personal, el jefe solía dictarle las cartas a un/a secretario/a.

Jefe:	*Carmen do you have a minute?*
Secretaria:	*Yes, Mr. González.*
Jefe:	*I have a letter to dictate to you.*
Secretaria:	*Fine. Let me get my pen and pad. I'll be right back.*
Jefe:	*Okay.*
Secretaria:	*Okay.*
Jefe:	*Okay, this is addressed to Mr. William Bolger.*
Secretaria:	*That's B-o-r-g-e-r?*
Jefe:	*B-o-l.*
Secretaria:	*Oh, oh I see.*
Jefe:	*Okay. His address is in the files.*
Secretaria:	*Okay.*
Jefe:	*Okay. Dear Bill, Many thanks for telling me about your work with the Science Research Project. The information you gave me ought to prove most helpful. [...]*
Jefe:	*Ah, this man William Bolger got his organization to contribute a lot of money to the Puerto Rican parade. He's very much for it.* ¿Tú fuiste a la parada?
Secretaria:	Sí, yo fui.
Jefe:	¿Sí?
Secretaria:	*Uh huh.*
Jefe:	¿Y cómo te estuvo?
Secretaria:	Ay, lo más bonita.
Jefe:	Si, porque yo fui y yo nunca había participado en la parada y este año me dio curiosidad por ir a ver cómo era y estuvo eso fenómeno. Fui con mi señora y con mis nenes y a ellos también les gustó mucho. Eh, y tuve un día muy agradable. Ahora lo que me molesta a mí es que las personas cuando viene una cosa así, la parada puertorriqueña o la fiesta de San Juan, corren de casa a participar porque es una actividad festiva, alegre, y sin embargo, cuando tienen que ir a la iglesia, o la misa para pedirle...
Secretaria:	[Risas]
Jefe:	...a Dios entonces, no van.
Secretaria:	Sí, entonces no van.
Jefe:	Pero, así es la vida, caramba. *Do you think that you could get this letter out today?*

Secretaria:	*Oh yes, I'll have it this afternoon for you.*
Jefe:	*Okay, good, fine then.*
Secretaria:	*Okay.*
Jefe:	*Okay.*

(Fishman 1988:61–63)

dominios
domains

diglosia
diglossia

En la conversación el jefe y la secretaria se hablan en inglés cuando el tema tiene que ver con el trabajo. No obstante, al inciar un tema más personal relacionado a la comunidad puertorriqueña, el jefe cambia a español. Este ejemplo viene de Joshua Fishman, un especialista en la sociología del lenguaje, quien ha descrito ciertos contextos institucionales, llamados <u>ámbitos</u> o <u>dominios,</u> en los cuales es más apropiado usar una variedad que otra. Los <u>ámbitos</u> se componen de varios factores tales como el lugar, el tema y los participantes, que juntos determinan cuál de los dos códigos es más apropiado. Según Fishman (1968), ambas lenguas cumplen funciones diferentes en una comunidad de habla, por ejemplo si una se usa en situaciones formales y la otra en situaciones informales e íntimas, se encuentran entonces en una relación de **diglosia.**[6] Fishman y sus colegas (1968) estudiaron una comunidad puertorriqueña en New Jersey durante los años 60 y concluyeron que en esa comunidad el inglés y el español cumplían funciones diferentes. El español se asociaba con los dominios de 'familia' y 'amistad,' o sea con valores de intimidad, mientras que el inglés se asociaba con la religión, el trabajo y la educación, o sea con valores de estatus. Según Fishman, para poder determinar si va a sobrevivir la variedad 'informal' lo importante es determinar si existe una diferenciación de funciones entre las lenguas de una comunidad bilingüe. Fishman ha definido cuatro relaciones posibles entre la diglosia y el bilingüismo (ver Tabla 8.4).

Según Fishman, la situación 1 (diglosia y bilingüismo) representa un estado estable. Puesto que ambas lenguas cumplen funciones diferentes, se mantendrá

⊚ **Tabla 8.4. Relación entre el bilingüismo y la diglosia según Fishman (1988:121)**

B i l i n g ü i s m o		*Diglosia*	
		+	−
	+	1 Diglosia y bilingüismo	2 Bilingüismo sin diglosia
	−	3 Diglosia sin bilingüismo	4 Ni bilingüismo ni diglosia

---

[6] La definición original de diglosia de Ferguson (1959) se limita a dos variedades lingüísticas—una alta y otra baja en cuanto a estatus social. Se aprende la alta a través de la enseñanza formal y se suele usar con fines formales, pero no es empleada por ningún sector de la comunidad en conversaciones ordinarias. Nadie en la comunidad aprende la variedad alta como primera lengua. Algunos ejemplos de situaciones diglósicas según esa definición son el árabe de Egipto, el germano y el alemán suizos, el criollo y el francés haitianos, y el griego.

la lengua minoritaria. La situación 2 (bilingüismo sin diglosia), al contrario, tiende a ser transitoria. A medida que la lengua que tiene un estatus alto en la sociedad empieza a entrar en los dominios informales, como la casa, deja de ser necesario mantener la lengua de intimidad, la cual tiende a desaparecer después de una o dos generaciones, como ha sucedido en los Estados Unidos. La situación 3 (diglosia sin bilingüismo) corresponde a las antiguas sociedades coloniales en las que no había mucha comunicación entre el grupo dominante y que hablaba la variedad 'alta' y el grupo dominado que hablaba la variedad 'baja.' La situación 4 (ni bilingüismo ni diglosia) en realidad no existe. Se podría dar en comunidades muy aisladas y muy pequeñas en las que no hay diversificación lingüística, o sea en las que todo el mundo habla la misma variedad sin diferenciación.

En la comunidad puertorriqueña de New Jersey, Fishman y sus colegas concluyeron que existía una situación de diglosia y bilingüismo ya que el español y el inglés cumplían funciones diferentes. Por lo tanto, infirieron que el español se iba a mantener en esa comunidad. Sin embargo, varios estudios posteriores de la comunidad puertorriqueña en Nueva York (Pedraza, Attinasi y Hoffman 1980; Pedraza 1985; Zentella 1997) indican que la situación es mucho más compleja. Después de un estudio **etnográfico** en el transcurso de varios años, unos investigadores concluyeron que no había diglosia en esa comunidad; al contrario, las dos lenguas se usaban en contextos informales y formales sin distinción funcional. Además, descubrieron que los jóvenes prefieren usar el inglés, pero al entrar en la edad adulta, hay más necesidad de que adquieran o desarrollen más la habilidad de hablar español si se quedan en el barrio. Pedraza (1985) concluye que a pesar de la falta de diglosia, el español se mantendrá en esa comunidad debido a otros factores, mayormente por la constante migración de hablantes monolingües de Puerto Rico y demás países hispanohablantes.

etnográfico

ethnographic, an anthropological approach to the study of culture based on long-term observation and participation in the community

El español en el suroeste

Rosaura Sánchez (1994 [1983]) describió el comportamiento lingüístico en las comunidades méxico-americanas en el suroeste de los Estados Unidos usando un esquema parecido al de Fishman. Encontró diferencias según la clase social, la zona (rural vs. urbana) y la generación en los Estados Unidos (primera, segunda vs. tercera[7]) como se ve en la Tabla 8.5.

Según Sánchez, los méxico-americanos de clase media hablan principalmente inglés en casi todos los ámbitos. Una de las pocas excepciones es el dominio de la casa en la que la primera generación suele usar español, y la segunda generación suele usar ambos idiomas. Los de primera generación suelen ver algunos programas de televisión o escuchar el radio en las dos lenguas, así que este dominio, como el del ocio, es "bilingüe." En los otros ámbitos se habla inglés, y en la tercera generación no se habla español. Esta misma pauta se repite en muchos otros grupos de inmigrantes en los Estados Unidos; normalmente los de la primera generación prefieren la lengua nativa, los de la segunda generación son bilingües y de la tercera generación son monolingües en inglés.

---

[7] La primera generación es la que nació en un país extranjero pero reside en la actualidad en los Estados Unidos. La segunda generación nació en los Estados Unidos, pero sus padres son de la primera generación. Los de tercera generación nacieron en los Estados Unidos y al menos uno de sus padres es de segunda generación.

Tabla 8.5. Uso del inglés y del español entre hispanos del suroeste de Estados Unidos (traducido de Sánchez 1994 [1983]:63)

Generación en los EE.UU.	Clase media			Clase obrera					
				Rural			Urbana		
	1^a	2^a	3^a	1^a	2^a	3^a	1^a	2^a	3^a
Ambitos Casa	E	A	I	E	A	A	E	A	I
Barrio	I	I	I	E	A	A	A	A	A
Recreo	A	I	I	A	A	A	A	A	I
Trabajo	I	I	I	A	A	A	A	I	I
Medios de comunicación	A	I	I	A	A	A	A	A	I
Gobierno	I	I	I	I	I	I	I	I	I

E = español; I = inglés; A = ambos

En la clase obrera, sobre todo en las zonas rurales, el español suele mantenerse más. El único dominio en que sólo se habla en inglés es el relacionado a asuntos de gobierno. Todos los demás ámbitos son bilingües para las personas tanto de segunda como de tercera generación. Sin embargo, en las zonas urbanas, aunque la segunda generación suele mantener el español, la tercera generación prefiere el inglés en todos los ámbitos menos dentro del 'barrio,' el cual se conserva como un contexto bilingüe por la constante inmigración de hablantes monolingües de México o Centroamérica.

Yolanda Solé (1987, 1990) ha estudiado la difusión del español en los Estados Unidos en base a los datos de los censos nacionales, lo cual la ha llevado a proponer un conjunto de factores que favorecen la retención del español, entre ellos:

cauce

influx

- El **cauce** reciente y continuo de inmigración hispana;
- La concentración de población hispánica.

Solé (1987:169) señala que "La concentración demográfica de un grupo minoritario y el cauce inmigratorio cuantioso y continuo favorecen la retención idiomática no sólo porque conducen al contacto de los miembros del grupo entre sí, sino porque refuerzan los lazos culturales de la comunidad misma." Otros factores que contribuyen a la retención de español en los Estados Unidos son:

- El perfil educativo del grupo hispano. Gran parte de la población hispana no alcanza el nivel educacional del grupo mayoritario en la sociedad estadounidense, lo cual interfiere con las posibilidades de mejoramiento socioeconómico. Hudson, Hernández-Chávez y Bills (1995) y Bernal-Enríquez (2000) han encontrado que el menor uso de español en el suroeste de los Estados Unidos se correlaciona con más años de educación. Ello se debe a que la educación en los Estados Unidos se lleva a cabo predominantemente en inglés y por lo tanto las personas que reciben más educación tienen mayor contacto con esa lengua y tienden a retener menos español.

ingreso
income

- El perfil ocupacional del grupo hispano. El bajo nivel ocupacional y de **ingreso** del grupo hispano obstaculiza la movilidad social dentro de la sociedad mayoritaria. Esto favorece los lazos de solidaridad y a su vez la retención del español.

Este análisis corresponde al de Sánchez (1994 [1983]), quien ha señalado que la clase obrera retiene más el español que la clase media. A menudo la movilidad social resulta en mayor integración a la cultura mayoritaria y en la pérdida del español. Sin embargo, en la ciudad de Miami parece que dicha situación no se da. En algunos trabajos recientes (Lynch 2000; Boswell 2000) se describe Miami como una ciudad bilingüe en la que existen incentivos económicos para hablar español e inglés. La población hispanohablante es mayoritaria (el 58 por ciento) en el condado de Miami-Dade y cuenta con poder económico y social. Por lo tanto, el español predomina más en Miami que en otras partes de los Estados Unidos, sobre todo en ámbitos formales como el comercio y los medios de comunicación.

▶ *Para pensar y discutir 8:*

1. ¿Se habla español en la comunidad en los Estados Unidos donde vive o estudia Ud.? Si sí, ¿qué factores contribuyen al mantenimiento del español y qué factores contribuyen a su abandono en su comunidad? ¿Cree Ud. que el español se mantenga?

2. ¿Sus padres hablan otra lengua? ¿Sus abuelos? ¿Sus bisabuelos? ¿Se ha podido mantener otra lengua en su familia? Si no, ¿en qué generación se perdió? ¿Le interesaría aprenderla? ¿Quiere Ud. que sus hijos sean bilingües? ¿Cómo cree que lo pueda lograr?

alternancia de códigos
codeswitching

La alternancia de códigos

En una comunidad bilingüe el cambio de una lengua a la otra puede indicar un cambio en el tema de conversación (como vimos en el ejemplo de Fishman) o un cambio de interlocutores como se nota en el siguiente texto de Zentella (1997:84):

¡Ella me dio!
She hit me!

(1) [Contexto: Lolita (que tiene ocho años) saca a Timmy (cinco años) de su bicicleta y Timmy les cuenta lo que pasó a los adultos que lo rodean.]

L a T:	*Get off, Timmy, get off.*
T a adultos:	**¡Ella me dio!**
L a T:	¡Porque TÚ me diste!
T a L:	*Liar!*
Adulta a L:	¿Por qué... [interrumpida por L]
L a adulta:	Porque él me dio, por eso. Él siempre me está dando cuando me ve.

Zentella nota que los niños siempre hablan en inglés entre sí pero recurren al español al dirigirse a los adultos o cuando están en presencia de adultos (por ejemplo cuando Lolita le dice a Timmy, "Porque TÚ me diste"). Este tipo de alternancia en que los niños se hablan en inglés y usan el español cuando se dirigen a personas mayores es común en las comunidades bilingües de los Estados Unidos.

En poblaciones bilingües la alternancia se da por las mismas razones que llevan a los hablantes monolingües a cambiar de estilo, como ya hemos visto. La alternancia de códigos puede obedecer a un cambio en el contexto o sea un cambio en el propósito o tema de conversación, de participantes o de relaciones entre los participantes. También, en comunidades bilingües es muy común alternar entre ambas lenguas dentro de la misma oración, lo que se conoce como el **cambio de códigos intraoracional**, como vemos a continuación:

cambio de códigos intraoracional

intrasentential codeswitching

> **(2)** *But I used to eat the* bofe, *the brain. And then they stopped selling it because* tenía, este, le encontraron que tenía *worms. I used to make some* bofe! Después yo hacía uno d'esos *concoctions: the garlic* con cebolla, y hacía un mojo, y yo dejaba que se curara eso *for a couple of hours. Then you be drinking and eating that shit. Wooh! It's like eating anchovies when you're drinking. Delicious!* (Poplack 1982:245)

En un estudio sobre la alternancia de códigos en la comunidad puertorriqueña en Nueva York, Poplack (1982) demuestra claramente que solamente las personas que dominan las dos lenguas muy bien son capaces de realizar el cambio intraoracional sin romper las reglas gramaticales de cada lengua que usan. Los bilingües que menor dominio de inglés tengan usan un tipo de alternancia que Poplack denomina '**cambios de etiqueta**' y cambios de un solo sustantivo, como en los siguientes ejemplos:

cambios de etiqueta

tag switches, i.e., a word or phrase appended to an utterance

> **(3)** Vendía arroz '*n shit*. [cambio de etiqueta]
> **(4)** Salían en sus carros y en sus *snowmobiles*. [cambio de un sustantivo]
> (Poplack 1982:237)

La alternancia de códigos es una norma lingüística en la comunidad puertorriqueña en Nueva York que la distingue de los puertorriqueños de la isla y de la comunidad angloparlante. Los puertorriqueños de Nueva York usan la alternancia de código como parte de su repertorio lingüístico, pero lo hacen de diferente manera según el dominio de las dos lenguas del hablante. Poplack ha demostrado que la alternancia intraoracional no es un defecto, producto de una falta de conocimientos lingüísticos, sino una forma de hablar que requiere un alto nivel de dominio de dos lenguas.

CARACTERÍSTICAS DEL ESPAÑOL MÉXICO-AMERICANO

El español entró en lo que hoy en día se conoce como el suroeste de los Estados Unidos en el siglo XVI con la llegada de los primeros colonizadores de España. La región permaneció bajo el control de España hasta que México declaró su independencia en el año 1821. En 1848 bajo el Tratado de Guadalupe-Hidalgo, todo el territorio mexicano al norte del Río Grande pasó al control de los Estados Unidos. El español ha estado presente en esta parte del país por casi cuatro siglos y algunos de los habitantes son descendientes de los antiguos colonizadores españoles. La mayoría de los hispanohablantes, sin embargo, ha llegado en épocas más recientes.

Figura 8.4. Continuo de español/inglés (Elías-Olivares 1976:149)

Alternancia de códigos

| Español estándar | Español popular | Español mixtureado | Caló | Inglés chicano | Inglés estándar |

Como el español en el suroeste de los Estados Unidos tiene una tradición muy larga y compleja, conviene describir brevemente algunas de las variedades de español habladas en las comunidades méxico-americanas de dicha zona. Según Elías-Olivares (1976) el repertorio lingüístico de la comunidad méxico-americana en Austin, Texas, tiene los rasgos que aparecen en la Figura 8.4.

Existe un continuo lingüístico que abarca el español estándar mexicano, el español popular que contiene cambios fonológicos y regularizaciones morfológicas, y el español mixtureado conocido también como 'Tex-Mex,' que es una variedad anglizada repleta de **préstamos** del inglés. Esta última variedad, típica de personas bilingües, se distingue por la gran cantidad de alternancia de códigos. El caló o pachuco es una variedad típica de los adolescentes en la que abundan la **jerga** en español y los anglicismos. Finalmente, hay variedades del inglés chicano e inglés estándar. Superpuesta a esta gama lingüística se encuentra la alternancia de códigos intraoracional, como sucede en la comunidad puertorriqueña de Nueva York. Evidentemente, el repertorio lingüístico de la comunidad méxico-americana es sumamente complejo.

Sánchez (1994 [1983]) ha descrito algunas de las características de las variedades del español de dicha comunidad, dejando ver que la variedad popular suele regularizar la morfología verbal:

Español estándar	Español popular
(5) Fuiste	Fuistes o Fuites
¿Qué hiciste?	¿Qué hicistes? ¿Qué hicites?
(6) Salimos a las tres.	Salemos a las tres.
Decimos	Dicemos
(7) No traía nada.	No traiba nada.

También en la variedad popular se encuentran varios arcaísmos como asina en lugar de así. Algunos ejemplos de arcaísmos son:

Español estándar	Arcaísmos en el español popular
(8) No traje nada.	No truje nada.
No vi nada.	No vide nada.
Somos la nueva...	Semos la nueva...

préstamos
loan words

jerga
slang

En la variedad popular ocurre un cambio de <u>-mos</u> a <u>-nos</u> en la terminación de la primera persona plural:

(9) Íbamos todos.   Íbanos todos.

Se da también una regularización de la primera persona plural de los verbos que sufren cambios en el radical:

(10) Cuando volvamos...   Cuando vuélvamos...

Sánchez señala que ocurren cambios en los pronombres, específicamente una transposición del marcador del plural del pronombre **dativo** al **<u>acusativo</u>**:

dativo
indirect object

(11) ¿El libro? Se lo di a ellos.   ¿El libro? Se los di a ellos.

acusativo
direct object

Otro cambio análogo ocurre con <u>nos</u>, que se convierte en <u>no</u> cuando lo sigue otro pronombre clítico.

(12) Nos lo dio.   No los dio.

Muchas de estas características no son exclusivas de la variedad méxico-americana, ya que se encuentran también en variedades populares de Hispanoamérica.

Otra variedad de la comunidad méxico-americana es el _caló_, una lengua novedosa hablada entre dos jóvenes que combina elementos del español estándar, popular, préstamos del inglés, alternancia de lenguas y jerga. El ejemplo que sigue viene de Sánchez (1994 [(1983]:129–130):

(13) Guacha,[8] ¿por qué no me alivianas[9] con un aventón[10] y me dejas en el chante[11]? Y mientras que vas por el Chente, yo tiro claváo,[12] me rastío la greña[13] y me entacucho.[14] Te trais al Chente a mi cantón[15] y le digo a la jefa que nos aliviane con un calmante[16] porque a mí ya me trai la jaspia[17] y quiero refinar.[18] Le dices al Chente que 'stoy invitáo a un borlo[19] y pa que se desagüite[20] el vato le digo a mi güisa[21] que le consiga una jainita[22] para irnos a borlotear[23] todos. ¿Cómo la ves?

Los miembros de la comunidad lingüística méxico-americana tienen acceso a por lo menos una de las variedades definidas por Elías-Olivares. El uso de una u otra depende de variables contextuales, como el dominio lingüístico de los hablantes, el lugar, el propósito y el tema de la interacción. Es obvio que la comunidad cuenta con un repertorio lingüístico muy rico.

El continuo bilingüe

Otro aspecto del repertorio lingüístico de los hispanohablantes en los Estados Unidos ha sido investigado por Silva-Corvalán (1994), quien ha llevado a cabo un estudio importante sobre el español de tres generaciones en Los Ángeles. Encontró que los hablantes de primera generación, o sea los que nacieron en México

---

[8]mira   [9]ayudas   [10]acción de llevar en el carro   [11]casa   [12]me baño   [13]me peino
[14]me visto bien   [15]casa   [16]comida ligera   [17]hambre   [18]comer   [19]fiesta   [20]se alegre
[21]chica   [22]chica   [23]celebrar

⬤ **Tabla 8.6. Las etapas de simplificación (S) y pérdida (P) en tres generaciones de méxico-americanos en Los Angeles (Silva-Corvalán 1994:30)**		
(i)	P: Futuro perfecto Condicional (función de tiempo verbal)	Grupo 1 [24]
(ii)	P: Condicional perfecto Pretérito perfecto del subjuntivo S: Futuro Infinitivo perfecto	Grupos 1, 2
(iii)	P: Futuro Infinitivo perfecto S: Pluscuamperfecto del subjuntivo Pluscuamperfecto del indicativo Imperfecto del subjuntivo Pretérito (con verbos estativos) Imperfecto	Grupos 2, 3
(iv)	P: Pluscuamperfecto del subjuntivo Pluscuamperfecto del indicativo S: Presente del subjuntivo	Grupos 2, 3
(v)	P: Imperfecto del subjuntivo Condicional (función modal) S: Pretérito perfecto del indicativo	Grupo 3
(vi)	P: Pretérito perfecto del indicativo S: Imperativo	Grupo 3
(vii)	P: Presente del subjuntivo	Grupo 3

y emigraron a los Estados Unidos cuando tenían más de once años, usaban el sistema verbal completo del español. Sin embargo, en los de segunda y tercera generación ocurría simplificación y pérdida de formas y funciones verbales. Los procesos de simplificación llegan a afectar gran parte del sistema verbal como se constaba en la Tabla 8.6. Algunos hablantes del Grupo 3 que tomaron parte de la investigación no usaban el imperfecto del subjuntivo (e.g. comprara), ni el condicional (e.g., compraría); otros habían abandonado además el pretérito perfecto del indicativo (e.g., he comprado). Algunos ya no usaban el presente del subjuntivo (e.g., compre) ni ninguna de las formas enumeradas en las etapas (i) a (vi).

Silva-Corvalán llevó a cabo su estudio en una zona urbana en la que suele haber mayor pérdida del español que en zonas rurales. Su estudio demuestra otros aspectos del repertorio lingüístico, sobre todo la escala de dominio lingüístico de los hispanohablantes en los Estados Unidos. Ya que la educación en este país se imparte en inglés después de los años escolares iniciales y además no hay tantas oportunidades, por lo menos en Los Angeles, para que los de la segunda o tercera generación desarrollen funciones formales en español, no asombra que muchos de los hablantes de dichas generaciones no hayan adquirido el sistema verbal completo del español.

---

[24] El Grupo 1 incluye a hablantes que nacieron en México y que emigraron a los Estados Unidos cuando tenían más de once años. El Grupo 2 incluye a hablantes que nacieron en los Estados Unidos o que emigraron de México antes de cumplir los seis años. El Grupo 3 nació en los Estados Unidos y uno de sus padres responde a la definición de los del Grupo 2.

LA SOCIOLINGÜÍSTICA Y LA ASL

Es probable que los maestros de español en los Estados Unidos encuentren en sus clases hispanohablantes de diferentes niveles de dominio del español, y que probablemente usen una variedad de español no-estándar. Tomando en cuenta la perspectiva sociolingüística, es importantísimo que estos alumnos entiendan que el propósito de la clase de español no es conseguir que rechacen o abandonen la variedad de español que hablan en sus hogares. Al contrario, debieran conservar dicha variedad de español. El propósito de la clase de español es aprender una variedad estándar para poder interactuar con hispanohablantes del mundo entero en contextos formales y para poder expresarse bien por escrito. La idea es que expandan su repertorio lingüístico con la adición de una variedad estándar. Decidirán cuál de las variedades han de usar según los factores contextuales. Conviene enseñar conceptos sociolingüísticos para que los alumnos entiendan que el español que usan en casa es una variedad legítima y que la alternación de códigos es parte del repertorio lingüístico de muchas comunidades bilingües. Como los alumnos habrán escuchado opiniones negativas sobre la variedad de español que hablan en su comunidad respectiva, hay que integrar lecciones sociolingüísticas sobre los mecanismos de cambio lingüístico y la variación lingüística para que puedan valorar dicha variedad.

Valdés (1997) señala que las clases para alumnos hispanohablantes normalmente incluyen las siguientes metas:

alfabetismo

literacy; the ability to read and write

(a) La transferencia de destrezas relacionadas al **alfabetismo** ya que los alumnos normalmente cuentan con esas destrezas en inglés pero no en español

(b) La adquisición de una variedad estándar del español

(c) La expansión de competencia bilingüe. Idealmente esto ocurre a través de la participación en actividades diseñadas especialmente para expandir la competencia lingüística, pragmática y sociolingüística de los alumnos.

(d) El mantenimiento de la lengua española. Idealmente el curso debiera incluir discusiones o actividades sobre temas de lengua e identidad. Entre las tareas posibles, los alumnos debieran llevar a cabo proyectos etnográficos en la comunidad hispanohablante (cf. Rodríguez-Pino y Villa [1994] para un modelo de este tipo de proyecto).

Introducir conceptos sociolingüísticos es de suma importancia en las clases para hispanohablantes.

También lo es en las clases de español dirigidas a anglohablantes. Hemos visto como la sociolingüística revela la relación que existe entre la lengua, la cultura y los factores sociales. Es importante que tanto los profesores como los alumnos entiendan dichas relaciones y que lleguen a valorar la riqueza de las variedades del español habladas en diferentes partes del mundo.

▶ *Para pensar y discutir 9:*

1. Si Ud. enseñara una clase para hispanohablantes en los Estados Unidos, ¿qué aspectos de la sociolingüística consideraría esenciales?

2. Aunque muchos de los alumnos de familias hispanohablantes en el suroeste de los Estados Unidos saben hablar español, por lo general no han

tenido la oportunidad de aprender a leerlo o escribirlo. Si Ud. enseñara una clase para ese tipo de alumnos, ¿qué tipo de lecturas incorporaría para motivarlos a leer en español?

3. Valdés (1997) propone que una de las metas de las clases para hispano-hablantes en los Estados Unidos debiera ser la expansión de la competencia bilingüe a través de la participación en actividades diseñadas especialmente para expandir la competencia lingüística, pragmática y sociolingüística de los alumnos. ¿Que tipos de actividades diseñaría Ud. para los estudiantes que deseen mejorar sus habilidades orales productivas?

REPASO

La sociolingüística analiza las relaciones entre la lengua y la sociedad. Hemos visto que un dialecto llega a ser una lengua por razones políticas, económicas y sociales, no por factores puramente lingüísticos. Así sucedió en la península ibérica en donde una vez establecido el castellano como el dialecto dominante, pasó a ser identificado como la lengua española.

En el mundo hispanohablante las relaciones entre la lengua y la sociedad se observan en las diferencias regionales. Hay diferencias fonológicas entre los dialectos radicales y los conservadores, y las diferencias regionales se notan también en la sintaxis y al nivel léxico. En cada región existen diferencias lingüísticas que corresponden a la estratificación social según la edad, el sexo, la clase social y el nivel de escolaridad de los hablantes. Asimismo, cada hablante cuenta con un repertorio de estilos que cambia según las variables contextuales, tales como el escenario, el propósito de la interacción y las características de los participantes.

En contextos bilingües puede darse una diferenciación funcional entre las dos lenguas, una que se usa en situaciones formales tales como los ámbitos de educación o gobierno, y otra que se usa en situaciones informales o íntimas. Esta diferenciación funcional se denomina 'diglosia.'

En las comunidades bilingües hay varios factores que contribuyen al mantenimiento o a la pérdida de la lengua que se usa en situaciones informales. En los Estados Unidos los factores que han contribuido al mantenimiento del español son el cauce reciente y continuo de inmigración, la concentración de población hispánica y el perfil educativo y ocupacional del grupo his-pano. Dados estos factores, es muy probable que el español perdure en los Estados Unidos.

Otra variedad lingüística común en comunidades bilingües es la alternancia de códigos. El cambio de códigos obedece muchas veces a un cambio en los factores contextuales. Otras veces se trata de un código que sirve para identificar a los integrantes de la comunidad de habla, en estos casos, los integrantes con mayor dominio de ambas lenguas realizan cambios de códigos intraoracionales.

La comunidad méxico-americano cuenta con un repertorio de variedades lingüísticas extenso. La variedad popular, que es una variedad informal prevaleciente en el ámbito de la familia y la amistad, suele regularizar la morfología verbal y contiene algunas formas arcaicas.

No todos los integrantes de una comunidad bilingüe hablan con un gran dominio de todas las variantes lingüísticas. Silva-Corvalán (1994) ha encontrado que el español de algunos de los méxico-americanos de segunda y tercera generaciones en Los Angeles ha sufrido una simplificación y la pérdida de ciertas formas y funciones verbales. La investigadora usa el término 'el continuo bilingüe' para referirse a los diferentes niveles de dominio de español que existen entre los miembros de la primera, segunda y tercera generaciones.

Dada la importancia que tiene hoy en día el español en los Estados Unidos, es fundamental que nuestros alumnos entiendan que las variedades de español habladas localmente son variedades legítimas que por razones históricas y sociales han seguido su propio desarrollo lingüístico.

Ejercicios finales

1. **Definiciones.** Seleccione las opciones que mejor definan los siguientes términos:

_____ la alternación de códigos

_____ el caló

_____ el continuo bilingüe

_____ la diglosia

_____ la norma culta

_____ la estandarización

_____ una comunidad de habla

_____ un dialecto

_____ los dialectos radicales

_____ la koinización

_____ un sociolecto

_____ el vernáculo

a. una variedad regional o social de una lengua

b. la diferenciación funcional entre dos lenguas o variedades lingüísticas; una se usa en situaciones formales y la otra, en situaciones informales o íntimas

c. una variedad novedosa de español, por ejemplo, entre jóvenes méxico-americanos

d. el dialecto más prestigioso de una comunidad

e. el habla más informal de la vida diaria

f. los dialectos de español en los que ocurre aspiración y elisión de /s/ y otros cambios consonánticos

g. el uso de dos lenguas en la misma conversación

h. un grupo de personas que comparte las mismas normas lingüísticas

i. proceso a través del cual varios dialectos llegan a parecerse, generalmente como resultado del contacto entre los mismos; un proceso importante en la formación del español de Latinoamérica

j. una variedad lingüística que es característica de una clase social específica

k. una manera de describir las diferencias en el dominio de español de hablantes de diferentes generaciones en los EE.UU.

l. proceso a través del cual un dialecto llega a ser usado en contextos oficiales y en contextos escritos; implica la creación de diccionarios, libros de gramática

2. **Orígenes del castellano.** El castellano originalmente era uno de varios dialectos que surgieron a partir del latín en la península ibérica. ¿Cómo llegó el castellano a ser una lengua? Investigue el proceso de estandarización del español y presente sus resultados ante la clase.

3. **Dialectos del español.** Examine un libro de primer año de español. ¿Presenta dicho texto información sobre las diferencias dialectales del español? ¿A qué nivel se debiera presentar información dialectal?

4. **El prestigio lingüístico.** Pregúnteles a hablantes nativos de varios países de habla hispana dónde se habla el mejor español. ¿Existe consenso? ¿Qué razones lleva a una determinada cultura a considerar cierta variedad lingüística más prestigiosa que otra?

5. **La variación lingüística.** Entreviste a un hablante nativo y analice cuantitativamente algunos aspectos de su habla. Por ejemplo, transcriba un segmento de habla de cinco a diez minutos de duración, y cuente el número de realizaciones de [s], [h], [ø]. De todas las realizaciones de /s/, ¿cuántas son sibilantes [s]? ¿cuántas son aspiradas [h]? ¿cuántas son elididas [ø]? Si le ha pedido al sujeto que lea un texto y/o una lista de palabras, ¿hay diferencias en el porcentaje de aspiración y elisión en estos estilos contextuales? ¿Qué factores sociales (e.g., clase social, nivel de educación, edad, sexo) o contextuales ayudan a explicar estos resultados?

6. **El español en los Estados Unidos.** Investigue qué variedades de español se hablan en el área donde vive o donde piensa enseñar Ud. ¿De dónde provienen los inmigrantes? ¿Qué tipo de nexo se podrían crear entre las clases de español y la comunidad en que viven sus alumnos?

7. **La alternación de códigos.** La siguiente conversación es una grabada en Chualar, un pueblo rural cerca de Salinas, California. Los participantes son dos tíos méxico-americanos de segunda generación en los Estados Unidos

y su sobrina, una alumna universitaria, de la tercera generación. Trate de identificar las funciones del inglés en el habla del tío. ¿A qué se debe que la sobrina siempre hable en inglés? ¿En el español de los tíos puede Ud. identificar algunas de las características del español méxico-americano?

[*Conversation recorded by Mariana Marín*, Chualar, California.]

Aunt: —Tú no te acordabas lo que tu mamá y tu papá te decían ora de la llorona ¿verdad?

Uncle: —No,...No, es de una mujer que mató sus hijos en un paredón al pie de la ss...

Aunt: —No, era una mujer que mató sus hijos y los tiró al, al río, al río y lo'o entonces ella estaba ...

Uncle: —Tú estás...*just guessing.*

M: —*What is it?*

Aunt: —Yo no me acuerdo de ese...

Uncle   —Pos, seguro que no te acuerdas. Pos no l'ha leído la historia; hay historia...*There is a story that* de la llorona... en español está una historia de la llorona.

Aunt: —No, era una mujer que, que, que tiró sus hijos al, al río.

M: —*How come?*

Uncle: —Yo no me acuerdo de la historia esa. Uhh, ya hace muchos, muchos años la oía cuando estaba chico, la mentaban, hablan mucho de la historia. En años pa trás, muchos años pa trás; ya la gente no habla mucho de eso. Pos yo no me acuerdo, pero mucho, platicaban mucho la historia de la llorona.

Aunt: —No, mi amá decía que...que esta mujer tenía tres hijos o...

Uncle: —No, ¡Al diablo!

Aunt: —Tenía tres hijos.

M: —*Uh huh.*

Aunt: —Y por no cuidarlos, los agarró y los tiró en el río y lo'o después y luego estaba en una, como una, modo de que quería sus hijos para atrás.

M: —*Oh, yeah.*

Aunt: —Y no los podía recoger; y entonces comenzaba a llorar y por eso le decían la llorona porque comenzaba a llorar ...
        [...]

Uncle: —En Mexicali, en México, puedes comprar libros de la llorona, toda la historia, toda la historia de ella *because it is the truth.*

M: —*What, that she killed 'er kids?*

Uncle: *Mm hmm.*
        [...]
        (Sánchez 1994 [1983]: 166–7)

Términos importantes

el acusativo	el catalán	la estandarización
la alternancia de códigos	la clase social	la estratificación social
los ámbitos	la comunidad de habla	el estilo
el aragonés	el dativo	el estilo formal
los arcaísmos	el dialecto	el estilo vernáculo
la aspiración	los dialectos conservadores	los factores contextuales
el asturiano-leonés	los dialectos radicales	el gallego-portugués
el caló	la diglosia	el inglés chicano
el cambio de códigos intraoracional	los dominios	la interacción
los cambios de etiqueta	la educación	la jerga
el castellano	la elisión	el koiné
	el escenario	la koinización

la lengua	los participantes	el sexo
los moros	los préstamos	el vasco
nivelado	la Reconquista	el yeísmo
la norma culta	el registro	
la norma estándar	el seseo	

Obras consultadas

BERNAL-ENRÍQUEZ, YSAURA. 2000. "Factores socio-históricos en la pérdida del español del suroeste de los Estados Unidos y sus implicaciones para la revitalización." In Ana Roca (ed.), *Research on Spanish in the United States.* 121–136. Somerville, MA: Cascadilla Press.

BILLS, GARLAND, AND NEDDY VIGIL. 1988. "Variation in New Mexican Spanish." Presented at the annual meeting of the American Association of Teachers of Spanish and Portuguese, Denver, Colorado.

BOSWELL, THOMAS D. 2000. "Demographic changes in Florida and their importance for effective educational policies and practices." In Ana Roca (ed.), *Research on Spanish in the United States.* 406–431. Somerville, MA: Cascadilla Press.

CHAPMAN, P., A. DUBRA, F. MARTÍNEZ-GIL, AND D. TRITICA, 1983. El yeísmo en Covarrubias. Unpublished manuscript. University of Southern California.

CORTÉS RODRÍGUEZ, LUIS. 1986. *Sintaxis del coloquio.* Salamanca: Ediciones Universidad de Salamanca.

ELÍAS-OLIVARES, LUCÍA. 1976. "Ways of Speaking in a Chicano Community: A Sociolinguistic Approach." Ph.D. dissertation. University of Texas at Austin.

FERGUSON, CHARLES. 1959. "Diglossia." *Word* 15: 325–340

FISHMAN, JOSHUA A, 1988. *Sociología del lenguaje.* Madrid: Cátedra.

FISHMAN, JOSHUA A, ROBERT L. COOPER, ROXANA MA, ET AL. 1968. *Bilingualism in the Barrio.* New York: Yeshiva University.

FONTANELLA DE WEINBERG, MARÍA BEATRIZ. 1992. *El español de América.* Madrid: Editorial Mapfre.

HOLMES, JANET. 2001. *An Introduction to Sociolinguistics,* 2nd ed. New York: Longman.

HUDSON, ALAN, EDUARDO HERNÁNDEZ-CHÁVEZ, AND GARLAND BILLS. 1995. "The many faces of language maintenance: Spanish language claiming in five southwestern states." In Carmen Silva-Corvalán (ed.), *Spanish in Four Continents.* 165–193. Washington D.C.: Georgetown University Press.

KLEE, CAROL A., AND LUIS A. RAMOS-GARCÍA, (EDS.) 1991. *Sociolinguistics of the Spanish-speaking World: Spain, Latin America, and the United States.* Tucson, AZ: The Bilingual Review Press.

LAFFORD, BARBARA A. 1986. "Valor diagnóstico-social del uso de ciertas variantes de /s/ en el español de Cartagena, Colombia." In Rafael A. Nuñéz Cedeño, Iraset Páez Urdaneta, and Jorge M. Guitart (eds.), *Estudios sobre la fonología del español del Caribe.* 53–74. Caracas, Venezuela: Ediciones La Casa de Bello.

LAPESA, RAFAEL. 1980. *Historia de la lengua española,* 8th ed. Madrid: Gredos.

LIPSKI, JOHN. 1994. *Latin American Spanish.* London: Longman.

LYNCH, ANDREW. 2000. "Spanish-speaking Miami in sociolinguistic perspective: Bilingualism, recontact, and language maintenance." In Ana Roca (ed.), *Research on Spanish in the United States.* 271–283. Somerville, MA: Cascadilla Press.

MAR-MOLINERO, CLARE. 1997. *The Spanish-speaking World: A Practical Introduction to Sociolinguistic Issues.* London: Routledge.

MORENO FERNÁNEZ, FRANCISCO. 1998. *Principios de sociolingüística y sociología del lenguaje.* Barcelona: Ariel Lingüística.

PÁEZ URDAMETA, IRASET. 1981. *Historia y geografía hispanoamericana del voseo.* Caracas: La Casa de Bello.

PEDRAZA, PEDRO. 1985. "Language maintenance among New York Puerto Ricans." In Lucía Elías-Olivares, Elizabeth A. Leone, René Cisneros, and John Gutiérrez (eds.), *Spanish Language Use and Public Life in the USA.* 59–71. Berlin: Mouton.

PEDRAZA, PEDRO, JOHN ATTINASI, AND GERARD HOFFMAN. 1980. "Rethinking Diglossia." In Raymond V. Padilla (ed.), *Theory in Bilingual Education.* 75–97. Ypsilanti: Eastern Michigan University.

PENNY, RALPH. 2000. *Variation and Change in Spanish.* Cambridge: Cambridge University Press.

POPLACK, SHANA. 1982. "Sometimes I'll start a sentence in Spanish y termino en español: Toward a typology of code-switching." In Jon Amastae and Lucía Elías-Olivares (eds.), *Spanish in the United States: Sociolinguistic Aspects.* 230–263. Cambridge: Cambridge University Press.

RODRÍGUEZ-PINO, CECILIA, AND DANIEL VILLA. 1994. "A student-centered Spanish for native speakers program: Theory, curriculum and outcome assessment." In Carol A. Klee (ed.), *Faces in a Crowd: Individual Learners in Multisection Programs.* AAUSC Issues in Language Program Direction. 355–373. Boston: Heinle & Heinle.

SALVADOR, GREGORIO. 1977. "Fonética masculina y fonética femenina en el habla de Vertientes y Tarifa (Granada)." In Manuel Alvar (ed.), *Lecturas de sociolingüística.* 143–153. Madrid: Colección EDAF Universitaria.

SÁNCHEZ, ROSAURA. 1994 [1983]. *Chicano Discourse.* Houston: Arte Público Press.

SAVILLE-TROIKE, MURIEL. 1998. "Extending 'communicative' concepts in the second language curriculum: A sociolinguistic perspective." In Dale L. Lange, Carol A. Klee, R. Michael Paige, and Yelena A. Yershova (eds.), *Culture as the Core: Interdisciplinary Perspectives on Culture Teaching and Learning in the Second Language Curriculum.* 1–14. CARLA Working Papers Series #11. Minneapolis, MN: Center for Advanced Research on Language Acquisition, University of Minnesota.

SIGUAN, MIGUEL. 1992. *España plurilingüe.* Madrid: Alianza Universidad.

SILVA-CORVALÁN, CARMEN. 1989. *Sociolingüística.* Madrid: Alhambra.

SILVA-CORVALÁN, CARMEN. 1994. *Language Contact and Change: Spanish in Los Angeles.* Oxford: Oxford University Press.

SILVA-CORVALÁN, CARMEN. 2001. *Sociolingüística y pragmática del español.* Washington D.C.: Georgetown University Press.

SOLÉ, YOLANDA RUSSINOVICH. 1987. "La difusión del español entre méxico-americanos, puertorriqueños y cubano-americanos en los Estados Unidos." In Terrell A. Morgan, James F. Lee, and Bill VanPatten (eds.), *Language and Language Use.* 161–174. Lanham, MD: University Press of America.

SOLÉ, YOLANDA RUSSINOVICH. 1990. "Bilingualism: Stable or transitional? The case of Spanish in the United States." *International Journal of the Sociology of Language* 84: 35–80.

STEWART, MIRANDA. 1999. *The Spanish Language Today.* London: Routledge.

VALDÉS, GUADALUPE. 1997. "The teaching of Spanish to bilingual Spanish-speaking students: Outstanding issues and unanswered questions." In M. Cecilia Colombi and Francisco X. Alarcón (eds.), *La enseñanza del español a hispanohablantes.* 8–44. Boston: Houghton Mifflin.

ZENTELLA, ANA CELIA. 1997. *Growing Up Bilingual: Puerto Rican Children in New York.* Oxford: Blackwell.

Capítulo 9

La tecnología y la ASL

En este capítulo y en el siguiente discutimos dos áreas vinculadas estrechamente al campo de la lingüística aplicada. La primera es la aplicación de la tecnología a la enseñanza de lenguas. La segunda es la evaluación de la competencia del estudiante en la L2. En ambas áreas el tema principal gira en torno a la comprensión y la producción lingüísticas por parte del estudiante.

INTRODUCCIÓN: INSTRUCCIÓN APOYADA POR LA COMPUTADORA

instrucción apoyada por la computadora

computer-assisted instruction

Hay maneras diferentes de aplicar la tecnología a la enseñanza de lenguas, pero en este capítulo nos concentramos en la tecnología de la computadora. La **instrucción apoyada por la computadora** ha sido una realidad desde los años 60. La aplicación de la tecnología computacional a la enseñanza y al aprendizaje de lenguas fue un paso lógico en la evolución de la pedagogía de la ASL (Blake 1998; Ahmad, Corbet, Rogers y Sussex 1985). Dicha aplicación se le conoce como el aprendizaje de lenguas apoyado por computadoras o, en

191

inglés, *computer-assisted language learning* (CALL) (Merill et al. 1986). Warschauer (1996) distingue tres fases en la evolución de CALL: la fase conductivista, la fase comunicativa y la fase integrativa. Como indica su nombre, la fase conductivista se basaba en la teoría del conductivismo, que se discutió en el Capítulo 1 de este libro. Los programas de computadora de esta fase hacían uso de ejercicios repetitivos de lengua, con un formato centrado en el maestro (en este caso, la computadora). Según Blake (1998:212), estos programas en realidad eran simplemente libros de ejercicios con una nueva apariencia tecnológica.

La segunda fase de CALL, llamada fase comunicativa, se basaba en la metodología comunicativa de la enseñanza de segundas lenguas dominante en los 70 y los 80. Esta fase privilegiaba el uso de formas, y no simplemente las formas mismas. La gramática se enseñaba de manera implícita. No se presentaban reglas gramaticales. Haciendo uso exclusivo de la L2, se dejaba que los estudiantes fueran creativos con la lengua, sin verse limitados a usar solamente expresiones fijas. Estos programas se centraban en el estudiante, hacían poco o ningún uso de ejercicios mecánicos, y empleaban *software* diseñados para actividades como juegos de lengua, reconstrucción de textos y lectura a paso individual. A pesar de que estas actividades parecían ser un adelanto en relación a los programas previos basados en el conductivismo ya para los finales de los años 80 muchos pedagogos consideraban la fase comunicativa como algo marginal a la enseñanza misma de la L2. Los programas comunicativos dejaron de ser usados de una manera sistemática.

La fase integrativa de CALL fue producto de dos avances tecnológicos de los años 90—la tecnología de multimedios y el Internet. La tecnología de multimedios vincula elementos como el video, el sonido, la animación y las gráficas con el texto. También utiliza la hipermedia que une varias fuentes de multimedios, como por ejemplo lo visual con lo auditivo (Warschauer 1996). Por otro lado, el Internet representa una gran fuente de información global, que integra información gráfica, auditiva y audiovisual con textos. Permite un acceso fácil, y provee una herramienta para la enseñanza sin necesidad de gastar grandes recursos monetarios. Ello permite la creación de un entorno más estimulante y rico para el aprendizaje.

A pesar de este nuevo contexto para el aprendizaje, no han faltado las críticas contra la dependencia en el uso de la tecnología para la enseñanza de L2. Una crítica es que los programas computacionales por ahora no son lo suficientemente inteligentes para permitir una 'verdadera' interacción. Los multimedios de hoy no promueven una comunicación auténtica y significativa en todos los aspectos del currículo (Warschauer 1996). Una de las críticas más fuertes es que la tecnología para la ASL no se ha basado en ningún tipo de teoría psicolingüística del aprendizaje. Tampoco existe una sola teoría de ASL aceptada universalmente en la que se puedan basar los materiales tecnológicos (Levy 1997). Garrett (1989) dice que debemos preocuparnos no sólo por los resultados positivos de ASL que la tecnología facilita sino también por el tipo de tecnología, el tipo de aprendizaje y el contorno que promueva mejores resultados.

▶ *Para pensar y discutir 1:*

1. ¿Se basa la fase integrativa de CALL en algún método de aprendizaje de lenguas? ¿Cuál?

2. ¿Cuáles son las características de una interacción 'verdadera' y 'auténtica' entre dos personas? ¿Puede simular una computadora algunas de estas características?

UNA BASE TEÓRICA PARA LA INTERACCIÓN CON LA TECNOLOGÍA

Paralelamente a estos avances en las aplicaciones tecnológicas a la pedagogía de L2, ha surgido un nuevo modelo para la comprensión de la ASL. Como vimos en el Capítulo 2, el modelo interaccionista y el modelo sociocultural examinan la L2 en sus dimensiones sociales y cognitivas, basándose en Hymes (1971), Halliday (1975) y Vygotsky (1981). Kern y Warschauer (2000) fusionan los dos modelos dando lugar a un modelo sociocognitivo, el cual propone que el uso de la lengua es el medio por el cual los estudiantes desarrollan su interacción social y asimilan el habla de los demás. Entre sus objetivos se encuentran (a) enfocar la atención de los estudiantes en las formas según los contextos del uso de ellas para comunicar ideas, (b) motivarlos a negociar los significados en situaciones colaborativas y (c) crear comunidades discursivas auténticas mediante tareas comunicativas realistas. La computadora sirve no sólo como una fuente de información sino también como un medio a través del cual los estudiantes pueden interactuar entre sí, como individuos trabajando juntos o en grupos. Los últimos materiales basados en este acercamiento tratan de promover el procesamiento cognitivo, permitiéndole al estudiante mismo entender por cuenta propia el contenido, y construir conocimiento y material en la producción (Chun y Plass 2000).

Raras veces el estudiante típico de nivel elemental en los Estados Unidos, o inclusive de nivel más avanzado, tiene la oportunidad de interactuar con otro hablante nativo de español, dentro o fuera del salón de clase. Tampoco es común que el estudiante principiante tenga acceso a este tipo de interacción con otro estudiante de español de nivel más avanzado. La computadora, permite dicha interacción. Es decir, la computadora puede servir de vínculo entre estudiantes de diferentes niveles, creando un contexto para una negociación sobre la lengua y los significados de la interacción. La computadora también puede enlazar a estudiantes de una misma clase.

EL USO SINCRÓNICO DE LA COMPUTADORA EN ENCUENTROS: EL CONTEXTO DE LA SESIÓN DE CHATEO

sesión de chateo

chat room session

Uno de los avances tecnológicos relativamente recientes del Internet es la capacidad de enlazar a varios usuarios de la computadora sincrónicamente (es decir, instantáneamente) en el contexto de una **sesión de chateo** para que interactúen en 'conversaciones' entre sí, así dando lugar a nuevas comunidades discursivas. Cualquier participante del salón e inclusive varios participantes pueden mandar un mensaje y anticipar una respuesta casi instantáneamente. El resultado es un intercambio libre de ideas, aún más porque los usuarios pueden ocultar su identidad, o cambiarla por otra, con sólo cambiar de nombre de usuario.

La sesión de chateo en el contexto de ASL se puede utilizar para promover la comunicación en la L2. En una misma sesión los estudiantes pueden conversar con el instructor, con los demás estudiantes de la clase, con otros estudiantes en otros sitios o con hablantes nativos en los Estados Unidos o en el extranjero. El instructor puede obtener y guardar copia del discurso escrito por el usuario.

Investigadores como Chun (1994) y Warschauer (1999) han estudiado detalladamente las ventajas que ofrecen estas sesiones en el currículo de la L2.

Kern (1995) realizó una investigación sobre el uso del *software* Daedalus en un laboratorio computacional de lenguas para <u>enlazar simultáneamente (sincrónicamente) a los estudiantes</u> de una misma clase entre sí y con el maestro en el transcurso de una serie de encuentros. La conección sincrónica es diferente a la <u>asincrónica</u>, como la de <u>correo electrónico</u>, en la que no siempre es posible recibir inmediatamente un mensaje de otra persona. Todo estudiante puede contribuir a la discusión escrita, e inclusive dirigirse a sus compañeros de clase o a algun otro estudiante en particular tanto como lo desea. Cada estudiante escribe su propio mensaje y lo manda a una pantalla central donde cualquier otra persona puede responder. El siguiente es un ejemplo del discurso de estudiantes universitarios de quinto semestre de español, tal como apareció en la pantalla central (tomado de Patterson 2001):

(**1**) [Discusión por computadora de "La camisa de Margarita" usando el programa Daedalus]:

Prof: Buenos días...Hoy vamos a hablar de "La Camisa de Margarita." ¿Qué pasó en el cuento? ¿Les gustó? ¿Por qué sí o por qué no? ¿Por qué el padre de Margarita no quería que se casara con don Luis?

MG: El padre de Margarita no quería que se casara con don Luis porque don Luis fue muy pobre, ¿verdad?

NG: Primero, deseo decir que el artículo en el *Daily Texas* sobre Shakespeare: "*For All Times*" es una mentira GRANDE. No lo crean Uds. Ahora, sobre "La Camisa de Margarita," es una cuenta linda, pero, terminó muy abruptamente.

Prof: MG...El tío de don Luis estaba enojado porque el padre de Margarita pensaba que don Luis era un hombre pobre y de la clase baja. Supongo que esto fue un insulto para la familia de don Luis también. Por eso él decidió que ellos no pudieran casarse.

EB: Me gustó el cuento mucho porque al fin, Margarita y su novio obtuvieron el dinero (en la camisa) que necesaron.

CC: El tío no creo que una joven no se quisera casar con su sobrino.

EB: Tengo una *correction*...necesitaron en mi mensaje.

Prof: CC...¿Qué querías decir en tu último mensaje?

NG: Estoy de acuerdo con todos, me gusta el cuento porque era interesante y fácil para leer. ¿Piensa alguien otro que terminó muy abruptamente?

AR: Tento una pregunta. ¿Porque el tío de Luis no le dio dinero a Luis si el tío era muy rico?

El ejemplo (1) demuestra que los estudiantes entran en la discusión a su antojo sin la necesidad de que el profesor dirija los turnos. De hecho, los comentarios a veces no aparecen consecutivos porque varias personas 'hablan' a la vez. Kern (1995) y Patterson (2001) descubrieron que hay mucha más participación por parte de los estudiantes, inclusive de los más tímidos en las discusiones por la computadora que en las orales. Además, los estudiantes producen enunciados más extensos en este contexto que en las discusiones orales en clase. Lo que este tipo de discusión libre no deja ver son ejemplos de la negociación sobre el vocabulario o las formas morfosintácticas. Bearden (2001), que también encontró resultados parecidos, sugiere que la falta de negociación pudiera obedecer a que, en estas discusiones los participantes, independientemente del nivel de estudio, se afanan más por comunicar ideas que por aprender la L2 o perfeccionar las formas. También, puede ser que los estudiantes conozcan ya las palabras que usan, o las encuentren transparentes suficientemente.

EL USO SINCRÓNICO DE LA COMPUTADORA EN PAREJAS

brecha de información
information gap

rompecabezas
jigsaw

Usando un programa parecido (*Remote Technical Assistance*), Blake (2000) les asignó a un grupo de estudiantes de español de nivel intermedio/avanzado una serie de tareas específicas: **brecha de información** y **rompecabezas** (Pica, Kanagy y Falodun 1993). En el Capítulo 2, hablamos un poco sobre estas tareas; a continuación las describimos con más lujo de detalle en el contexto de la interacción por computadora.

Brecha de información

En los ejercicios de <u>brecha de información</u>, se le pide a una persona (o a dos personas que trabajan en pareja) que consiga información sobre otra persona o fuente de información. Luego, se le pide que use la información obtenida para hallar una solución (o varias soluciones) o tomar una decisión sobre un problema dado. En el estudio de Blake (2000), cada estudiante, conectado a otro estudiante que usaba otra computadora, tenía que descubrir características de su pareja y hacer un resumen usando TEXTPAD, que es un instrumento que les permite a los usuarios colaborar en la elaboración de un mismo texto. Otro ejemplo consistía en hacer que ciertas parejas se conectaran dentro de una sesión de chateo con otro grupo de personas, entre las cuales había un hablante nativo de español ubicado en otro edificio. La pareja tenía que descubrir quién era el hablante nativo, cuáles eran algunas de las características de su personalidad, y hacer un resumen de dicha información usando TEXTPAD.

Rompecabezas

En estos ejercicios cada individuo de la pareja contaba con información que la otra persona desconocía. Por ejemplo, en Blake (2000) la pareja tenía que identificar el dibujo que no se relacionaba en tres de cuatro dibujos, pero cada persona podía ver sólo dos de los cuatro dibujos. Luego, ambos tenían que dar razones por las que escogieron tales dibujos, y resumirlas por escrito. Otro ejercicio le pedía a una pareja que encontrara un apartamento en Madrid. Aunque buscaran en los mismos anuncios en el Internet, la pareja tenía que demostrar preferencias radicalmente diferentes para las condiciones ideales en donde vivir. Después, tenían que hacer un resumen de los resultados.

Blake encontró mucha más negociación entre las parejas en el ejercicio de rompecabezas (93 por ciento y 78 por ciento de las negociaciones en total), sobre todo con la tarea del apartamento, que en él de la brecha de información. La razón para ello, según Blake, es que cada persona tenía que mantener su oposición a las condiciones ideales para vivir de su pareja. Otra razón era que los anuncios contenían muchas abreviaturas que obligaban a los participantes a solicitar aclaraciones (por ejemplo, WC = baño; c/ = calle). Además sólo podían terminar la sesión una vez escogido un apartamento entre las ocho opciones en total.

A pesar del gran número de negociaciones, Blake señala, al igual que Patterson (2001), que casi todas las negociaciones giran en torno al léxico y que rara vez se negocia la morfología, la sintaxis y la fonología. Blake ofrece un ejemplo de una negociación sobre el aspecto verbal:

(2) X: pero, usamos <u>era</u> o <u>fue</u>? <u>Fue</u> un día llena
    Y: Creo que <u>fue</u> porque todo occure en el pasado
       Y fue un día y no un serie de dias
    X: está bien, OK?
    Y: si
       (Blake 2000:11)

La pareja discute el uso del pretérito o el imperfecto del verbo <u>ser</u>. X le da una explicación que no logra aclarar el problema, pero por lo menos ambos se fijan en este elemento gramatical.

Bearden (2001) estudió unas interacciones en el Internet entre estudiantes estadounidenses e hispanohablantes mexicanos. Para ello usó el programa ICQ, que enlaza a individuos en lugares diferentes sincrónicamente. Otra ventaja del programa es que el maestro puede ver cada letra que escribe cada usuario, aún una vez borrada la letra. Esto es importante pues permite ver qué elementos le ocasionan más dificultad al estudiante, y en qué situaciones vacila más. El maestro puede inclusive guardar un archivo de la interacción entera. En el siguiente ejemplo, una estudiante de tercer semestre de español en Texas y un estudiante de inglés en México interactúan para resolver un rompecabezas.

(3) [Una estudiante de español en los Estados Unidos (A) y un hablante nativo en México (P) hacen una tarea de rompecabezas, por medio del programa ICQ. Las letras rayadas indican que el estudiante trató de borrarlas.]
    A: Hola. ~~Tengas~~
    P: ~~qu~~como estas.
    A: Bien. Tengas las picturas?
    P: Si las tengo y t~~u~~?
    A: Si.
    P: tenemos que comentar acerca de las fo~~ro~~tos o algo asi.
    A: En mi foto Numero Uno, es una familia en una casa.~~TYt~~ Tu?
       (Bearden 2001)

Se puede ver que los participantes suelen evitar el uso de acentos ortográficos. Algunos maestros ven en esto una falla de la interacción de chateo puesto que puede reforzar el mal uso u omisión de los acentos ortográficos. Otros maestros, en cambio, consideran este tipo de comunicación como un medio diferente—que no es igual ni a la composición escrita ni al habla—en el cual no son necesarios los signos ortográficos.

Retomemos la pregunta inicial: ¿Qué se puede hacer, con o sin la computadora, para que el desarrollo del interlenguaje de cada estudiante avance hacia un español nativo? ¿Qué actividades estimulan más la negociación? ¿Y qué otras ventajas brinda la computadora con respecto a la ASL a la hora de promover una discusión? Es obvio que hay beneficios afectivos. Blake (2000) y Kern (1995) encuentran que los estudiantes se expresan con mayor frecuencia, sienten menos ansiedad y sacan provecho de la oportunidad de practicar la comunicación en español por computadora. Pero cuando el objetivo es que los estudiantes se fijen también en la gramática, hay que incorporar otro tipo de actividades, lo cual no significa que haya que deshacerse de la expresividad, la espontaneidad y el deseo de comunicar típico de toda interacción.

Puede ser que parte del problema tenga que ver con la pragmática. Tal vez las negociaciones sobre la morfología y la sintaxis no se ven con frecuencia porque los estudiantes sienten que hace falta establecer primero cierto tipo de relación con la persona antes de comenzar a hacer preguntas sobre las formas en vez de simplemente comunicar ideas. Asimismo cuestionar una palabra o una forma gramatical de otra persona puede interpretarse como descortés y ofensivo. Consideremos este ejemplo que es inventado pero que representa una interacción típica del salón de clase:

(4) Jess: *No me gusto el helado.
  Jeff: ¿Gusto? ¿Gusto o gusta?

Para algunos, lo que dijo Jeff tal vez parezca una corrección, inclusive una impertinencia. Depende mucho del tipo de relación que exista entre ambos. Pero puede ser ofensivo si ambos consideran tener el mismo nivel de competencia, y si pasa muy a menudo.

Tal vez las discusiones en la computadora sirvan más como contexto para desarrollar la habilidad de interactuar en general; es decir, de motivar a otra persona a conversar, prolongar la conversación, co-construir el significado y fomentar una buena relación entre los participantes y así conseguir mayor colaboración. Por ejemplo, en el ejemplo (5) vemos que la estudiante (E) aporta respuestas posibles al hablante nativo (HN) con el fin de aclarar el significado de la pregunta original.

(5) E: Y, ¿qué qué piensas tus amigos de tu novia?
  HN: *eh—*
  E: *Er*, su ex-novia.
  HN: ¿Qué piensan, quién?
  E: **Um, ella es simpática,**
  HN: Sí sí sí. Sí es simpática.
  E: **es bonita,**
  HN: *Ah hah.*
  E: **es inteligente.**
    (Koike y Ramey 2001)

Ello muestra el uso de <u>la competencia estratégica</u>, que es un componente de la definición general de la competencia comunicativa de Canale y Swain (1980). Esta competencia denota la habilidad de emplear otra estrategia para comunicar el mensaje cuando la estrategia original no sirve o no contribuye a esclarecer la comunicación. Veamos un ejemplo de ausencia de dicha habilidad tomada de una interacción en una sesión de chateo entre un hablante nativo en México y una estudiante de tercer semestre de español en los Estados Unidos. Ambos están 'conversando' por primera vez. Tal vez porque se siente seguro detrás de la anonimidad que presta la computadora, o porque no se siente competente en la interacción social en su propia lengua, o simplemente porque quiere ser gracioso, el hablante nativo escribe algo que resulta ser ofensivo y que impide una buena interacción entre ambos:

(6) [Hablante nativo (HN) en México y una estudiante (E) en los Estados Unidos, en un salón de conversación]:
  E: Lo siento. No entiendo.
  HN: ¿Como que no entiendes?
    (Bearden 2001)

No sabemos la verdadera intención del hablante nativo, dada la falta del elemento pragmático en la mayoría de los mensajes por computadora. Pero es un ejemplo de una ausencia de habilidad para extender una conversación y una incapacidad de establecer una buena relación entre los dos participantes. Además el hablante nativo usa un lenguaje que la estudiante tal vez nunca haya visto u oído y ante el cual no sabe cómo reaccionar.

La práctica de estrategias discursivas deseables es sumamente importante para el desarrollo de la habilidad de interactuar. Pero para lograr esta práctica discursiva en su totalidad, no queda más remedio que buscar actividades que mejor la promuevan y que a la vez fomenten que sea lo más natural posible.

▶ *Para pensar y discutir 2:*

1. Si Ud. fuera maestro/a y viera que sus alumnos no usan acentos ortográficos en interacciones de chateo, ¿lo consideraría un error? ¿Cuál sería su actitud?

2. Si Ud. fuera el estudiante en el ejemplo (6), ¿cómo respondería a lo que dijo el hablante nativo?

3. ¿Cree Ud. que, al entrar en una sesión de chateo, se pondría un estudiante a pensar en la forma de mensaje? ¿Cómo lo motivaría Ud. a fijarse en su propio lenguaje sin tener Ud. que interferir en la interacción durante una sesión de chateo?

MÁS ALLÁ DE LA SESIÓN DE CHATEO

¿Qué otros usos tecnológicos para promover la ASL existen? Un paso pequeño pero importante será el uso de cámaras y micrófonos para enlazar a estudiantes en los Estados Unidos con, por ejemplo, hablantes nativos en el exterior (la telecolaboración). Este tipo de vínculo dejaría de ser una interacción virtual y escrita, para convertirse más bien en una interacción actual, cara a cara. Dará origen a una serie de interrogantes similares a los asuntos que nos preocupan hoy. Entre ellos, habrá una necesidad de realizar tareas colaborativas bien diseñadas que promuevan los tipos de interacciones lingüísticas necesarios para impulsar el desarrollo lingüístico e interaccional del estudiante. Otro tema será la ansiedad que este tipo de interacción seguramente habrá de despertar entre los estudiantes. Habrá también preguntas sobre los parámetros de esta interacción: la duración, la calidad, el tipo y la motivación. Aún más importante, hay necesidad de cierta aptitud comunicativa para interactuar y participar en estos tipos de intercambios. Esta competencia incluye el conocimiento gramatical, pragmático, paralingüístico y sociocultural del español. En cuanto a las posibles tareas para los estudiantes, habrá necesidad de saber cómo los estudiantes y los hablantes nativos interpretan interacciones y maneras de cumplirlas. Igualmente habrá que saber más sobre cómo estos comportamientos interaccionales se diferencian de los encuentros entre los hablantes nativos mismos, encuentros que rara vez son motivados por tareas o necesariamente de índole colaborativo.

materiales basados en el contenido

content-based materials

La computadora permite también acceso a diversos materiales basados en ciertos temas o asignaturas, los cuales se llaman **materiales basados en el contenido.** Por ejemplo, Robinson (1993; véase también Lafford y Lafford 1997) sugiere que los estudiantes examinen por el Internet diferentes formas

viviendas
housing

de **viviendas** que existen en países hispanos, y que las comparen con viviendas típicas en los Estados Unidos. El Internet, según Robinson (1993), permite que se consiga conocimiento cultural de tres tipos:

(a) <u>información</u>, tales como enciclopedias, periódicos, programas de radio y televisión;

(b) <u>comportamiento</u>, tales como páginas editoriales sobre el comportamiento cultural, videos que muestran el comportamiento verbal y físico, programas de radio y televisión;

(c) <u>logros</u>, tales como visitas a museos de arte, extractos de canciones o poemas, etc.

red mundial
World Wide Web

El maestro puede darles a los estudiantes la tarea de buscar y resumir los tres tipos de conocimientos en diferentes sitios de <u>la **red mundial.**</u>

No hemos hablado todavía de las otras aplicaciones de la tecnología a la ASL. Una aplicación obvia es el uso del <u>correo electrónico</u>, una **conección asincrónica.** Otra es que el maestro diseña su propia <u>página de la red</u>. Dichas páginas pueden mostrar a la clase las composiciones de los otros alumnos, e inclusive incorporar videos y **archivos de sonido** con lo cual se puede enriquecer la enseñanza. Blyth (ver *Français Interactif,* <u>http://dhamma.lamc.utexas.edu/fi</u>) propone el uso de encuestas por computadora. Es decir, los estudiantes en una clase de lengua pueden llenar un cuestionario sobre, por ejemplo, lo que hacen en horas libres, lo que más les gusta o disgusta de la universidad, etc. Se puede aplicar el mismo cuestionario a estudiantes universitarios en otro país, y luego comparar las respuestas de ambos grupos.

conección asincrónica

asynchronous; connection delayed in real time

archivos de sonido
sound bytes

Finalmente, se debe mencionar el uso de la computadora para exámenes e inclusive para el estudio individualizado. Además de facilitarle el trabajo al maestro, estos usos le brindan al estudiante más medios para avanzar a su propio ritmo.

REPASO

La historia del aprendizaje de lenguas apoyado por computadoras (CALL) ha pasado por fases diferentes. Tal vez el mejor uso de la computadora sea su capacidad de establecer conexiones instantáneas con otras personas dentro y fuera de los Estados Unidos. Un buen ejemplo es la conexión sincrónica entre dos personas o más, como ocurrió en sesiones de chateo.

El modelo interaccionista y el modelo sociocultural ofrecen una base teórica de la ASL para CALL. La computadora sirve para enlazar a estudiantes de la L2. Permiten la realización de tareas que estimulen a los estudiantes a fijar la atención en las formas de la lengua, además de practicar la capacidad de formular ideas y utilizar tanto el vocabulario como la gramática estudiada.

El uso sincrónico de la computadora en encuentros entre estudiantes muestra que la tarea misma influye enormemente en la calidad de interacción que habrá de ocurrir y en el tipo de negociaciones que los participantes habrán de utilizar. Pensando en el futuro, pronto se difundirá el uso de micrófonos y cámaras, dando lugar a un tipo de interacción cara a cara, cuyo impacto en la calidad de la interacción está por verse.

Ejercicios finales

1. Su propia sesión de chateo. Ud. puede usar gratis el programa de ICQ, bajándolo de la dirección www.ICQ.com. Si es posible, guarde el programa en su computadora y establezca una sesión de chateo con otra persona. Intente primero un ejercicio de rompecabezas seguido de un ejercicio de conversación. De no ser posible, haga estos ejercicios por correo electrónico. Luego, anote las frases que indiquen que Uds. posiblemente se enfocaron en las formas de lenguaje que ocurrieron en tales interacciones. Tareas recomendables:

a. Rompecabezas: Cada individuo hace un dibujo empleando dos círculos grandes, dos círculos pequeños, dos rectángulos, tres triángulos, dos cuadrados y tres estrellas. Luego, cada cual tiene que decirle al otro donde colocar cada figura para que logre reproducir el mismo dibujo que el suyo. Comparen ambos dibujos.

b. Buscar información: Pídale información a su pareja con respecto a la historia de su familia—por ejemplo, de dónde son sus antepasados, por qué vinieron a este país, y si siente una conección fuerte con sus familiares, su grupo étnico y las costumbres de su país natal.

2. El enfoque en la lengua. Examine las siguientes interacciones de chateo entre estudiantes de segundo año de español (E) y un hablante nativo (HN) en el exterior (no son las mismas personas en todos los ejemplos). En este ejercicio los hablantes están describiendo sus dibujos, para ver cuáles se parecen más. Los ejemplos son de Bearden (2001) y han sido copiados exactamente como fueron escritos.

a. E: Bueno, Hay muchas personas preocupadas. Hay un gesto dice
   HN: gesto???
   E: Si. Es gesto dice "Vuelo 430."
   HN: Si, entonces si son iguales.

b. HN: tienes tu hoja?
   E: que es hoja?
         en inglés
   HN: las imagenes
   E: si

Yo tengo una hoja de la gente en la playa, jugando volibol
   HN: cual crees que sean iguales?
   E: si
         tu tienes ese hoja?
   HN: es la figura 4?
   E: si
   HN: OK entinces si la tengo

c. [este ejemplo refleja una sesión de ICQ.]
   E: Ahorra, nosotros dicemos que es no mismo en fotos numero 1, 3, y ~~4~~.5.
   HN: que tienes en tu foto 5?
   E: Numero ~~4~~5, es una fiesta. Dos personas estan bailando. Un chico esta tocando los "drums", Una mujer esta hablando en el telefono. ~~Un chico~~El chico es en la sofa tiene sus dedos en sus oidos. Y una chica esta tratando habla a-l chico.
   HN: en tu foto hay una persona tocando la guitarra?
   E: No. tocando "drums" Como se dice Drums?
   HN: entonces tene~~n~~mos que ~~oa~~l-a foto 2y 4 son iguales
         Bateria

Basándose en las interacciones que Ud. acaba de leer, subraye los enunciados que indiquen que los participantes posiblemente se están fijando en las formas y estructuras de la lengua. Luego, señale qué tipo de negociación ocurre (es decir, si se enfocan en el léxico, la sintaxis, la gramática). Finalmente, identifique quién tiene el problema (HN o E), y proponga un modo de resolverlo.

3. Negociaciones. Bearden (2002) no encontró mucha negociación sobre las formas de la lengua en el contexto ICQ. Lo siguiente es un ejemplo de una interacción de rompecabezas entre tres estudiantes. Luego de estudiar esto, dé algunas explicaciones posibles para la falta de negociación.

B: Hay un muchacho corr~~end~~iendo ~~con~~ [*long pause*] con un [*erases everything previous*] eropuerto con muchas personas ~~esperando~~ que estan esperando por sus avion. Hay un muchacho esperando——,

C: que no permite fumar. S~~l~~i, el hombre tiene que ir a Mexico. ~~E~~—Las personas estan

~~enfrente de "Vuelo 430.~~ stan enfrente de el symbolo "vuelo 430".

D: Tres personas ~~snon sena~~ estan esentando en el secion de no fumando. El vuelo 430 es donde mucha gent~~ee~~ ~~entran~~ stan entrad~~ndo y exitoando,~~ esperando por sus amigos o familia.

C: Nuestros dibujos parecen los mismos.

B: ~~pero el no esta~~ con sus ~~how do you say luggage?~~

C: ~~u equipaje~~

B: equipajes. ~~thanks~~

C: ~~no prob~~

D: Un hom~~puebe~~re esta corriendo muy rapi~~ee~~do.

B: Yo creo que ~~ei~~ los dibujos son eguales.

D: Si, mi dibujo es egual.

B: En mi dibujo hay seis ~~personas~~ personas de un familia ~~o~~ que estan celebrando ~~la~~ el cumpleanos de ~~la~~ el papa.

Para pensar y discutir

1. ¿Cree Ud. que es posible aprender una lengua por medio de una computadora, sin el maestro? ¿Por qué sí o por qué no?

2. En su opinión, ¿qué problemas sufren las sesiones de chateo como medio para practicar el aprendizaje de la L2? ¿Y los aspectos positivos?

Términos importantes

el aprendizaje de lenguas apoyado por computadoras (CALL)

asincrónico

la competencia estratégica

las comunidades discursivas

el correo electrónico

la fase comunicativa

la fase condutivista

la fase integrativa

la instrucción apoyada por la computadora

el modelo interaccionista

el modelo sociocognitivo

el modelo sociocultural

la página de la red

la red mundial

la sesión de chateo

sincrónico

la telecolaboración

Obras consultadas

AHMAD, KURSHID, GREVILLE CORBETT, MARGARET ROGERS, AND ROLAND SUSSEX. 1985. *Computers, Language Learning, and Language Teaching.* Cambridge: Cambridge University Press.

BEARDEN, REBECCA. 2001. "An interactionist study of small-group oral discussion versus computer-assisted class discussion between native speakers and non-native learners of Spanish." Paper presented at the American Association of Applied Linguistics Annual Meeting, St. Louis.

BEARDEN, REBECCA. 2002. "Chatting in a Foreign Language: A Study of Discourse and Negotiation in Small Groups of Native Speakers and Nonnative Learners." Unpublished doctoral dissertation, University of Texas at Austin.

BEAUVOIS, MARGARET. 1992. "Computer-assisted classroom discussion in the foreign language classroom: Conversation in slow motion." *Foreign Language Annals* 25(5):455–464.

BICKES, GERHARD, AND ANDREW SCOTT. 1989. "On the computer as a medium for language teaching." *CALICO Journal* 6(3):21–31.

BLAKE, ROBERT. 1998. "The role of technology in second language learning." In Heidi Byrnes (ed.), *Learning Foreign and Second Languages: Perspectives in Research and Scholarship.* 209–237. New York: The Modern Language Association of America.

BLAKE, ROBERT. 2000. "Computer-mediated communication: A window on L2 Spanish interlanguage." *Language Learning and Technology* 4(1):120–136.

BURSTON, JACK 1993. "Exploiting available technology." *CALICO Journal* 11(1):47–52.

CANALE, MICHAEL, AND MERILL SWAIN. 1980. "Theoretical bases of communicative approaches to second language teaching and testing." *Applied Linguistics* 1(1):1–47.

CHAVEZ, CARMEN L. 1997. "Students take flight with Daedalus: Learning Spanish in a networked classroom." *Foreign Language Annals* 30(1):27–37.

CHUN, DOROTHY. 1994. "Using computer networking to facilitate the acquisition of interactive competence." *System* 22(1):17–31.

CHUN, DOROTHY, AND JAN PLASS. 2000. "Networked multimedia environments for second language acquisition." In Mark Warschauer and Richard Kern (eds.), *Network-based Language Teaching: Concepts and Practice.* 151–170. Cambridge: Cambridge University Press.

ELLIS, RODNEY. 1990. *Instructed Second Language Acquisition: Learning in the Classroom.* Oxford: Blackwell.

GARRETT, NANCY. 1987. "A psycholinguistic perspective on grammar and CALL." In W. Flint Smith (ed.), *Modern Media in Foreign Language Education: Theory and Implementation.* 169–196. Lincolnwood, IL: National.

GARRETT, NANCY. 1989. "The synergism of technology and theory in classroom second language acquisition research." *Georgetown University Round Table on Languages and Linguistics.* Washington, D.C.: Georgetown University Press.

HALLIDAY, MICHAEL A.K. 1975. *Learning How to Mean: Explorations in the Development of Language.* New York: Elsevier.

HYMES, DELL. 1971. "Competence and performance in linguistic theory." In Renira Huxley and Elisabeth Ingram (eds.), *Language Acquisition: Models and Methods.* 3–28. London: Academic Press.

KELM, ORLANDO. 1996. "The application of computer networking in foreign language education: Focusing on principles of second language acquisition." In Mark Warschauer (ed.), *Telecollaboration in Foreign Language Learning.* 19–28. Honolulu: Second Language Teaching and Curriculum Center, University of Hawaii.

KENNING, MARIE MADELEINE, AND M.J. KENNING. 1990. *Computers and Language Learning: Current Theory and Practice.* Chichester, West Sussex: Ellis Horwood.

KERN, RICHARD. 1995. "Restructuring classroom interaction with networked computers: Effects on quantity and characteristics of language production." *Modern Language Journal* 79(4): 457–476.

KERN, RICHARD, AND MARK WARSCHAUER. 2000. "Introduction: Theory and practice of network-based language teaching." In Mark Warschauer and Richard Kern (eds.), *Network-based Language Teaching: Concepts and Practice.* 1–19. Cambridge: Cambridge University Press.

KOIKE, DALE, AND ARJA RAMEY. 2001. "Collaborative discourse in the Spanish second language acquisition context." Paper presented at TexFlec 2001, University of Texas at Austin.

LAFFORD, PETER, AND BARBARA LAFFORD. 1997. "Learning language and culture with internet technologies." In Michael Bush and Robert Terry (eds.), *Technology-enhanced Language Learning.* 215–262. Chicago: National Textbook.

LEVY, MIKE. 1997. "Theory-driven CALL and the development process." *Computer Assisted Language Learning* 10(1):41–56.

LONG, MICHAEL. 1983. "Linguistic and conversational adjustments to non-native speakers." *Studies in Second Language Acquisition* 5(2):177–193.

LONG, MICHAEL. 1985. "Input and second language acquisition theory." In Susan Gass and Carolyn Madden (eds.), *Input in Second Language Acquisition.* 377–393. Rowley, MA: Newbury House.

MERRILL, PAUL, MARVIN TOLMAN, LARRY CHRISTENSEN, KATHY HAMMONS, BRET VINCENT, AND PETER REYNOLDS. 1986. *Computers in Education.* Englewood Cliffs, NJ: Prentice-Hall.

ORTEGA, LOURDES. 1997. "Processes and outcomes in networked classroom interaction: Defining the research agenda for L2 computer-assisted classroom discussion." *Language Learning and Technology* 1(1):82–93.

PATTERSON, PEGGY. 2001. "A Link between Real-time Synchronous Computer-assisted Language Learning and Second Language Acquisition." Unpublished doctoral dissertation, University of Texas at Austin.

PELLETIERI, JILL. 2000. "Negotiation in cyberspace: The role of *chatting* in the development of grammatical competence." In Mark Warschauer and Richard Kern (eds.), *Network-based Language Teaching: Concepts and Practice.* 59–86. Cambridge: Cambridge University Press.

PICA, TERESA, AND CATHERINE DOUGHTY. 1985. "The role of group work in classroom second language acquisition." *Studies in Second Language Acquisition* 7:233–249.

PICA, TERESA, RUTH KANAGY, AND JOSEPH FALODUN. 1993. "Choosing and using communicative tasks for second language instruction." In Larry Crookes and Susan Gass (eds.), *Tasks and Language Learning: Integrating Theory and Practice.* Vol. 1. 9–34. Clevedon, Avon: Multilingual Matters.

PICA, TERESA, FELICIA LINCOLN-PORTER, DIANA PANINNOS, AND JULIAN LINNELL. 1996. "Language learners' interaction: How does it address the input, output, and feedback needs of L2 learners?" *TESOL Quarterly* 30(1):59–84.

ROBINSON, GAIL. 1993. "Culture learning in the foreign language classrom: A model for second culture acquisition." *Culture and Content: Perspectives on the Acquisition of Cultural Competence in the Foreign Language Classroom.* Monograph Series #4. Tempe, AZ: Southwest Conference on Language Teaching

VARONIS, EVANGELINE, AND SUSAN GASS. 1985. "Non-native/non-native conversations: A model for negotiation of meaning." *Applied Linguistics* 6:71–90.

VYGOTSKY, LEONTEV S. 1981. "The genesis of higher mental functions." In James Wertsch (editor and translator), *The Concept of Activity in Soviet Psychology.* 144–188. Armonk, NY: M.E. Sharpe.

WARSCHAUER, MARK. 1996a. "Computer-assisted language learning: An introduction." In Sandra Fotos (ed.), *Multimedia Language Teaching.* 3–20. Tokyo: Logos International.

WARSCHAUER, MARK. (ED.). 1996b. *Telecollaboration in Foreign Language Learning.* Honolulu, HI: University of Hawaii Press.

WARSCHAUER, MARK. 1999. *Electronic Literacies: Language, Culture, and Power in Online Education.* Mahwah, NJ: Lawrence Erlbaum.

YOUNG, RICHARD. 1988. "Computer assisted language learning conversations: Negotiating an outcome." *CALICO Journal* 5(3):65–83.

ZAHNER, CHRISTOPHER, AGNES FAUVERGE, AND JAN WONG. 2000. "Task-based language learning via audiovisual networks." In Mark Warschauer and Richard Kern (eds.), *Network-based Language Teaching: Concepts and Practice.* 186–204. Cambridge: Cambridge University Press.

Capítulo 10

Medios para medir la competencia de la L2

INTRODUCCIÓN: CRITERIOS PARA MEDIR COMPETENCIA

En este capítulo abordamos algunos conceptos y nociones que hay que tener presentes al medir el progreso del estudiante hacia la realización de competencia oral en español. Todo examen viable y justo debe contar con dos características inherentes: <u>validez</u> y <u>confiabilidad</u>. La validez se refiere a la medida en que el examen mide verdaderamente lo que debe medir. Al elaborar su propio examen, el maestro tiene que asegurarse que dicho examen refleje los objetivos del curso para así decidir si es válido en términos del contenido del curso.

La confiabilidad se refiere a la medida en que el examen produce resultados consistentes. Es decir, si se diera dos veces al mismo grupo de alumnos, un examen confiable debe dar muy poca variación en los resultados. Según Valette (1967), para ser confiable el examen debe: (a) incluir preguntas múltiples (no sólo una pregunta) para que haya suficientes oportunidades de verificar el conocimiento y competencia de los estudiantes; (b) hacer las mismas preguntas (o equivalentes) y seguir el mismo formato para todos los estudiantes; (c) darse en condiciones semejantes a todos los estudiantes; (d) ser corregido y calificado de la misma manera para todos los estudiantes. Además, las preguntas tienen que reflejar una variación de nivel de dificultad. Un examen confiable es aquél en el que sólo los mejores estudiantes puedan contestar correctamente las preguntas más difíciles.

Estos criterios se aplican a cualquier tipo de examen de lengua. Existen varios tipos de exámenes, entre los cuales se encuentran el examen objetivo, que mide el dominio del conocimiento sobre cierto material, y el examen de competencia, que mide la habilidad de usar la lengua en ciertos contextos. A continuación nos concentramos en dos tipos de exámenes de competencia—el examen oral de competencia y el examen *prochievement*, que es un examen oral de competencia pero aplicado sólo a cierto material. La razón para concentrarnos en estos tipos de exámenes es que son importantes en cualquier curso de lengua con metas comunicativas y porque son algo difíciles de diseñar y calificar objetivamente. Pero primero, presentamos los **Estándares Nacionales** para el aprendizaje de segundas lenguas, que definen los objetivos que el maestro de lenguas debe siempre tener presente.

estándares
standards

LOS ESTÁNDARES NACIONALES

Como hemos mencionado, todo examen debe reflejar los objetivos del currículo en general, del curso, o de cierta parte del curso. En los Estados Unidos existe un conjunto de normas que especifican lo que los programas de lengua deben alcanzar. Los *Standards for Foreign Language Learning: Preparing for the 21ˢᵗ Century* (1996) han sido elaborados por las organizaciones más importantes en los Estados Unidos dedicadas a la enseñanza de lenguas extranjeras; entre ellas, el *American Council on the Teaching of Foreign Languages (ACTFL)*, la *American Association of Teachers of French*, la *American Association of Teachers of German* y la *American Association of Teachers of Spanish and Portuguese*. Los

Estándares definen las metas de la enseñanza de una segunda lengua a todos los niveles escolares en los Estados Unidos, desde el *kindergarten* hasta el cuarto año de universidad. Se basan en cinco metas principales, las cuales todas comienzan con la letra 'c':

(a) Comunicación: Comunicarse en lenguas además del inglés
Estándar 1.1: Los alumnos interactúan en conversaciones, dan y obtienen información, expresan sentimientos y emociones e intercambian opiniones.
Estándar 1.2: Los alumnos comprenden e interpretan el lenguaje escrito y oral en una variedad de temas.
Estándar 1.3: Los alumnos transmiten información, conceptos e ideas a un público de oyentes o lectores sobre una variedad de temas.

(b) Culturas: Mejorar el conocimiento y la comprensión de otras culturas
Estándar 2.1: Los alumnos demuestran comprensión de la relación entre las prácticas y perspectivas de la cultura estudiada.
Estándar 2.2: Los alumnos demuestran comprensión de la relación entre los productos y las perspectivas de la cultura estudiada.

(c) Conexiones: Conectarse con otras disciplinas y adquirir información
Estándar 3.1: El aprendizaje de una lengua extranjera permite que los alumnos refuercen y añadan a su conocimiento de otras disciplinas.
Estándar 3.2: Los alumnos adquieren información y reconocen aquellos puntos de vista que sólo son accesibles a través de la L2.

(d) Comparaciones: Hacerse una idea de la naturaleza de la lengua y la cultura
Estándar 4.1: Los alumnos demuestran comprensión de la naturaleza de la lengua a través de comparaciones entre la lengua estudiada y la propia.
Estándar 4.2: Los alumnos demuestran comprensión del concepto de cultura a través de comparaciones de las culturas estudiadas y la suya.

(e) Comunidades: Participar en las actividades de comunidades multilingües dentro y fuera de los Estados Unidos
Estándar 5.1: Los alumnos usan la lengua dentro y fuera del colegio.
Estándar 5.2: Los alumnos muestran evidencia de ser **aprendedores** de la lengua de por vida y de usar la lengua para su entretenimiento y **enriquecimiento** personal.

aprendedores
apprentices, learners

enriquecimiento
enrichment

enseñanza de lenguas basada en el contenido
content-based language teaching

Es evidente que los Estándares hacen hincapié en el desarrollo de la competencia comunicativa del alumno, aspirando a la vez a fortalecer los vínculos entre la L2 y otras materias como la historia, las ciencias sociales, los negocios. Este enfoque, conocido como la **enseñanza de lenguas basada en el contenido**, se dirige menos a la enseñanza de la lengua que al aprendizaje de otra disciplina como, por ejemplo, la historia de México o la situación de los derechos humanos en Latinoamérica. Los Estándares apuntan también a fomentar la participación en comunidades donde se habla la L2 dentro y fuera de los Estados Unidos. El fin es formar mentes orientadas al aprendizaje y fomentar el uso de la L2 para toda la vida.

▶ *Para pensar y discutir 1:*
1. ¿Qué efectos pudiera tener una lista de Estándares en la enseñanza de lenguas en las escuelas públicas y privadas?

2. ¿Está Ud. de acuerdo con todas las metas de los <u>Estándares</u>? ¿Cree Ud. que el programa de lenguas donde Ud. estudia refleja las mismas metas? Si no, ¿qué cambios recomendaría?

LOS OBJETIVOS DE UN PROGRAMA DE ESPAÑOL COMO L2: LA COMPETENCIA COMUNICATIVA

Las clases de español pueden tener diferentes objetivos. Un objetivo puede ser lograr que cada alumno llegue a leer *El Quijote* en español y traducirlo al inglés. Otra clase puede tener como objetivo que cada alumno se entienda y se comunique con un hablante nativo de español. O bien, el objetivo puede ser enseñar el español con el fin de que el alumno se desempeñe en el mundo de los negocios y el comercio, o en un área técnica en específico.

En fin, los cursos pueden variar de objetivos, y es por ello que, al finalizar un curso, los estudiantes de cada programa pueden demostrar <u>diferentes niveles de habilidad</u>, según el objetivo del curso (y, claro, según el individuo). Un buen examen debe reflejar dichas diferencias.

El examen tiene que reflejar los objetivos del programa. Conviene preguntarse: ¿qué habilidades deben mostrar los estudiantes después de tres años de estudio del español al nivel secundario, a diferencia de estudiantes que han estudiado español cuatro años en la universidad? Otro modo de abordar la cuestión es preguntarse ¿qué habilidad debe mostrar un maestro recién graduado antes de enseñar español en una escuela secundaria pública?

El efecto retroactivo de un examen

La existencia de un examen que sirve de requerimiento para ciertos empleos inevitablemente influye en los programas universitarios de preparación para dichos empleos. Un ejemplo es el *Texas Oral Proficiency Test* (*TOPT*), un examen que mide la competencia lingüística de un futuro maestro antes de que reciba su certificado para enseñar. El examen ha afectado los programas de español en las universidades del estado que se dedican a la capacitación de futuros maestros porque, frecuentemente, el fin de estos programas se convierte en preparar a los candidatos para los exámenes en vez de prepararlos para ser maestros efectivos por medio de sus currículos, actividades y programas de estudios internacionales. Este efecto, conocido como **efecto retroactivo**, hace que los maestros y estudiantes modifiquen sus actividades para conformar con las demandas del examen (Buck 1988:17; Bailey 1996). Como lo describe Bailey (1996), empiezan a surgir actividades como por ejemplo la práctica de preguntas y tareas parecidas a las que aparecen en el examen, el estudio de vocabulario y reglas de gramática, conversaciones en la L2 y la demanda para clases que ayudan al estudiante a prepararse para hacer el examen y sacar buenos resultados. Las consecuencias de tal práctica pueden ser positivas o negativas. Es positivo si tales actividades promueven el desarrollo de la L2. Es negativo si promueven sólo un desarrollo percibido o las habilidades del estudiante de tomar un examen conociendo ya su formato y las expectativas de los evaluadores. Sin embargo, Liskin-Gasparro (1997) señala que el estudiante no podrá "aprender por medio de hacer" cuando practica para un examen de competencia. Es decir, el examen de competencia comunicativa es un examen que evalúa una habilidad y un conocimiento lingüístico general de la L2. No

efecto retroactivo
washback

se trata de un examen tradicional que mide un conocimiento específico que se puede memorizar o una habilidad específica que se puede practicar en un determinado período de tiempo.

LA ENTREVISTA DE COMPETENCIA ORAL (ORAL PROFICIENCY INTERVIEW, OPI)

Para medir la habilidad del estudiante de comunicarse oralmente en una segunda lengua, hay que hacer uso de un examen profesional de competencia. La *Oral Proficiency Interview* (*OPI*) del *American Council on the Teaching of Foreign Languages* (*ACTFL*) es un ejemplo. Aunque un maestro de español no se relaciona directamente con la *OPI*, la entrevista y sus criterios para la evaluación (1999 *ACTFL Proficiency Guidelines*) han influido en casi todas las áreas de la enseñanza de segundos idiomas, incluso la **capacitación** de maestros, la producción de materiales pedagógicos y los medios de evaluar resultados en el salón de clase (Liskin-Gasparro 2000). Por ejemplo, ha fomentado el uso de actividades en parejas o en grupos pequeños, **simulaciones**, actividades en las que hay que sacarle información a una pareja, tareas colaborativas, la composición libre y el estudio de unidades culturales (Birckbichler y Corl 1993).

capacitación
training

simulaciones
role-plays

El formato de la OPI

La *OPI* misma tiene un diseño simple. La entrevistadora y el **entrevistado** se sientan frente a frente en un salón y se realiza una grabación de la conversación para ser evaluada más tarde por una tercera persona. La entrevistadora comienza con preguntas muy fáciles para ayudar al entrevistado a soltar la lengua; por ejemplo, ¿cómo se llama, de dónde es, qué estudia? Luego avanza a preguntas aptas para estudiantes principiantes (véase la Figura 10.1 para un sumario de los diferentes niveles). Si todo marcha bien, la entrevistadora empieza a hacer preguntas de nivel Intermedio, y sigue subiendo de niveles hasta que el entrevistado empiece a demostrar dificultad al contestar. Aunque las preguntas no siguen un patrón **fijo**, sí deben ser de un mismo género (por ejemplo, comparar las ventajas y desventajas de algo) y deben surgir naturalmente de la conversación. La entrevista puede llevar quince minutos si el entrevistado no domina mucho la lengua, o treinta minutos, si es de un nivel alto.

entrevistado
interviewee

fijo
fixed

Los ACTFL Proficiency Guidelines

Como se puede ver en la Figura 10.1 y el Apéndice C, los *ACTFL Proficiency Guidelines* (1999) establecen cuatro niveles básicos de competencia—Novicio, Intermedio, Avanzado y Superior. Salvo el Superior, todos los niveles se subdividen en otros tres: bajo, medio y alto. Cada nivel corresponde a diferentes categorías de características del discurso: tareas y funciones globales, el contexto (la formalidad), el contenido, la **precisión** de la forma y estructura y la extensión del texto (unas cuantas palabras, un párrafo, etc.). El manual que describe la *OPI* con más lujo de detalle (Buck el al. 1989) hace hincapié en que el objetivo es examinar el discurso oral en general y no la presencia o ausencia de elementos discretos.

precisión
accuracy

Entre las funciones o tareas globales al nivel intermedio, por ejemplo, se encuentra el describir a una persona y solicitar información del diario vivir. Al

Figura 10.1. Los niveles de competencia oral, según los criterios de
ACTFL (Fuente: Hadley 2001)

Superior

Avanzado-alto

Avanzado-medio

Avanzado-bajo

Intermedio-alto

Intermedio-medio

Intermedio-bajo

Novicio-alto

Novicio-medio

Novicio-bajo

nivel más avanzado se evalua por ejemplo la capacidad de convencer a otra persona, y sustentar una opinión con argumentos. Las tareas al nivel Intermedio son algo más fáciles que los del nivel Avanzado. No es que un estudiante al nivel Intermedio sea incapaz de expresarse ante una tarea al nivel Avanzado, sino que hablaría menos, o tal vez con más errores y menos organización que un estudiante al nivel Avanzado.

lineamientos
guidelines

A continuación ofrecemos un resumen de los cuatro niveles generales de competencia, según los **Lineamientos** (1999). También vemos algunos ejemplos de los cuatro niveles proveídos por E. Swender de *ACTFL*. Estos ejemplos, que tratan el tema de la familia, permiten observar las respuestas de hablantes de cada nivel. Los ejemplos muestran que hay una serie de factores que se tienen que considerar en la evaluación de cualquier nivel como la complejidad de la pregunta, la complejidad y la extensión del discurso, la organización y la cohesión, la fluidez y el control sobre la gramática.

Superior

hipotetizar
hypothesize

El hablante de nivel Superior tiene como mínimo un nivel profesional de competencia. Puede hablar de una variedad amplia de temas y situaciones, ofrecer y sustentar opiniones, **hipotetizar,** dar explicaciones complejas y describir con detalles y alta precisión, tanto en contextos formales como informales. Es capaz de hablar sobre cualquier tema práctico, social, profesional o abstracto que suela discutir en la L1. Puede conversar sobre sus intereses, explicar asuntos complejos con muchos detalles y producir narrativas largas y coherentes, todo con facilidad, fluencia y precisión. Puede que su discurso refleje la influencia de la L1, y que de vez en cuando cometa errores de gramática, especialmente en las estructuras que usa poco o en las estructuras complejas más comunes en el habla formal y la composición. Sin embargo, los errores casi nunca le impiden ser comprendido por un hablante nativo. Este

ceder el turno

taking turns

hablante puede utilizar una gama de estrategias interactivas y discursivas, tales como pedir y **ceder el turno**, distinguir entre las ideas principales y otra información de menos importancia, y sustentar la información. A continuación se ve un ejemplo del discurso de un hablante de nivel Superior, quien sustenta una opinión con un discurso prolongado sobre los valores de su familia.

(1) [Pregunta: ¿Qué opina Ud. de los cambios en la familia moderna?] Hablante superior: Yo creo que ha habido cambios muy radicales en estos últimos veinte o treinta años, introducidos por la misma tecnología, por la industria farmacéutica y por otros factores económicos, como los de la mujer que ha ingresado definitivamente en el mundo del trabajo. La familia ha cambiado y rápidamente. En los siglos pasados la familia cambiaba, ¿no?, cambiaba de generación en generación. Pero eran cambios menos radicales, más lentos. Hoy en día se han creado distancias entre los padres y los hijos por esta misma razón—inclusivos aprenden otras cosas en las escuelas, otras materias que los padres no aprendieron en su época y los niños tienen intereses totalmente diferentes. Y ahora se habla de la familia en la que no es necesario la presencia de la pareja y no se sabe cuáles serán los resultados en la actualidad.

Yo no me opongo a los cambios radicales, siempre y cuando se creen nuevos valores. Estos cambios han aparecido tan de repente que no los hemos sustituido por nuevas fórmulas. Todavía estamos, la mayoría de nosotros, inclusive los que fomentan este tipo de cambio, los que apoyan este tipo de cambio, discutiendo este tema. La cuestión del momento será, entonces, ¿quién se encarga de estos nuevos modelos? Bueno las escuelas podrían encargarse—los gobiernos, todos los gobiernos podrían tomar nota de lo que está sucediendo y por lo tanto podrían crear textos en donde se ilustren estos nuevos modelos de familia. Yo estoy de acuerdo con que la familia cambie, con tal de que existan nuevos modelos.

Avanzado (alto, medio, bajo)

frases sueltas

single sentences

perífrasis

paraphrasing

circunlocución

circumlocution; talking around a topic

El estudiante al nivel Avanzado es capaz de prolongar una conversación sobre cualquier variedad de temas concretos del diario vivir, tales como detalles autobiográficos, rutinas diarias en el hogar, la escuela o el trabajo acontecimientos cotidianos, etc. El hablante Avanzado-alto puede completar todas las tareas de nivel Avanzado con facilidad, confianza y competencia. Puede explicar en detalle y narrar con precisión en los tiempos presente, pasado y futuro. Realiza muchas de las funciones del nivel Superior pero no logra prolongar su habla a dicho nivel sobre una variedad de tópicos. En general, se siente más cómodo al hablar de temas concretos en vez de abstractos. Su discurso muestra bastante cohesión, y es capaz de hablar en párrafos en lugar de **frases sueltas**. Los errores que comete son consistentes. Ante una dificultad al hablar, puede compensar haciendo uso de estrategias comunicativas, tales como el **perífrasis**, la **circunlocución** y la ilustración.

El hablante Avanzado-medio puede hablar con facilidad y confianza en un gran número de tareas comunicativas, tanto en contextos formales como informales. Puede narrar y describir en todos los marcos temporales con lujo de detalle y buen control del aspecto verbal. Trata con eficacia una complicación lingüística imprevista, sobre todo si ocurre en el contexto de una situación ya conocida. Muestra bastante fluidez, y su vocabulario es extenso aunque genérico por naturaleza. Cuando se le pide realizar una función o hablar de un tema asociado al nivel Superior, la calidad y/o la cantidad de su habla se deteriora. Puede que se haga valer de algunas estrategias para evitar la tarea exigida.

vacilación
hesitation

El hablante Avanzado-bajo cumple con una variedad de tareas comunicativas, aunque con mucha **vacilación.** Le falta control del aspecto verbal. Cuando se le pide un discurso más extenso, tiende a utilizar un discurso mínimo. Aunque muestre cierta fluidez, habla con vacilación. Se le nota la **auto-**

auto-corrección
self-correction

corrección con gramática algo irregular. Mostramos a continuación un ejemplo de un hablante de nivel avanzado que puede narrar en el pasado con control de las formas verbales un acontecimiento inolvidable que tuvo lugar la última vez que estuvo con su familia.

> **(2)** [Pregunta: ¿Tienes algun recuerdo especial de tu padre?] Hablante avanzado: Sería cuando yo fui para, cuando traté de hacer el equipo de fútbol para la escuela, porque yo jugué futbol por dos años. Fue en mi último año en la secundaria que mi papá me estaba ayudando, como el jugaba también. Jugó en un equipo muy importante. Y en eso, en un juego contra un equipo que se llama St. Joseph's yo estaba jugando y él llegó. Me iba a ver jugar. En ese tiempo, lo vi venir por la esquina y de repente vino la pelota le di con la cabeza e hice un gol. Perdimos el juego pero la cosa fue una cosa que me gustó, me gustó tanto no sólo fue que hice el gol—era una cosa alegre y todo—fue que lo hice cuando estaba mi papá allí. Y él dijo que está bien que no gané el juego o cualquier cosa pero lo importante es que metiste un gol y esto te puede ayudar durante el año—tener en la mente la memoria de hacer un gol.

Intermedio (alto, medio, bajo)

Un estudiante a nivel Intermedio puede ser creativo con la lengua para expresar sus propios pensamientos y no depende totalmente de frases fijas y memorizadas para comunicarse. Es capaz de hacer y contestar preguntas y de expresarse con frases elaboradas y completas. Tiene una competencia mínima para interactuar con un hablante nativo de una manera apropiada sobre temas fa-

predecibles
predictable

miliares **predecibles** relacionados al diario vivir. Usa frases sencillas, limitadas al tiempo presente y con muchos errores. Se entiende con cualquier hablante nativo que esté acostumbrado al habla de extranjeros.

Al nivel Intermedio-alto, el estudiante puede cumplir con algunas funciones del nivel Avanzado, pero no sostener el discurso con las características del nivel Avanzado a lo largo de la entrevista sobre una variedad de tópicos. Al hablar sobre actividades rutinarias y situaciones sociales cotidianas, no enfrenta dificultad alguna.

El hablante de nivel Intermedio-medio es capaz de interactuar para sobrevivir en la cultura de la L2, pero suele reaccionar en vez de iniciar las interacciones. Es capaz de hacer una variedad de preguntas cuando necesita conseguir información sencilla sobre las necesidades básicas. Manipula el tiempo y el aspecto verbal con cierta dificultad. Se le hace algo difícil al hablante nativo promedio comprender el habla debido a los errores de gramática, vocabulario y pronunciación que suele cometer el entrevistado.

El hablante Intermedio-bajo es capaz de cumplir con un número limitado de tareas comunicativas, valiéndose mayormente de usos creativos de la lengua en situaciones conocidas. Su conversación se limita al lenguaje concreto y a temas predecibles necesarios para sobrevivir en la cultura de la L2. Puede hacer algunas preguntas apropiadas, pero el habla es mayormente reactiva. El discurso refleja bastante la L1, y contiene una gran cantidad de vacilaciones, errores y auto-correcciones. A continuación hay un ejemplo de un hablante de nivel Intermedio, quien usa el lenguaje para crear descripciones de cosas que hace con su familia los fines de semana. Maneja más vocabulario y consigue comunicar opiniones, aunque son relativamente básicas.

(3) [Pregunta: ¿Cómo es tener dos hermanas?] Hablante intermedio: Es interesante tener dos hermanas. Solamente conozco una familia con muchas mujeres. Somos muy diferentes. Mi hermana mayor vive cerca de la ciudad y mi hermana menor vive en la ciudad, pero está ahora en Europa. No tenemos mucho tiempo para estar juntas porque tenemos trabajos diferentes.

Novicio (alto, medio, bajo)

Un estudiante de nivel Novicio cuenta con cierta capacidad de expresion, pero en realidad no tiene una verdadera habilidad de comunicarse. Típicamente recurre a las mismas expresiones fijas y memorizadas y demuestra poca variación sintáctica de lo que ha aprendido en clase. Suele hablar con listas breves de vocabulario y contestar preguntas sencillas relacionadas a situaciones del diario vivir. No puede hablar sobre temas ni ideas desconocidas ni tampoco puede interactuar con hablantes nativos de un país hispano para realizar tareas como, por ejemplo, buscar una habitación en un hotel o pedir una comida en un restaurante.

El estudiante al nivel Novicio-alto puede hacer varias tareas del nivel intermedio, pero no sostener la calidad del discurso a ese nivel. Su conversación se limita a ciertos temas predecibles necesarios para sobrevivir en el país extranjero. Es capaz de responder a preguntas simples y directas. Suele valerse mayormente de frases que ha aprendido o recombinaciones de las mismas.

El estudiante de nivel Novicio-medio se comunica con mucha dificultad. Hace uso de palabras aisladas y frases memorizadas limitadas al contexto en el que las aprendió. Su discurso está repleto de pausas. Es incapaz de responder a preguntas de una manera apropiada.

El hablante Novicio-bajo carece de habilidad verdadera de comunicarse en la L2. Si se le proporciona mucho tiempo y palabras familiares, tal vez pueda saludar, identificarse y nombrar cosas conocidas pero no puede conversar. A continuación se ve un ejemplo de cómo un hablante a nivel Novicio describe a su familia por medio de listas. El vocabulario es muy limitado y no tiene control de la gramática.

(4) [Pregunta: Quiero saber de tu familia.] Hablante novicio: Mi familia es cinco personas, padre, madre y dos hermanos. Se llama mi padre Bob S. mi madre Rita S. Mamá es secretaria. Papá trabajar construcción. Hermanos construcción también. Hermano Esteban—trabajar y estudiar.

▶ *Para pensar y discutir 2:*
1. ¿Qué opina Ud. de la idea de enseñar el material de un curso para que los estudiantes pasen un examen importante (como el *SAT*)? ¿Cree Ud. que beneficia a los estudiantes?

2. ¿Cree Ud. que la *OPI* represente un contexto auténtico de comunicación y que refleje funciones que ocurren en la vida real? Explíquese.

3. ¿Cree Ud. que los niveles en los Lineamientos de *ACTFL* ofrezcan una descripción apta y completa de la competencia de los estudiantes de diferentes niveles? ¿Puede Ud. identificarse con las características de un nivel en particular? ¿Cuáles?

La evaluación de la competencia

Se ve que el *OPI* y los criterios pretenden evaluar la habilidad comunicativa de un estudiante en base a un conjunto de factores y no a un factor en particular. No se evalúa únicamente el nivel de precisión lingüística, sino también el tema, la formalidad del contexto, la tarea misma, la prolongación del habla y la organización del mismo. Cuando se habla de precisión, se considera la fluidez, la gramática, la pronunciación, el vocabulario y la competencia pragmática y sociolingüística.

Los lineamientos demuestran (a) la necesidad de identificar criterios claros y coherentes para la evaluación de cualquier tipo de competencia, y (b) el reconocimiento de varias etapas en el interlenguaje. También indican lo que el maestro debe esperar de sus estudiantes. En un estudio de estudiantes universitarios de francés en Wisconsin, Magnan (1986) encontró que los estudiantes de primer año consiguieron en general evaluaciones de Novicio-medio hasta Intermedio-medio/alto, y los de segundo año obtuvieron evaluaciones de Intermedio-bajo hasta Avanzado. Encontró un mejoramiento en los que habían estudiado tres años, con evaluaciones que iban de Intermedio-medio/alto hasta Avanzado/Avanzado-alto. Pero no encontró mucha diferencia entre los de tercer año y los de cuarto año, quienes sacaron evaluaciones que iban desde Intermedio-medio hasta Avanzado-alto.

Como se puede ver, la evaluación es global, por lo que no se recomienda usar este medio de evaluación cada semestre en los primeros dos años del estudio de lenguas al nivel universitario. La competencia del estudiante avanza con el tiempo, la motivación y la experiencia con la L2. Un estudiante típico de nivel intermedio en los Estados Unidos, que sólo tiene contacto con la lengua durante su clase de español tres horas a la semana, no va a poder avanzar mucho en un semestre. Es mejor usar la *OPI* para evaluar la competencia de un alumno al ingresar y al salir de un programa, para hacer una comparación, o sólo al final de sus estudios en el programa.

Cabe mencionar el trabajo de Valdés (1989) sobre la aplicación de los Lineamientos de *ACTFL* al habla de los bilingües nacidos en los Estados Unidos. Según Valdés, las descripciones de los niveles no encajan con la realidad lingüística de dichos hispanohablantes, quienes muestran diferentes niveles de competencia (muchas veces debido a la cantidad de contacto que tienen con el español), pero siempre más competencia que el estudiante no-nativo porque saben algo del español. Muchos usan un dialecto de español en vez de la norma culta, que es la base para los criterios de *ACTFL*. Según Valdés, es necesario (1) cambiar la actitud de los evaluadores de los exámenes de competencia y modificar la noción de lo 'correcto,' (2) mostrarle a *ACTFL* que los criterios no son adecuados para medir la competencia de los hablantes bilingües y (3) elaborar otros criterios.

Finalmente, debemos mencionar que se han efectuado varios estudios sobre la *OPI* y los factores que inciden en los resultados. Por ejemplo, se ha estudiado el efecto del formato de la 'conversación' que ocurre entre los participantes (van Lier 1989; Young 1995), el control que tiene el entrevistador sobre elementos tales como el tema y los turnos (Young y Milanovich 1992; Ross y Kasper 1998), y los ajustes que hacen los entrevistadores (Ross 1992; Ross y Berwick 1992; Berwick y Ross 1993). Shohamy, Reves y Bejerano (1986) señalan la necesidad de incorporar contextos diferentes dentro del mismo examen, tales como la entrevista oral, la simulación, el reportaje y la discusión en grupo, para poder apreciar diferentes estilos del habla. Otros han criticado el mismo formato de la *OPI*, cuestionando el uso de un entrevistador diferente en los exámenes, lo cual representa una variación enorme en la confiabilidad de los resultados (Stansfield 1993).

▶ *Para pensar y discutir 3:*

1. ¿Cree Ud. que la precisión de la gramática sea tan importante como la habilidad general de comunicar un mensaje? ¿Se deben considerar como dos factores separados, o por el contrario se debe basar la evaluación en ambos a la vez? ¿Cree que sea difícil hacer esto?

2. Si es cierto que no conviene aplicar los Lineamientos de *ACTFL* al habla de los hispanohablantes bilingües nacidos en los Estados Unidos, ¿qué problemas cree Ud. que encontrarán los evaluadores y maestros de haber dos *Guidelines*—uno para los bilingües y otro para los no-bilingües?

LA ENTREVISTA DE COMPETENCIA ORAL SIMULADA *(SOPI)*

entrevista de competencia oral simulada (*SOPI*)

simulated oral proficiency interview

El *ACTFL OPI* no siempre le resulta conveniente a maestros y administradores educativos porque es caro y lleva bastante tiempo. A veces los maestros precisan una evaluación más rápida. Como respuesta a estas quejas, el Centro para la Lingüística Aplicada (CAL) hizo una adaptación de la *OPI* dando lugar a la **entrevista de competencia oral simulada (*SOPI*)**. En lugar de una entrevistadora que hace preguntas en vivo al entrevistado, la *SOPI* pone al entrevistado a escuchar preguntas ya preparadas en una cinta magnetofónica. Las respuestas a las preguntas se graban en otra cinta, de manera tal que se pueda hacer la entrevista a muchas personas a la vez, en lugar de persona por persona. Una diferencia entre la *OPI* y la *SOPI* es que las preguntas en la *SOPI* son iguales para cada entrevistado, mientras que en la *OPI*, varían según el entrevistado. El entrevistado contesta las preguntas dentro de cierta cantidad de tiempo (por ejemplo, 30 segundos, 90 segundos) y contesta el mayor número de preguntas que pueda.

Un ejemplo de una *SOPI* es el *Texas Oral Proficiency Test (TOPT)*, que cada maestro-candidato debe pasar al nivel Avanzado para recibir el certificado de enseñanza de educación bilingüe o español en el estado de Texas, como ya hemos mencionado. El *TOPT* permite examinar a muchos candidatos y calificarlos en un período de tiempo relativamente corto. Las críticas del uso de este tipo de examen se dirigen a su estructura mecánica—a veces el entrevistado no puede completar su respuesta en 30 o 90 segundos, o si no entiende la pregunta no puede pedir una aclaración. Al no haber otra persona reaccionando a las respuestas, el estudiante no tiene modo de saber si está comunicándose bien o mal. La ausencia de otra persona desvirtúa la calidad y la estructura de la respuesta, como varios estudios lo demuestran (Shohamy 1994; Koike 1998). No obstante, el *TOPT* sigue siendo una manera eficaz de evaluar la competencia oral de una persona. Veamos algunos ejemplos de preguntas típicas:

(5) (Nivel Intermedio) *Giving directions* [adaptado del *Texas Oral Proficiency Test Preparation Kit, 1991 — reprinted with permission from the Center of Applied Linguistics*]

> *Imagine you are walking home from work one day when two Spanish-speaking business executives in front of a bookstore ask you how to get to the Ambassador Restaurant. You are acquainted with the restaurant, which is not very far away. The dotted line on the map provided shows the route from the bookstore to the restaurant. You will have 15 seconds to study the map. Then, after one of them asks you for directions, you will have 45 seconds for your answer. Study the map now, and wait for his request before you* **explain to them how to get from the bookstore to the restaurant.**

(6) (Nivel Avanzado) *Giving and supporting an opinion*

> *You are discussing language education with Dr. Lozano, a visiting educator from Panama. He remarks that some language educators believe student language errors need to be pointed out and corrected right away, fearing bad habits will result if errors are not corrected. Others, he states, are more lenient about error correction, feeling that errors are just a passing stage and will eventually take care of themselves. He asks how you view errors and why you feel that way.* **Giving clear reasons to support your view, explain to him your own position.** (1 min., 30 sec.)

La Tabla 10.1 presenta un resumen de las semejanzas y diferencias básicas entre la *OPI* y la *SOPI*.

▶ *Para pensar y discutir 4:*

1. ¿Cree Ud. que haya bastantes semejanzas entre la OPI y la SOPI para justificar el uso de la *SOPI* en lugar de la *OPI*? Explíquese.

2. ¿En qué contexto — la *OPI* o la *SOPI* — sentiría Ud. más ansiedad? ¿Por qué? ¿Cree Ud. que afectaría su habilidad de hablar en ese contexto?

	OPI	SOPI
Tabla 10.1 Semejanzas y diferencias básicas entre la OPI y la SOPI (TOPT)		
Entrevistador/a	Entrevistador/a presente	Se escucha la voz de la(s) persona(s) en una grabación
Duración	30 minutos máximo	40 minutos apróximadamente
Contexto	Un salón, con una grabadora y/o una cámara de filmación	Un salón con dos grabadoras (una para escuchar las preguntas, otra para grabar las respuestas), o un laboratorio de lenguas con audífonos y un micrófono
Estímulos[1]	• En un orden de dificultad. Cuando se ve que el entrevistado ha llegado al nivel de competencia más alto posible, se le da otras preguntas más fáciles. Luego se termina la entrevista. • Se modifican las preguntas según la conversación, pero reflejan los diferentes niveles de competencia. • Las preguntas y las tareas reflejan los criterios de *ACTFL*.	• En un orden de dificultad. No hay ningún ajuste según el nivel del hablante—todos oyen preguntas de todos los niveles bajo consideración. • Todos oyen las mismas preguntas fijas en una grabación. • Las preguntas y las tareas reflejan los criterios de *ACTFL*.
Interacción	• El entrevistado puede interactuar con el entrevistador; puede recibir retroalimentación de varios tipos. • No hay un período de tiempo fijo para las respuestas del entrevistado.	• El entrevistado habla a una persona imaginaria, y graba sus respuestas. No recibe ninguna retroalimentación. • Hay un período fijo de tiempo para cada respuesta, pero varía según la pregunta o la tarea.
Evaluación de la entrevista	Dos personas evalúan cada entrevista (aunque sólo una participa en la entrevista). Cada persona hace su evaluación independientemente de la otra. De haber una discrepancia entre las evaluaciones, se consulta a una tercera persona independiente.	Dos personas que no participan en la entrevista misma evalúan cada entrevista. Cada persona hace su evaluación independientemente de la otra. De haber una discrepancia entre las evaluaciones, se consulta a una tercera persona independiente.

EL EXAMEN *PROCHIEVEMENT*

¿Qué impacto tiene la *OPI* en la clase de lenguas en el colegio o en la universidad? Liskin-Gasparro (2000) señala que la influencia de la *OPI* se aprecia más

[1] stimuli, such as questions to answer, tasks assigned.

examen
prochievement

a cross between a
proficiency test and
an achievement test
on course material

destreza

skill

en lo que se llama el **examen** *prochievement*. Se trata de un examen de competencia que se enfoca específicamente en el material (gramatical, pragmático, etc.) estudiado a lo largo de un curso. Es decir, es un examen que el maestro puede emplear en la clase que refleja las metas de la competencia, pero su contenido se limita al material del sílabo (Hadley 2001). Dicho examen permite evaluar la **destreza** de hablar.

González Pino (1989:489) describe el modelo del examen *prochievement*, señalando a la vez los problemas que encuentra el maestro al nivel universitario y sobre todo al nivel secundario. Los problemas tienen que ver con el tiempo y el espacio que requiere cualquier examen oral. Aclara que el formato que se usa en el examen *prochievement* tiene que ser el mismo que se usa en las actividades en clase, para lo cual ofrece las siguientes sugerencias:

(a) <u>Simulaciones</u>, en las cuales dos personas actúan en una situación que se plantea en un párrafo escrito en inglés. Por ejemplo,

   "You enter a women's clothing store to buy a blouse for Mother's Day. You want red, size 38, and long sleeves. The clerk greets you, asks to help you, and finds what you need. You ask the price and buy the blouse. The clerk thanks you. You leave." (González Pino 1989:489)

(b) <u>Lista de preguntas en una entrevista</u>, preferiblemente en inglés, que se da a cada estudiante. Las listas son diferentes, pero cada una contiene preguntas relacionadas entre sí. Por ejemplo: *Try to find out:*

   • *What your partner does on the weekend*

   • *What he/she likes to do on Saturday nights*

   • *How much time he/she dedicates to studying on the weekends*

(c) <u>Temas</u>, presentados en inglés o español, en la forma de un párrafo corto que aborde un tema ya estudiado en clase o parecido al material estudiado. Cada estudiante lo discute en español, para lo cual se recomienda incluir puntos tales como,

   Discuss the next place you want to visit. Explain what you want to do there, what you expect to see, where you will stay, how long you will be there.

(d) <u>Dibujos</u>, que el estudiante haya visto en clase o que se parezcan al material ya estudiado. Se le pide a cada estudiante que describa uno o más dibujos. Por ejemplo, en un dibujo aparecen dos chicas sentadas en una cafetería con mucha gente a su alrededor.

   • En seis frases o más describa lo que se ve en el dibujo—la gente, los objetos, los colores, etc.

Se puede variar las preguntas según el nivel de competencia de los estudiantes. Por ejemplo:

   • En no menos de seis frases, diga lo que acontece en el dibujo—lo que hacen las diferentes personas, dónde se encuentran, qué están diciendo las dos chicas, etc.

   • En no menos de seis frases, invente una historia sobre las personas que aparecen en el dibujo. Diga quiénes son, qué están planeando, qué les pasó posteriormente.

Se puede escoger los formatos de acuerdo con el nivel de la clase. González Pino dice que cada alumno puede realizar una situación en pareja donde cada individuo puede hablar sobre un tema.

González Pino tambien menciona otros factores que hay que tener en cuenta a la hora de diseñar un examen *prochievement*: si se trata de un estudiante o una o más parejas; si el material en el examen debe reflejar exactamente lo que hacen en clase o de modo fiel o con algunas modificaciones; si se les da a los estudiantes una lista de posibles preguntas y temas de antemano o si deben tomar el examen sin guía previa; cuán largo debe ser un examen oral; cómo se forman las parejas; si se debe basar la evaluación en una grabación de los estudiantes o en lo que hacen al momento de hablar; si los estudiantes deben leer las instrucciones o escucharlas en una cinta; y cuánto peso se le da al examen en comparación con los otros elementos del curso. Cada uno de estos interrogantes afecta la calidad del habla y la calificación de los estudiantes.

Cabe recalcar que la calificación misma del examen es un asunto importante. Es difícil decir que una evaluación de un examen oral es totalmente objetiva, ya que entran en juego muchos factores y no sólo ciertos puntos discretos. Pero si se usan criterios claros y consistentes, se puede alcanzar cierto grado de objetividad. González Pino propone tres escalas de criterios: una versión para estudiantes universitarios, una para los del colegio, y otra para estudiantes más avanzados. Cada una incluye los mismos elementos–comunicación, precisión, fluidez, vocabulario y pronunciación. El elemento de la comunicación que pesa casi 40 por ciento de la nota total, se refiere a cuán comprensible es lo que dice el estudiante (a pesar de los errores), cuán correctas son las respuestas y cuánto éxito tiene en comunicar ideas. La precisión se refiere a la gramática (y nunca se espera la perfección). La fluidez, en contraste con la vacilación, se califica según la meta de la actividad. Se califica el vocabulario de acuerdo a una escala que va de adecuado a inadecuado, y la pronunciación, de buena a mala. A continuación presentamos una parte de la versión de la escala para el nivel universitario:

(7) Ejemplos de la versión de la escala para el nivel universitario, examen de competencia oral (González Pino 1989:492):

	A+	A	B	C	D	F
Comunicación	40	37	34	31	28	25
Precisión	20	18	16	14	12	10

Para asegurarse de que el examen sea justo y confiable, recordemos que debe mostrar las dos características de validez y confiabilidad. Si el examen *prochievement* mide lo que el estudiante ha estudiado y aprendido en el curso, es válido. Si produce resultados consistentes, es confiable. Por ello, es necesario averiguar si un grupo de maestros, al examinar a un mismo estudiante, por medio de una misma grabación, le darían una misma nota, basándose en los criterios propuestos para dicho examen. Pero también hay que reconocer que cada estudiante en la clase es diferente, y no todos deben sacar la misma nota.

▶ *Para pensar y discutir 5:*

1. ¿Cuales son las ventajas y desventajas de los tres instrumentos para medir la competencia oral (*OPI, SOPI, prochievement*)? ¿Cree Ud. que sacan los mismos resultados lingüísticos para cada estudiante? Si no, ¿qué implicaciones sacaría Ud. en cuanto al uso de cada examen como la base de una decisión importante?

2. Supongamos que Ud. es maestro de español en una escuela secundaria, donde enseña dos clases de español para principiantes, una clase para los de segundo año y una para los de tercer año de estudios. ¿Cómo organizaría Ud. el sílabo de manera tal que pueda hacer un examen de competencia oral por lo menos una vez al año?

LA EVALUACIÓN ALTERNATIVA SOBRE LA L2

pedagogía centrada en el estudiante
student-centered teaching

Tedick y Klee (1998) hacen revista general de otras alternativas para la evaluación del aprendizaje de los estudiantes de L2. Se basan en la **pedagogía centrada en el estudiante,** la que propone que el maestro y los estudiantes compartan el poder igualmente y que los estudiantes tengan más control sobre su propia educación (Nunan 1988). La meta es aumentar la participación del estudiante en el proceso de aprendizaje, ayudándoles a establecer sus propias metas y monitorear su propio mejoramiento. Esto incluye la evaluación de su propio trabajo y el de sus colegas. Implica también que el maestro dedique tiempo a actividades que no suelen hacerse comúnmente en las clases tradicionales de lengua, tales como ejercicios para enseñar cómo se aprende una lengua, cómo usar recursos y materiales existentes, qué estrategias usar para aprender una L2 y cómo reflexionar sobre el aprendizaje de uno mismo.

Estos medios alternativos procuran evaluar lo que el estudiante es capaz de hacer, y se acomodan a las metas comunicativas de enseñanza de la L2. Las calificaciones se hacen de maneras diferentes también, por medio de listas de comprobación y rúbricas (como ya hemos visto en la discusión sobre la *ACTFL OPI,* la *SOPI* y el examen *prochievement*).

Las actividades que se acomodan a estas evaluaciones alternativas tienen que brindarle al estudiante la oportunidad de mostrar lo que puede hacer con la L2. Tedick y Klee identifican las siguientes tareas algunas de las cuales citamos a continuación:

(a) tareas para hablar/escuchar: simulaciones, entrevistas, presentaciones individuales o en grupo, debates, dramas, actividades de brecha de información;

(b) tareas para escribir: diarios, composiciones, cartas, correo electrónico, discusiones de chateo;

(c) tareas para leer: leer rápido para sacar el significado general o información específica, comparar/contrastar artículos sobre el mismo tema escritos por autores diferentes.

Un ejemplo de actividades que citan Tedick y Klee es pedirle a los estudiantes, luego de estudiar sobre Costa Rica, que le escriban a un estudiante costarricense una carta en la que comparen el lugar en el que viven con lo que han aprendido sobre Costa Rica. Tal carta puede incluir, por ejemplo (si los estudiantes son de Minnesota), una comparación del área de los *Boundary Waters* de Minnesota y del Parque Nacional Tortuguero de Costa Rica refiriéndose a las restricciones de conservación del medio ambiente.

Listas de comprobación

listas de comprobación
checklists

Las **listas de comprobación** le pueden resultar muy útiles al estudiante. Sirven para indicar lo que busca el maestro en términos de algún criterio, característica o comportamiento específico a lo largo del curso. Veamos un ejemplo de una actividad oral y una lista de comprobación tomado de Tedick y Klee (1998).

(8) Descripción de la tarea: En la sección del curso que trata sobre los hispanos en los Estados Unidos, los alumnos estudian asuntos relevantes a los hispanos en Minnesota. Se les pide que contacten a un hispanohablante nativo que haya emigrado a Minnesota, seleccionado de una lista de personas ofrecida por el maestro. Luego de entrevistarlo, los estudiantes ofrecen en clase (a) una descripción breve del entrevistado (sexo, edad, lugar de nacimiento, profesión, etc.), (b) una explicación de la razón por la cual emigró al estado, (c) una descripción de por lo menos un desafío que haya enfrentado, (d) una descripción de cómo mantiene los vínculos con su cultura y (e) una descripción de algo de interés que haya descubierto en la entrevista. Los estudiantes tienen que hablar por un mínimo de tres minutos y solamente deben referirse a sus apuntes de vez en cuando. La Figura 10.2 es un modelo de una lista de comprobación posible.

 Figura 10.2. Lista de comprobación para la presentación de la entrevista

Criterio	Sí	No
Describir al entrevistado (género, edad, lugar de nacimiento, trabajo)		
Explicar la inmigración a Minnesota		
Describir por lo menos un desafío que haya enfrentado en Minnesota		
Hablar por un mínimo de tres minutos (etc.)		

LAS RÚBRICAS

holística
holistic

de rasgo principal
primary trait

de rasgos esenciales
multitrait

Una limitación de las listas de comprobación es que no indican la calidad relativa con la que se ha llevado a cabo la tarea. Las rúbricas, en cambio, sí proveen una medida de calidad. Hay cuatro tipos diferentes de escalas que se usan—**holística**, analítica, **de rasgo principal** y **de rasgos esenciales**.

Las rúbricas holísticas

Al usar una escala holística, el instructor evalúa un trabajo oral o escrito en su totalidad. Un ejemplo es la escala que ha desarrollado *ACTFL* para evaluar la *OPI*. Se usa este tipo de evaluación cuando hace falta una manera rápida y eficaz de evaluar a un número grande de alumnos. Su desventaja principal es que provee muy poca información a los alumnos; no les da muchos detalles sobre los aciertos y desaciertos de su trabajo.

Las rúbricas analíticas

Las escalas analíticas se dividen en distintas categorías que representan diferentes aspectos del trabajo. Se evalúa cada categoría por separado y luego se suma el resultado de cada categoría para determinar el resultado general. Normalmente se usa este tipo de rúbrica para evaluar ensayos. Las categorías de evaluación incluyen el contenido, la organización, el vocabulario, la gramática, y los asuntos mecánicos (por ejemplo, ortografía, acentuación, etc.)

(Hartfiel, Hughey, Wormuth y Jacobs 1985). El instructor puede dar un peso mayor a ciertas categorías. Por ejemplo, el contenido puede valer 30 puntos y los asuntos mecánicos sólo 10. Un ejemplo de este tipo de rúbrica para evaluar composiciones viene de Lee y Paulson (1992:33):

 Figura 10.3. Criterio de evaluación para composiciones (adoptado de Lee y Paulson 1992:33)

	Puntos
Contenido (Información comunicada)	
• Información mínima; la información es superficial, inapropiada o irrelevante; no hay suficiente información para evaluar	19
• Información limitada; presenta ideas pero no las desarrolla; falta de detalles o evidencia como sustento	22
• Información adecuada; algún desarrollo de ideas, aunque no siempre con mucho detalle o evidencia	25
• Información muy completa; no se puede decir más; relevante	30
Organización	
• una serie de oraciones separadas sin transiciones; ideas desconectadas entre sí; falta de orden aparente del contenido; o no hay suficiente escrito para evaluar	16
• orden limitado del contenido; falta una secuencia lógica de ideas; ordenamiento inefectivo o inconexo	18
• el contenido demuestra cierto orden aparente, aunque algo discontinuo; se ven claramente los puntos principales aunque la secuencia de ideas no es completa y a veces organizada sin mucha cohesión	22
• ordenado de forma lógica y efectiva; los puntos principales y los detalles están conectados; hay fluidez sin discontinuidades	25
Vocabulario	
• inadecuado; repetitivo; uso incorrecto o falta de uso de las palabras estudiadas; traducciones literales; muchas palabras inventadas; o no hay suficiente escrito para evaluar	16
• uso erróneo de palabras o difícil de comprender; algunas traducciones literales y palabras inventadas; uso limitado de palabras estudiadas	18
• adecuado pero no impresionante; algunas palabras mal usadas o mal seleccionadas pero no impiden la comprensión; se usan algunas de las palabras estudiadas	22
• extenso; impresionante; selección y uso de vocabulario preciso y efectivo; uso amplio de palabras estudiadas	25
Lenguaje	
• uno o más errores en el uso y la forma de la gramática presentada en la lección; errores frecuentes en la concordancia de sujeto/verbo; la estructura de las oraciones no corresponde al español; uso erróneo del lenguaje lo cual hace que el ensayo sea incomprensible; ninguna evidencia de haber editado el trabajo y corregido los errores lingüísticos; o no hay suficiente escrito para evaluar	13
• no hay errores en la gramática presentada en la lección pero tal vez los haya en la concordancia de sujeto/verbo, y en la concordancia de sustantivo/adjetivo; uso erróneo del lenguaje lo cual frecuentemente impide la comprensión; el trabajo no se ha editado bien ni se han corregido los errores de lenguaje	15
• no hay errores en la gramática presentada en la lección salvo algunos errores en la concordancia de sujeto/verbo o sustantivo/adjetivo; uso erróneo del lenguaje no impide la comprensión; evidencia de haber editado aunque quedan errores	17
• no hay errores en la gramática presentada en la lección; hay pocos errores en la concordancia de sujeto/verbo o sustantivo/adjetivo; el trabajo está bien editado	20

Puntaje total ____/100

Esta rúbrica da más puntos para la evaluación del contenido (30 en total) que para la evaluación del lenguaje (20 en total). Al evaluar una composición, es importante tomar en cuenta no sólo la gramática y el vocabulario, sino también el contenido y la organización del mismo. El peso de cada categoría debe reflejar su importancia relativa.

Las rúbricas enfocadas en un rasgo principal

Este tipo de rúbrica se enfoca en un criterio primario que determina si se ha completado la tarea con éxito. Por ejemplo, si los alumnos tienen que escribir una carta persuasiva al editor de un periódico, la misma se podría evaluar usando la siguiente escala (Tedick y Klee 1998:16):

Rasgo principal: Persuadir a los lectores

0–No persuade a los lectores.

1–Intenta persuadir pero no provee suficiente argumentación.

2–Presenta un argumento más o menos persuasivo pero sin suficiente desarrollo ni argumentación.

3–Presenta un argumento persuasivo bien desarrollado y argumentado.

Este tipo de escala representa una manera relativamente fácil de evaluar un trabajo oral o escrito cuando existe un enfoque principal. Sin embargo, en las clases de lengua normalmente hay que enfatizar más de un solo objetivo e incluir los aspectos lingüísticos en la evaluación de la tarea. Para ello convienen más las escalas basadas en múltiples rasgos esenciales.

Las rúbricas de rasgos esenciales

Este tipo de rúbrica se parece al de rasgo principal excepto que se evalúa la tarea en tres o cuatro dimensiones en vez de sólo una. Se parece también a las rúbricas analíticas ya que se evalúan varios aspectos individualmente, pero son diferentes en cuanto a la naturaleza de las dimensiones que se encuentran en la escala. Mientras que una rúbrica analítica incluye dimensiones tradicionales (por ejemplo, contenido, organización, gramática), una rúbrica de rasgos esenciales incluye dimensiones basadas en la naturaleza de la tarea. Por ejemplo, consideremos una actividad oral específica en la cual los alumnos tienen que describir un dibujo con suficiente detalle de manera tal que cualquier oyente pueda identificar el dibujo entre un grupo de dibujos parecidos. Para esta actividad, una rúbrica de rasgos esenciales pudiera incluir dimensiones como la calidad de la descripción, la fluidez y el control lingüístico tal como se ilustra en la Tabla 10.2 (Tedick y Klee 1998:17).

El resultado máximo es 12 puntos, 4 puntos por cada una de las tres categorías. El alineamiento de la escala con la tarea se considera uno de los atributos de este tipo de rúbrica, pero el inconveniente principal es la necesidad de crear una nueva escala para cada tarea.

El diseño y uso de rúbricas

Aunque hay algunas escalas y rúbricas genéricas que se pueden usar con una variedad de tareas orales o escritas, es recomendable considerar primero la naturaleza de la tarea y luego asegurarse de que la rúbrica a usarse corresponde a

Tabla 10.2 Una rúbrica de rasgos esenciales

	Calidad de la descripción	*Fluidez*	*Control lingüístico*
4	Alto nivel de precisión en la descripción; alto nivel de detalle	El habla es fluida y contiene pocas vacilaciones	Excelente control lingüístico; vocabulario variado y bien seleccionado; precisión y variedad de estructuras gramaticales
3	Buen nivel de precisión aunque faltan ciertos detalles	El habla es relativamente fluida, pero hay cierta vacilación y falta de vocabulario	Buen control lingüístico; vocabulario relativamente variado y bien seleccionado; algunos errores de estructuras gramaticales
2	Algunos errores en la descripción del dibujo y faltan ciertos detalles críticos que impiden que el oyente complete la tarea	El habla es frecuentemente vacilante y algunas oraciones son incompletas	Control lingüístico adecuado; falta vocabulario; errores gramaticales frecuentes que no afectan el significado; poca variedad en las estructuras usadas
1	La descripción es tan inadecuada que el oyente no puede realizar la tarea	El habla es lenta y muy vacilante salvo cuando ocurren frases cortas o memorizadas; es difícil percibir continuidad en las emisiones	Control lingüístico débil; falta mucho vocabulario; errores gramaticales frecuentes aún en estructuras sencillas que dificultan la comprensión del significado

Resultado Total: _____

los objetivos de la tarea. Para evaluar las actividades orales y escritas, es aconsejable usar una variedad de rúbricas que refleje los objetivos y las metas de la actividad.

La auto-evaluación

El maestro debe ayudar al estudiante a reflexionar sobre lo que ha hecho y aprendido en el curso y lo que todavía le falta por hacer. Para ello, Blanche y Merino (1989) sugieren que el maestro debe proveer ciertas preguntas al alumno. Tedick y Klee (1998) también sugieren que el estudiante se grabe a sí mismo y luego se auto-evalúe, usando una lista de comprobación o una rúbrica.

Kramsch (1993) propone que los estudiantes deben aprender a ser sensibles a perspectivas diversas sobre culturas diferentes. Por ejemplo, para mostrar comprensión sobre cierta perspectiva, unos estudiantes que estudian el sistema educativo en Alemania realizaron un video sobre el sistema educativo en los Estados Unidos para un grupo de estudiantes alemanes que venían a estudiar en este país. Dicho ejercicio exigía de los estudiantes describir el sistema estadounidense de tal manera que mostrara conocimiento de las diferencias del sistema alemán, por lo que dicho ejercicio representa una buena prueba de que el aprendizaje deseado se llevó a cabo.

Los portafolios

Hart (1994) y Tierney et al. (1991) proponen el uso de portafolios como base de una evaluación. Los portafolios consisten en una colección del trabajo del estudiante a lo largo del curso que recoja los esfuerzos, el progreso y los logros del individuo en áreas específicas (ver Glazer y Brown 1993; Hart 1994; Hasty-Bambenek, Nielsen y Tedick 1995; Tierne, Carter y Desai 1991). Un portafolio completo debe incluir material en secciones diferentes, tales como:

(a) <u>expresiones</u>: listas y apuntes sobre vocabulario, frases idiomáticas, coloquialismos, etc., que le sean al estudiante relevantes a su vida;

(b) <u>gramática</u>: apuntes o explicaciones;

(c) <u>reflexiones sobre la comprensión</u>: ejercicios, interpretaciones, reflexiones sobre el significado, evaluaciones sobre informes de los estudiantes, reacciones a tareas de lecturas;

(d) <u>diarios en diálogo</u>: interacciones con una pareja;

(e) <u>trabajo en marcha</u>;

(f) <u>proyectos</u>.

Para evaluar tal portafolio, el maestro y el estudiante deben usar una lista de comprobación y una rúbrica muy específicas.

Así concluímos la discusión de algunos medios alternativos de evaluación del estudiante de una L2. Con información de muchas fuentes sobre la comprensión y la producción del estudiante en varios contextos, se puede llegar a una medida más comprensiva del progreso del estudiante.

▶ *Para pensar y discutir 6:*
¿Cuáles son las ventajas y desventajas de cada uno de los medios alternativos de evaluación de la L2 discutidos en este capítulo?

REPASO

Las dos características que todo examen justo para medir la competencia debe reflejar son la validez y la confiabilidad. Un examen válido es aquél que mide bien los objetivos y el material del curso. Un examen confiable es aquél que produce resultados consistentes.

Los *Estándares Nacionales* describen las normas que a todos los programas de lengua de los Estados Unidos se les recomienda que sigan. Las normas incluyen la comunicación en otras lenguas además del inglés, el conocimiento de otras culturas, la conexión entre disciplinas, la habilidad de hacer comparaciones entre culturas, y la participación en comunidades multilingües. Procura fomentar una enseñanza de lenguas que vaya vinculada con otras materias.

Existen varios medios para evaluar la competencia oral del estudiante en la L2. Uno es la *ACTFL OPI,* la cual analizamos en términos de los niveles de competencia, el formato de la entrevista, y las implicancias que tiene para la pedagogía de L2. También analizamos la entrevista de competencia oral simulada (*SOPI*), que representa una variación de la *OPI* y facilita la administración que se requiere para dirigir una *OPI*. Además, hablamos del examen *prochievement*, que trata de medir la competencia pero de forma limitada al material del curso.

Se presentó el concepto de la evaluación alternativa, en que el estudiante participa más en la propia evaluación de su trabajo y el de sus colegas. Estas alternativas exigen otros medios de calificación, tales como las listas de comprobación, las rúbricas y los portafolios.

Ejercicios finales

1. Un examen de *prochievement*. Supongamos que Ud., el/la maestro a de una clase de español de segundo semestre de universidad, quiere dar un examen *prochievement* para medir el uso del pretérito y el imperfecto y la habilidad de narrar de los estudiantes. Proponga tres tareas que puedan hacer los estudiantes en parejas que le permitan a Ud. medir las habilidades con las formas verbales. Si hay tiempo, pídale a cada pareja que le presente una tarea a otra pareja y que la califique en terminos de habilidad de narrar en el tiempo pasado. Establezcan rúbricas para ello.

2. Los criterios para la evaluación. Escriba los criterios para evaluar el examen *prochievement* que dio en el Ejercicio 1. Basándose en un total de 100 puntos, indique cómo va a dividir los puntos entre las categorías diferentes de evaluación (por ejemplo, precisión gramatical, fluidez, vocabulario, pronunciación, comunicación—o cualquier otra categoría que Ud. considere pertinente).

3. La rúbrica de *ACTFL*. Fíjese en los ejemplos (1) a (4) y escriba dos o tres ejemplos concretos de las características del discurso de los hablantes de cada nivel.

4. La evaluación con listas de comprobación. Proponga un ejercicio parecido al descrito en el ejemplo (8). Especifique los detalles que los estudiantes deben incluir en la entrevista y la presentación. Después, haga una lista de ocho a diez criterios que sirvan como base para la evaluación. Compare su lista con la de su pareja. De ser posible, entreviste a un hispanohablante siguiendo los criterios que Ud. haya delineado y pídale a su pareja que compruebe que Ud. ha cumplido con la tarea. ¿Cuáles son las ventajas y desventajas de este método de evaluación?

5. El portafolio.
a. Si Ud. tuviera que hacer un portafolio de su trabajo en este curso de lingüística aplicada para su nota final, ¿qué incluiría? Compare su lista con la de su pareja. ¿Cuáles son las ventajas y desventajas de este tipo de evaluación?
b. Si Ud. ya ha tenido que hacer un portafolio para otro curso de lingüística o de educación, ¿qué criterio usó Ud. para seleccionar qué materiales incluir? ¿Considera Ud. que el criterio fue válido y justo? Si no, ¿cómo cambiaría Ud. el criterio?

6. Las rúbricas. Si Ud. tuviera que evaluar a sus alumnos en términos de:
a. una presentación oral final,
b. una composición como parte de un examen parcial que mida la habilidad de narrar en el pasado,
c. un trabajo final de doce páginas,
d. un proyecto a realizarse en grupos de tres personas sobre un tema que hayan estudiado en clase, ¿qué tipo de rúbrica usaría para evaluar cada una de estas muestras de su trabajo? Justifique su respuesta en cada caso.

7. El examen.
a. Piense en un examen que haya tomado, en cualquier curso y que considere injusto. ¿Por qué le pareció injusto? ¿Hay alguna relación entre sus razones y los factores de validez y confiabilidad?
b. ¿Cuáles son las ventajas y desventajas de basar una parte de la nota final de un curso de lengua en un examen de competencia oral?

Términos importantes

la auto-corrección	el efecto retroactivo (de un examen)	el entrevistado
la capacitación		hipotetizar
la circunlocución	la enseñanza de lenguas basada en el contenido	holística
la confiabilidad		la lista de comprobación
los criterios	la entrevista de competencia oral	el nivel de habilidad
la destreza		la *OPI*

la pedagogía centrada en el
  estudiante

el perífrasis

el portafolio

la precisión

predecible

prochievement

de rasgo principal

de rasgos esenciales

la rúbrica

las simulaciones

la *SOPI*

válido/validez

Obras consultadas

BACHMAN, LYLE, AND ADRIAN PALMER. 1996. *Language Testing in Practice.* Oxford: Oxford University Press.

BAILEY, KATHLEEN. 1996. "Working for washback: A review of the washback concept in language testing." *Language Testing* 13(3): 257–279.

BERWICK, RICHARD, AND STEVEN ROSS. 1993. "Cross-cultural pragmatics and oral proficiency interview strategies." Paper presented at the 15th Language Testing Research Colloquium. Queen's College, Cambridge, England.

BIRCKBICHLER, DIANE, AND KATHRYN CORL. 1993. "Perspectives on proficiency: Teachers, students, and the materials that they use." In June Phillips (ed.), *Reflecting on Proficiency from a Classroom Perspective.* 115–158. Lincolnwood, IL; National Textbook.

BLANCHE, PATRICK, AND BARBARA MERINO. 1989. "Self-assessment of foreign language skills: Implications for teachers and researchers." *Language Learning* 39(3):313–340.

BUCK, GARY. 1988. "Testing listening comprehension in Japanese university entrance examinations." *JALT Journal* 10:15–42.

BUCK, KATHRYN, HEIDI BYRNES, AND IRENE THOMPSON (EDS.). 1989. *The ACTFL Oral Proficiency Interview Tester Training Manual.* Yonkers, NY: ACTFL.

CENTER FOR APPLIED LINGUISTICS. 1991. *Texas Oral Proficiency Test Preparation Kit*, preliminary edition. Washington, DC: Center for Applied Linguistics.

COHEN, ANDREW. 1994. *Assessing Language Ability in the Classroom.* 2nd ed. Boston: Heinle & Heinle.

GLAZER, SUSAN, AND CAROL BROWN. 1993. *Portfolios and Beyond: Collaborative Assessment in Reading and Writing.* Norwood, MA: Christopher-Gordon.

GONZÁLEZ PINO, BARBARA. 1989. "Prochievement testing of speaking." *Foreign Language Annals* 22:487–496.

HADLEY, ALICE OMAGGIO. 2001. *Teaching Language in Context.* 3rd ed. Boston: Heinle & Heinle.

HART, DIANE. 1994. *Authentic Assessment: A Handbook for Educators.* Reading, MA: Addison-Wesley.

HARTFIEL, V. FAYE, JANE HUGHEY, DEANNA WORMUTH, AND HOLLY JACOBS. 1985. *Learning ESL Composition.* Rowley, MA: Newbury House.

HASTY-BAMBENEK, TIMOTHY, ROCHELLE NIELSEN, AND DIANE TEDICK. 1995. "Portfolio assessment: Challenges and inspirations." Paper presented at the meeting of the American Council on the Teaching of Foreign Languages, Anaheim.

KOIKE, DALE. 1998. "What happens when there's no one to talk to? Spanish foreign language discourse in oral proficiency interviews." In Richard Young and Agnes He (eds.), *Language Proficiency Interviews: A Discourse Approach.* 69–98. Amsterdam: John Benjamins.

KRAMSCH, CLAIRE. 1993. *Context and Culture in Language Teaching.* NY: Oxford University Press.

LAFFORD, BARBARA. 2000. "Spanish applied linguistics in the twentieth century: A retrospective and bibliography (1900–99)," *Hispania* 83:711–732.

LEE, JAMES, AND DAVID PAULSON. 1992. "Writing and compositions." In Bill VanPatten (ed.), *Instructor's Manual and Test Bank for ¿Sabías que...? Beginning Spanish.* 30–34. New York: McGraw-Hill.

LISKIN-GASPARRO, JUDITH. 1997. "Testing in an age of assessment: Theoretical and practical considerations." Paper presented at the First University of Texas at Austin Spanish Second Language Acquisition Symposium, October 1997.

LISKIN-GASPARRO, JUDITH. 2000. "The proficiency movement: Current trends and a view to the future." In Benjamin Kagan and Olga Rifkin (eds.), *The Learning and Teaching of Slavic Languages and Cultures*. 9–28. Bloomington, IN: Slavica.

MAGNAN, SALLY. 1986. "Assessing speaking proficiency in the undergraduate curriculum: Data from French." *Foreign Language Annals* 19(5):429–437.

NUNAN, DAVID. 1988. *Learner-centered Curriculum*. Cambridge: Cambridge Language Teaching.

NUNAN, DAVID. 1989. *Designing Tasks for the Communicative Classroom*. Cambridge: Cambridge Language Teaching.

ROSS, STEVEN. 1998. "Divergent frame interpretations in language proficiency interview interaction." In Richard Young and Agnes Weiyun-He (eds.), *Talking and Testing: Discourse Approaches to the Assessment of Oral Proficiency*. 333–353. Philadelphia: John Benjamins.

ROSS, STEVEN, AND RICHARD BERWICK. 1992. "The discourse of accommodation in oral proficiency interviews." *Studies in Second Language Acquisition* 14 (2):159–176.

ROSS, STEVEN, AND GABRIELE KASPER. 1998. "Topic management in oral proficiency interviews." Paper presented at AAAL conference, Seattle, WA.

SHOHAMY, ELANA. 1994. "The validity of direct versus semi-direct oral tests." *Language Testing* 11:99–123.

SHOHAMY, ELANA, THEA REVES, AND YAEL BEJARANO. 1986. "Introducing a new comprehensive test of oral proficiency." *English Language Teaching Journal* 40(3):212–220.

STANSFIELD, CHARLES. 1993. "An approach to performance testing of oral language proficiency for bilingual education teacher certification." In *Proceedings of the Third National Research Symposium on Limited English Proficiency Student Issues: Focus on Middle and High School Issues*, vol. 1. 187–215. Washington, D.C.: U.S. Department of Education.

SWENDER, ELVIRA. CONTRIBUTING AUTHORS KAREN BREINER SANDERS, LIZETTE MUJICA LAUGHLIN, PARDEE LOWE, JR., AND JOHN MILES. 2001. *ACTFL OPI Tester Training Manual* (Revised 1999). Yonkers, NY: American Council of the Teaching of Foreign Languages.

TEDICK, DIANE, AND CAROL KLEE. 1998. "Alternative assessment." In Grace Stovall Burkhart and Kenneth Sheppard (eds.), *Training Modules for TA's and Other Instructors of First and Second Year Courses in Foreign Languages*. Washington, D.C.: Center for Applied Linguistics. ERIC Document Reproduction Service No. ED 433720.

TIERNEY, ROBERT, MARK CARTER, AND LAURA DESAI. 1991. *Portfolio Assessment in the Reading-writing Classroom*. Norwood, MA: Christopher-Gordon.

VALDÉS, GUADALUPE. 1989. "Teaching Spanish to Hispanic bilinguals: A look at oral proficiency testing and the proficiency movement." *Hispania* 72:392–401.

VALETTE, REBECCA M. 1967. Modern Language Testing: A Handbook. New York: Harcourt, Brace, and World.

VAN LIER, LEO. 1989. "Reeling, writhing, drawling, stretching, and fainting in coils: Oral proficiency interviews as conversation." *TESOL Quarterly* 23:489–508.

YOUNG, RICHARD. 1995. "Conversational style in language proficiency interviews." *Language Learning* 45:3–42.

YOUNG, RICHARD, AND AGNES WEIYUN-HE (EDS.). 1998. *Talking and Testing: Discourse Approaches to the Assessment of Oral Proficiency*. Amsterdam: John Benjamins.

YOUNG, RICHARD, AND MICHAEL MILANOVIC. 1992. "Discourse variation in oral proficiency interviews." *Studies in Second Language Acquisition* 14: 403–424.

Apéndice A

LA CONJUGACIÓN DE LOS VERBOS REGULARES: COMPRAR, VENDER, VIVIR

La primera conjugación: comprar

Presente	Presente progresivo	Futuro	Pretérito	Imperfecto
compro	estoy comprando	compraré	compré	compraba
compras	estás comprando	comprarás	compraste	comprabas
compra	está comprando	comprará	compró	compraba
compramos	estamos comprando	compraremos	compramos	comprábamos
compráis	estáis comprando	compraréis	comprasteis	comprabais
compran	están comprando	comprarán	compraron	compraban

Pretérito perfecto	Pluscuamperfecto	Futuro perfecto
he comprado	había comprado	habré comprado
has comprado	habías comprado	habrás comprado
ha comprado	habían comprado	habrá comprado
hemos comprado	habíamos comprado	habremos comprado
habéis comprado	habíais comprado	habréis comprado
han comprado	habían comprado	habrán comprado

La segunda conjugación: vender

Presente	Presente progresivo	Futuro	Pretérito	Imperfecto
vendo	estoy vendiendo	venderé	vendí	vendía
vendes	estás vendiendo	venderás	vendiste	vendías
vende	está vendiendo	venderá	vendió	vendía
vendemos	estamos vendiendo	venderemos	vendimos	vendíamos
vendéis	estáis vendiendo	venderéis	vendisteis	vendíais
venden	están vendiendo	venderán	vendieron	vendían

Pretérito perfecto	Pluscuamperfecto	Futuro perfecto
he vendido	había vendido	habré vendido
has vendido	habías vendido	habrás vendido
ha vendido	habían vendido	habrá vendido
hemos vendido	habíamos vendido	habremos vendido
habéis vendido	habíais vendido	habréis vendido
han vendido	habían vendido	habrán vendido

La tercera conjugación: vivir

Presente	Presente progresivo	Futuro	Pretérito	Imperfecto
vivo	estoy viviendo	viviré	viví	vivía
vives	estás viviendo	vivirás	viviste	vivías
vive	está viviendo	vivirá	vivió	vivía
vivimos	estamos viviendo	viviremos	vivimos	vivíamos
vivís	estáis viviendo	viviréis	vivisteis	vivíais
viven	están viviendo	vivirán	vivieron	vivían

Pretérito perfecto	Pluscuamperfecto	Futuro perfecto
he vivido	había vivido	habré vivido
has vivido	habías vivido	habrás vivido
ha vivido	había vivido	habrá vivido
hemos vivido	habíamos vivido	habremos vivido
habéis vivido	habíais vivido	habréis vivido
han vivido	habían vivido	habrán vivido

Apéndice B

REGLAS BÁSICAS PARA LA ACENTUACIÓN

Para aprender vocabulario nuevo, los alumnos deben saber las reglas de acentuación, sobre todo si escuchan una palabra que luego tienen que escribir. Aquí se presentan las reglas básicas para la acentuación en español.

penúltima
second to last

1. Todas las palabras en español tienen una sola sílaba tónica, o acentuada.[i] Las palabras llanas son las que llevan la sílaba tónica en la **penúltima** sílaba. Si la palabra termina en -n, -s o vocal, la penúltima sílaba es tónica por naturaleza. Ejemplos: joven, lleva, hago.

2. Si terminan en otra letra, son agudas por naturaleza; es decir llevan la sílaba tónica en la última sílaba por naturaleza. Ejemplos: reloj, precoz, correr.

tilde diacrítica
accent mark

3. Se usa una **tilde diacrítica** cuando la sílaba tónica no sigue las reglas de acentuación natural. Es decir, si la palabra llana no termina en -n, -s o vocal o si la palabra aguda termina en -n, -s o vocal. Ejemplos: Fermín, rubís, caló, escocés, salí.

antepenúltima
third to last

4. Las palabras esdrújulas llevan la sílaba tónica en la **antepenúltima** sílaba y siempre requieren una diacrítica. Ejemplos: esdrújula, última, cínico.

5. Las palabras agudas monosílabas no llevan diacrítica salvo para distinguir entre dos significados diferentes de la misma forma. Ejemplos: de/dé, el/él, mas/más, mi/mí.

6. Todos los pronombres y adverbios interrogativos y exclamativos son tónicos y llevan una diacrítica. Ejemplos: ¿Qué? ¿Cuánto? ¿Cómo?

Ejercicio 1: La acentuación

Escriba una tilde diacrítica encima de la vocal que la precise, según el contexto. Explique su decisión.

1. Solo tu puedes decidir si vamos a servir cafe o te junto con el licor frances.
2. ¿Quien escribio su nombre y apellido en el pizarron cuando vino?
3. Agustin Fernandez y mi tia se conocieron en un festival fantastico en el parque Rodriguez.
4. Ultimamente ha habido una paralisis en el septimo departamento ecologico, porque el jefe no puede establecer ningun control ni direccion.
5. Digame porque Ud. esta llevandoselo tan rapido. Me gustaria que no se lo llevaran ahora mismo.

---

[i] Las excepciones incluyen palabras compuestas por más de una palabra; por ejemplo, fácilmente, abrelatas. Aunque haya más de una sílaba tónica, llevan sólo una tilde diacrítica.

Apéndice C

CRITERIOS DE EVALUACIÓN: EL HABLA

Criterios de evaluación de ACTFL - El habla (Swender et al, 2001)

Nivel de Capacidad de Expresión*	Funciones Globales	Contexto/ Contenido	Precisión	Tipo de Texto
Superior	Discurrir sobre temas de manera prolongada, respaldar opiniones y expresar hipótesis. Tratar una situación lingüística poco común.	La mayoría de los escenarios formales e informales/*Una vasta gama de temas de interés general y algunos campos especiales de interés y competencia personal.*	Ningún patrón de error en las estructuras básicas. Los errores nunca interfieren en la comunicación ni distraen al hablante nativo del mensaje que se le está transmitiendo.	Discurso prolongado
Avanzado	Narrar y describir en los marcos temporales principales y tratar con eficacia una complicación lingüística no prevista.	La mayoría de los escenarios informales y algunos de los formales/ *Temas de interés personal y general.*	Los hablantes que no están acostumbrados a tratar con hablantes que no son nativos pueden comprender sin dificultad.	Párrafos
Intermedio	Crear utilizando el idioma, iniciar, mantener en pie y concluir conversaciones simples, preguntando y respondiendo a preguntas sencillas.	Algunos escenarios informales y una cantidad limitada de transacciones/ *Temas familiares predecibles relacionados con las actividades diarias.*	Con el auxilio de alguna repetición, los hablantes acostumbrados a tratar con hablantes que no son nativos pueden comprender.	Oraciones separadas
Principiante	Comunicar en grado mínimo utilizando fórmulas aprendidas, palabras rutinarias, listas y conjuntos de palabras.	La mayoría de los escenarios informales/*Los aspectos más comunes de la vida diaria.*	Aún a los hablantes acostumbrados a tratar con hablantes que no son nativos les resulta difícil de comprender.	Palabras aisladas y conjuntos de palabras

[*Se logra obtener una calificación correspondiente a uno de los niveles principales cuando se es capaz de cumplir persistentemente con las funciones propias del nivel, dentro de los contextos y áreas de contenido pertinentes a ese nivel, con el grado de precisión descrito para ese nivel y tipo de texto adecuado para el mismo. Para que a alguien se le pueda asignar la calificación correspondiente a un nivel, su actuación lingüística debe mantenerse en pie a lo largo de TODOS los criterios establecidos para ese mismo nivel.]

Apéndice D

LOS SIGNOS ORTOGRÁFICOS COMUNES EN ESPAÑOL

-	guión
—	raya
,	coma
;	punto y coma
:	dos puntos
.	punto
~	tilde
´	tilde diacrítica
M	letra mayúscula
m	letra minúscula
( )	paréntesis
[ ]	corchetes
#	almohadilla
@	arroba
¨	diéresis
...	puntos suspensivos
¿ ?	signo de interrogación
¡ !	signo de exclamación
" "	comillas
→	flecha
√	marca

Glosario

Los números entre paréntesis indican el capítulo en el que se encuentra una discusión del término.

A

acentuación (6): accentuation

actos de habla (6, 7): speech acts

actuación (1): performance

acusativo (8): indirect object

adquisición (1): acquisition

afijo (6): affix

agramatical (2): ungrammatical

alfabetismo (8): literacy; the ability to read and write

alineado (2): aligned

alternación de códigos (8): codeswitching

alusión (7): hint

ámbito (8): domain

Análisis Contrastivo (1, 2): contrastive analysis

análisis de errores (2): error analysis

antecedente (3): antecedent

aprendedores (10): apprentices; learners

aprendizaje (1): learning

aprendizaje de lenguas apoyado por computadoras (CALL) (9): computer-assisted language learning

aproximación (6): approximation

aragonés (8): Aragonese

arcaísmo (8): archaic word

archivo de sonido (9): sound byte

aseverativa (7): assertion

asincrónico (9): asynchronous; not at the same time

aspecto gramatical (4): grammatical aspect

aspecto imperfectivo (4): imperfective aspect

aspecto iniciativo (4): initiative aspect (indicates the beginning of an action or state)

aspecto léxico (4): lexical aspect

aspecto perfectivo (4): perfective aspect

aspecto terminativo (4): terminative aspect (indicates the end of an event or state)

aspiración (8): aspiration

asturiano-leonés (8): Asturian-Leonese

atenuar (7): soften

átona (4): unaccented

auto-corrección (10): self-correction

B

brecha de información (2, 9): information gap

C

caló (8): an urban slang spoken by some groups of young Chicanos; it also refers to the language of gypsies

cambio de códigos intraoracional (8): intrasentential codeswitching

cambio de etiqueta (8): tag switch; a word or phrase appended to an utterance

capacitación (10): training

castellano (8): Castilian

casualidad (4): causality

catalán (8): Catalan

cauce (8): influx

ceder el turno (10): taking turns

cierre (4): vowel raising

circunlocución (6, 10): circumlocution

co-construcción de significado (7): co-construction of meaning

cognado (6):   cognate

cognoscitivismo (1):   Cognitivism

colocación (1):   placement

competencia (1, 9, 10):   competence; proficiency

competencia comunicativa (1):   communicative competence

composición (6):   composition; the process of forming a new word by joining two or more words together (e.g., <u>para</u> + <u>aguas</u> = <u>paraguas</u>)

comunidad de habla (8):   speech community

comunidades discursivas (9):   speech communities

concordancia (6):   agreement

condicional (5):   conditional (mood)

conductivismo (1):   behaviorism

conexión asincrónica (9):   asynchronous; delayed in real time

confiabilidad (10):   reliability

conjunción (subordinante) (5):   (subordinating) conjunction

connotación (6):   connotation; the secondary meaning of a word

conocimiento (1):   knowledge

consciencia (1):   consciousness

consonante (4):   consonant

continuo bilingüe (8):   bilingual continuum

coordinación (5):   coordination

corrección de errores (2):   error correction

correo electrónico (9):   e-mail

cortesía (7):   politeness

criterios (10):   criteria

D

dativo (8):   direct object

deixis (7):   deixis

denotación (6):   denotation; the association(s) that a word usually elicits for most native speakers of a language

derivación (6):   derivation; the process of adding affixes to a base word (e.g. decir → contradecir)

derivacional (6):   derivational

desafío (7):   challenge

desinencia (4, 5):   verb ending

despedida (7):   leave-taking

destreza (1, 10):   skill

diacrítica (3):   accent mark

dialecto (8):   dialect

dialectos conservadores (8):   conservative dialects; dialects in which certain sound changes, such as /-s/ deletion, are less advanced

dialectos radicales (8):   radical dialects; dialects in which certain sound changes, such as /-s/ deletion, are the most advanced

didáctica (1):   teaching

diglosia (8):   diglossia

disculpa (7):   pardon

disposición distribucional (2):   distributional bias

dispositivo para la adquisición de lenguas (1):   Language Acquisition Device

dominio (8):   domain

durativo (4):   durative, expressing incomplete or continued action

E

efecto retroactivo (10):   washback; an effect created by a test on the related programs of learning and teaching

eje (5):   axis

elisión (8):   deletion

enclítico (1, 2):   clitic (pronoun)

enfoque en la forma (2):   focus on form

enseñanza de lenguas basada en el contenido (10):   content-based language teaching

entrevista de competencia oral simulada (*SOPI*) (10):   simulated oral proficiency interview

entrevistado (10):   one being interviewed; interviewee

enunciado (1):   utterance

escenario (8):   scene

escolaridad (8):   schooling

estándares (10):   standards

estandarización (8):   standardization

estativo (2):   stative

estilo formal (8):   formal style

estilo vernáculo (8):   vernacular; casual speech

estrategia de esquivamiento del mensaje (6):   avoidance strategy

estrategia de parafraseo (6):   paraphrase strategy

estrategia de préstamo (6):   borrowing strategy

estrategia del primer sustantivo (3):   first noun strategy

estratificación social (8):   social stratification

estructuralismo (1):   structuralism

etnográfico (8):   ethnographic; an anthropological approach to the study of culture based on long-term observation and participation in the community

evento puntual (4):   achievement

evento télico (4):   accomplishment

examen *prochievement* (10):   a cross between a proficiency test and an achievement test on course material

expectativas (2):   expectations

experimental (7):   experiential

expresiones fijas (2):   fixed or 'frozen' expressions

F

factor contextual (8):   contextual factor

fijar la atención (2):   fix one's attention; noticing

filtro afectivo (1):   affective filter

flexión (4):   inflection; the process of adding grammatical affixes to a word (e.g., casa → casas; salir → salieron)

flexional (4, 6):   flexional

fluidez (1):   fluency

fonética (8):   phonetics; the study of speech sounds

fonología (8):   phonology; the study of the sound system of a language (i.e., the phonetic and phonemic system)

formas infinitas (4):   nonfinite forms

futuro (4):   future

futuro perfecto (4):   future perfect

G

gallego-portugués (8):   Galician-Portuguese

género (3, 6):   gender

gerundio (3, 4):   gerund

gesto (7):   gesture

H

hipotetizar (10):   hypothesize

holística (10):   holistic

I

imperativo (5, 7):   imperative

imperfecto (4):   imperfect

implicatura (7):   implicature

imprevisible (4):   unpredictable

indicativo (5):   indicative

infinitivo (3, 4):   infinitive

inglés chicano (8):   Chicano English

ingreso (8):   income

iniciativa (4):   initiative

Input **Estructurado** (1, 2):   Structured Input

instrucción apoyada por la computadora (9):   computer-assisted instruction

interaccionista (2):   interactionist

interactuantes (2):   interactants

interlenguaje (1):   interlanguage

iterativo (4):   iterative, repetitive

J

jerarquía de dificultad (2):   hierarchy of difficulty

jerga (8):   slang

K

koiné (8):   a dialect of a region that has become the common or standard language of a larger area

koinización (8):   dialect leveling

L

L2 (segunda lengua) (1):   second language

latín vulgar (8):   vulgar (spoken) Latin

leísmo (3):   use of <u>le</u> for direct object pronouns; widely used in Spain

lengua (1, 8):   language

lineamientos (1, 10):   guidelines

lingüística (1):   linguistics

lista de comprobación (10):   checklist

M

malentendido (7):   misunderstanding

mandato (5, 7):   command

mantenimiento (8):   maintenance

marcadez (2, 7):   markedness

materiales basados en el contenido (9):   content-based materials

matices (6):   nuances

matriz (5):   matrix sentence

mensurable (6):   measurable

modales (7):   manners

modelo interaccionista (9):   interactionist model

modelo sociocognitivo (9):   sociocognitivist model (of language acquisition)

modelo sociocultural (9):   sociocultural model

modo (2, 5):   mood

morfema (1, 4, 6):   morpheme

morfema de persona-numero (4):   person-number morpheme

morfema libre (6):   unbounded morpheme; free-standing word

morfema ligado (6):   bounded morpheme; a morpheme that must be attached to a word

morfología (5, 6):   morphology

moros (8):   Moors

Movimiento para la proficiencia (1):   Proficiency Movement

N

nativismo (1):   Nativism

negociación de significado (2):   negotiation of meaning

neologismo (6):   neologism; new word

nivelar (8):   to level

nivel de comprobación (10):   level at which one's proficiency is determined

norma (1):   standard

norma culta (8):   the educated norm

norma estándar (8):   the standard language

O

opciones de retroalimentación (2):   feedback options

OPI (10):   Oral Proficiency Interview

oración (1):   sentence

oración condicional (5):   conditional sentence/clause

oración subordinada (nominal, adjetiva, adverbial) (5):   subordinate sentence/clause (noun, adjectival, adverbial)

orden natural de adquisición de la L2 (1):   natural order of acquisition of the L2

Output **Forzado** (1):   Pushed Output

P

página de la red (9):   web page

par (2):   match

participio (4):   participle

pedagogía centrada en el estudiante (10):   student-centered teaching

pedido (7):   request

penúltimo (3):   second to last

perífrasis (10):   paraphrasing

perifrástico (4):   periphrastic; a grammatical construction of two or more words with the same syntactic function as an inflected word

petición (2, 7):   request

planificación de lenguas (1):   language planning

pluscuamperfecto (4):   past perfect

portafolio (10):   portfolio

práctica mecánica (4):   drills

precisión (10):   accuracy

predecible (10):   predictable

predicado (4):   predicate; the verb and all words governed by the verb or modifying it

prefijo (6):   prefix

presente (4):   present

presente progresivo (4):   present progressive

préstamo (8):   loan word

pretérito (4):   preterite

pretérito perfecto (4):   present perfect

pretérito perfecto progresivo (4):   present perfect progressive

primer plano (4):   foreground

principio de aprendizaje (2):   learning principle

Principio de Cooperación (7):   Cooperation Principle

prochievement (10):   (see *examen* prochievement)

proficiencia (competencia) (1):   proficiency

pronombre enclítico (1, 2, 3):   clitic pronoun

propósito (8):   purpose

prórroga (3):   extension

prosodia (3):   intonation

R

radical (1, 4, 5, 6):   root; stem

raíz (1, 4):   root, stem

rasgo esencial (10):   multitrait

rasgo principal (10):   primary trait

rechazo (7):   rejection; refusal

Reconquista (8):   Reconquest, the seven-century recovery of the Iberian peninsula following the Moorish invasion in 711

red mundial (9):   World Wide Web

reduplicación (3):   doubling

registro (8):   register

regularización (2, 9):   regularization

retroalimentación (1, 2):   feedback

rompecabezas (2, 9):   jigsaw

rúbrica (10):   rubric; guideline

S

segundo plano (4):   background

semialfabeto (8):   semiliterate

seseo (8):   the pronunciation of /s/ and /θ/ as /s/

sesión de chateo (9):   chat room session

significado (1, 6):   meaning

significativo (1):   meaningful

simplificación (2):   simplification

simulaciones (10):   role-plays

sincrónico (9):   synchronous; at the same time

sintagma nominal (3):   noun phrase

sintagma preposicional (3):   prepositional phrase

sintético (4):   synthetic; formed by combining elements into a single entity

sobregeneralización (2, 7):   overgeneralization

sociocultural (2):   sociocultural

sociolecto (8):   sociolect; a variety of language that is characteristic of a specific social class

sociolingüística (1, 8):   sociolinguistics

sonora (4):   voiced

SOPI (10):   Simulated Oral Proficiency Interview

sorda (4):   unvoiced

suavizado (5):   softened

subjuntivo (5):   subjunctive

subordinación (5):   subordination

sufijo (4, 6):   suffix

sugerencia (7):   suggestion

sujeto nulo (3):   null subject; lack of explicit subject

sustantivo (3):   noun

T

tabula rasa (1):   blank slate

telecolaboración (9):   internet connection using live television camera

tiempo (4):   tense

tilde diacrítica (3):   accent mark

tónica (4):   accented

transferencia (2, 7):   transfer

transliteración (6):   transliteration, a literal recoding from another language of a word that does not exist in the L2

trueque (8):   exchange

tuteo (3):   use of <u>tú</u>

V

vacilación (10):   hesitation

validez (10):   validity

valor comunicativo (2): communicative value

valor denotativo (6): denotative value (see *denotación*)

variabilidad (2): variability

vasco (8): Basque

verbo copulativo (1, 2): linking verb

verbo de comunicación (5): verb of communication/reporting

verbo estativo (4): stative verb; a verb that indicate states

vocabulario productivo (6): productive vocabulary

vocabulario receptivo (6): receptive vocabulary

vocal átona (4): unstressed vowel

vocal tónica (4): stressed vowel

vocal temática (4): theme vowel (e.g., in the infinitive form of the verb)

Y

yeismo (8): the pronunciation of /y/ and /λ/ as /y/

yuxtapuesto (5): juxtaposed

Índice

Créditos

Pg. 15, Actividad G from VanPatten, *¿Sabías qué?* (2000:84,86). Material is reproduced by permission of The McGraw-Hill Companies.

Pg. 24–25, Figura 2.2 from VanPatten, *Foreign Language Learning: A Research Perspective* (1987). Permission granted by author.

Pg. 27, Ejercicio 4 from VanPatten, *¿Sabías qué?* (1992: 353). Material is reproduced by permission of The McGraw-Hill Companies.

Pg. 51, quotations from Palencia, *Spanish Applied Linguistics* (1998:74). Reprinted with permission of the editor.

Pg. 69, examples from Terrell and Salgués de Cargill, *Lingüística aplicada* (1979:82). Reprinted by permission of John Wiley & Sons, Inc.

Pg. 85, quotation from Martín Gaite, *El balneario* (1955). Reprinted by permission of Ediciones Destino.

Pg. 86, quotation from Santiago, *When I was Puerto Rican* (1993:7). Reprinted by permission of Perseus Books Group.

Pg. 87, Tabla 4.9 adapted from Andersen and Shirai, "Discourse motivations for some cognitive acquisition principles", *Studies in Second Language Acquisition* 16 (1994:134). Reprinted by permission of Cambridge University Press.

Pg. 88, Tabla 4.10 from Andersen and Shirai, "Discourse motivations for some cognitive acquisition principles", *Studies in Second Language Acquisition* 16 (1994:136). Reprinted by permission of Cambridge University Press.

Pg. 90–91, student data (SPA 112, SPA 123, SPA 203) from Salaberry, *The Development of Past Tense Morphology in L2 Spanish* (2000: 342–343). Reprinted by permission of John Benjamins Press.

Pg. 124, quotation from Carr, *España: de la Restauración a la democracia* (1988:65). ©1983, Editorial Ariel, SA. Provença, 260 08008–Barcelona. Reprinted with permission.

Pg. 125, Tabla 6.1 adapted from Bull, *Spanish for Teachers: Applied Linguistics* (1965:109). Source: The Ronald Press.

Pg. 128, quotation from Terrell y Salgués de Cargill, *Lingüística aplicada* (1979:143). Reprinted by permission of John Wiley & Sons, Inc.

Pg. 128, Ejemplo (12) from Stockwell, Bowen & Martin, *The Grammatical Structures of English and Spanish* (1965:271–2). Reprinted by permission of the University of Chicago Press.

Pg. 129, Figura 6.1 adapted from Whitley, *Spanish/English Contrasts* (1986: 330). Reprinted by permission of Georgetown University Press.

Pg. 131, Tabla 6.2 adapted from Solé y Solé, *Modern Spanish Syntax* (1977: 266–268). Used by permission of the Houghton Mifflin Company.

Pg. 135, Figura 6.3 and quotations from Liskin-Gasparro, "Circumlocution, communication strategies, and the ACTFL Proficiency Guidelines: An Analysis of student discourse", *Foreign Language Annals* 29 (1996: 320–321,136–7, 326–330). Reprinted by permission of the American Council on the Teaching of Foreign Languages.

Pg. 135–136, from Celce-Murcia & Ohlstain, *Discourse and Context in Language Teaching: A Guide for Language Teachers* (2000: 79, 95–96, 136). Reprinted with permission by Cambridge University Press.

Pg. 144, Ejemplo (15) (16) from Gorden, *Living in Latin America* (1974). Reprinted by permission of Glencoe/McGraw-Hill.

Pg. 158, Ejercicio 4 from Schwenter, *Nueva revista de filología hispánica* (1993). Reprinted by permission of El Colegio de México.

Pg. 163, Figura 8.1, Mar-Molinero, *The Spanish-speaking World: A Practical Introduction to Sociolinguistic Issues* (1997:47). Reprinted with permission of The Routledge Press.

Pg. 165, quotation from Fontanella de Weinberg, *El español de América* (1992: 47). *Every effort has been made to locate the copyright owner and seek permission for use of the material.*

(cont.)

Pg. 166, Tabla 8.1 from Fontanella de Weinberg, *El español de América* (1992: 137). *Every effort has been made to locate the copyright owner and seek permission for use of the material.*

Pg. 168, Examples of "español tradicional", "español mexicano", and "traducción al inglés" from Bills and Vigil, "Variations in New Mexican Spanish", Presented at AATSP, Denver (1988). Reprinted by permission of authors.

Pg. 169, Figura 8.2 from Silva-Corvalán, *Sociolingüística* (1989: 166). Reprinted by permission of author.

Pg. 170, Tabla 8.2 from Lafford, "Valor diagnóstico-social del uso de ciertas variantes de /s/ en el español de Cartagena, Colombia", *Estudios sobre la fonología del español del caribe* (1986: 59) ©R.A. Nuñez Cedeño, I. Páez Urdaneta, J. M. Guitart, compiladores. Reprinted with permission.

Pg. 173, Figura 8.3 from Silva-Corvalán, *Sociolingüística y pragmática del español* (2001: 117). Reprinted by permission of Georgetown University Press.

Pg. 174, Tabla 8.3 from Lafford, "Valor diagnóstico-social del uso de ciertas variantes de /s/ en el español de Cartagena, Colombia", *Estudios sobre la fonología del español del caribe* (1986: 56). ©R.A. Nuñez Cedeño, I. Páez Urdaneta, J. M. Guitart, compiladores. Reprinted with permission.

Pg. 175–176, Diálogo from Fishman, *Sociología del lenguage* (1988:61–63). Courtesy of Ediciones Cátedra.

Pg. 176, Tabla 8.4 from Fishman, *Sociología del lenguage* (1988:121). Courtesy of Ediciones Cátedra.

Pg. 178, Tabla 8.5 from *Chicano Discourse*, Rosaura Sánchez (1994:63). Table 2.10 "Chicano Language Use" is reprinted with permission from the publisher of *Chicano Discourse: Socio-historic Perspectives* (Houston: Arte Público Press-University of Houston, 1983).

Pg. 180, quotation from Poplack, "Sometimes I'll start a sentence in Spanish y termino en español", *Spanish in the United States: Sociolinguistic aspects* (1982: 45). Source: Cambridge University Press.

Pg. 181, Figura 8.4 from Elías-Olivares, "Ways of Speaking in a Chicano Community: A sociolinguistic approach". Ph.D. dissertation, University of Texas, Austin (1976:149). Reprinted by permission of author.

Pg. 182, two examples of "caló", "español estándar", "español popular" and code switching from *Chicano Discourse*, Rosaura Sánchez (1994:129–130, 135, 166–167). Excerpts by Rosaura Sánchez are reprinted with permission from the publisher of *Chicano Discourse: Socio-historic Perspectives* (Houston: Arte Público Press-University of Houston, 1983)

Pg. 183, Figura 8.6 from Silva-Corvalán, *Languages Contact and Change: Spanish in Los Angeles* (1994:30). Reprinted by permission of Oxford University Press.

Pg. 207, ACTFL Standards. Reprinted by permission of the American Council on the Teaching of Foreign Languages.

Pg. 221, Figura 10.2 adopted from Tedick and Klee, "Figure 1–Checklist for Oral Presentation of interview" and "Figure- 6 Primary Trait Rubric", and "Figure 7–Multitrait Rubric" in "Alternative assessment", *Training Modules for TA's and Other Instructors of First and Second Year Courses in Foreign Languages* (1998:8,16,17). Source: Center for Applied Linguistics.

Pg. 222, Figura 10.3 from Lee and Paulson, "Writing and compositions", in VanPatten's *Instructor's Manual and Test Bank for ¿Sabías qué?* (1992: 30–34). Materials are reproduced with the permission of The McGraw-Hill Companies.

TO LOAD CD-ROM

Insert the CD-ROM in your CD-ROM drive. (WINDOWS) Click on the START button and then click on **Run.** In the open box, type: "**D:\Linguistica Aplicada.exe**" (where D is your CD-ROM drive) and click on OK. (MACINTOSH) Click the CD-ROM icon on the desktop. If you do not have the latest version of QuickTime, the CD-ROM will install it on your computer.

MINIMUM SYSTEM REQUIREMENTS:

PC—32MB of Installed RAM; Pentium II 166MHz or greater with Windows 95, 98, NT 4 or later; QuickTime 5.0 or greater (Installer included on CD-Rom)

MAC—32MB of Installed RAM; Power PC 120MHz with MAC OS 8.1 or later; QuickTime 5.0 or greater (Installer included on CD-Rom)